Dear Andrew,

I hope you enjoy the book.

Best wishes,

LA PROTECCIÓN INTERNACIONAL
DE LOS DERECHOS HUMANOS:
UN RETO EN EL SIGLO XXI

LA PROTECCIÓN INTERNACIONAL DE LOS DERECHOS HUMANOS: UN RETO EN EL SIGLO XXI

Ana Covarrubias Velasco
Daniel Ortega Nieto

 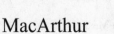

323.4
P9671

La protección internacional de los derechos
humanos : un reto en el siglo XXI / Ana Covarrubias
Velasco, Daniel Ortega Nieto, coordinadores. -- 1a. ed. -
- México, D.F. : El Colegio de México, Centro de
Estudios Internacionales, 2007.
294 p. ; 21 cm.

ISBN 968-12-1284-3

1. Derechos Humanos. 2. Derechos civiles (Derecho
internacional) I. Covarrubias Velasco, Ana, coord. II.
Ortega Nieto, Daniel, coord.

Primera edición, 2007

D.R. © El Colegio de México, A. C.
        Camino al Ajusco 20
        Pedregal de Santa Teresa
        10740 México, D. F.
        www.colmex.mx

ISBN 968-12-1284-3

Impreso en México

ÍNDICE

Agradecimientos 9
Daniel Ortega Nieto

Introducción 11
Ana Covarrubias y Daniel Ortega Nieto

La soberanía de los Estados y los derechos humanos 17
Jack Donnelly

La defensa liberal del derecho de intervención 45
por razones humanitarias con referencia especial
al continente americano
Fernando R. Tesón

Los derechos humanos y el Consejo de Seguridad 87
después de la Guerra Fría
David M. Malone

Historia y acción: el sistema interamericano 109
de derechos humanos y el papel de la Comisión
Interamericana de Derechos Humanos
Robert K. Goldman

Internacionalización de la justicia y el uso 149
legítimo de la fuerza por razones humanitarias
José Miguel Vivanco

No más Ruandas *versus* no más Kosovos: 175
intervención y prevención
Simon Chesterman

La responsabilidad de proteger en una era unipolar 201
Thomas G. Weiss

Más allá de la intervención humanitaria   227
Daniel Ortega Nieto

La guerra contra el terrorismo: corazones,   249
mentes y derechos humanos
Robert I. Rotberg

Propuesta para un dividendo sobre recursos globales   267
Thomas W. Pogge

Colaboradores   293

AGRADECIMIENTOS

La publicación de este volumen es el fin de un proyecto que se inició en El Colegio de México en marzo de 2003, cuando un grupo de reconocidos académicos y funcionarios internacionales se reunió para intercambiar puntos de vista sobre un tema central de las relaciones internacionales: los derechos humanos. La idea de este proyecto surgió durante mi estancia en la Misión Permanente de México ante la Organización de las Naciones Unidas en Nueva York, por lo que agradezco a los embajadores Adolfo Aguilar Zinser, Roberta Lajous y Luis Alfonso de Alba por abrirme las puertas de la Misión y permitirme participar en sus tareas. Asimismo, aprecio el apoyo y la confianza de los embajadores Bernardo Sepúlveda Amor y Juan Manuel Gómez Robledo Verduzco, así como del segundo secretario Alfonso Ascencio Herrera.

El proyecto consistió de una conferencia magistral, un seminario y esta publicación, y fue posible gracias al apoyo de la Embajada canadiense en México, especialmente del ministro Neil Reeder, Heidi Kutz y Pierre Sved, la Embajada suiza en México, la Fundación John D. and Catherine T. MacArthur y el Centro de Estudios Internacionales (CEI) de El Colegio de México. La doctora María del Carmen Pardo, directora del CEI, respaldó el proyecto incondicionalmente desde su inicio, y el trabajo de organización de Patricia Soto fue invaluable.

No puedo dejar de agradecer a los protagonistas del proyecto, los autores de este volumen, quienes encontraron tiempo en sus tareas para viajar a México y escribir sus artículos. Igualmente importante fue la presencia de otros cuyos nombres no aparecen entre los autores pero cuya participación, comentarios, apoyo y consejos enriquecieron extraordinariamente el proyecto. A todos ellos, muchas gracias.

Daniel Ortega Nieto

INTRODUCCIÓN

Ana Covarrubias
Daniel Ortega Nieto

La defensa de los derechos humanos ha sido por muchos años materia de discusión entre quienes consideran que es un asunto legítimo en la política internacional y quienes lo definen como un tema de política interna. La primera posición parece contar con más seguidores al iniciarse el siglo XXI; el fin de la Guerra Fría y el tipo de conflictos que se dieron a partir de entonces, como problemas de secesión y limpieza étnica, situaron los derechos humanos como una de las prioridades de la agenda internacional. Esto no significa, sin embargo, que se haya logrado un consenso en cuanto a la legalidad y legitimidad de la protección internacional de los derechos humanos, ni mucho menos que se haya encontrado la fórmula para hacerlo. Los ataques terroristas en Estados Unidos del 11 de septiembre de 2001 y la consecuente "guerra contra el terrorismo" han dificultado todavía más las coincidencias entre países y otros actores internacionales para continuar la búsqueda de más y mejores formas de promover y respetar los derechos humanos. De aquí la necesidad de examinar la relación entre la protección de los derechos humanos y el orden internacional, y la influencia cambiante de la comunidad internacional. La reflexión de los dilemas que enfrenta la protección internacional de los derechos humanos en la actualidad es el objeto central de este volumen.

A partir del fin de la Segunda Guerra Mundial se produjeron cambios significativos en materia de derechos humanos. En primer lugar se creó una serie de instrumentos internacionales que permitieron que el individuo recibiera reconocimiento legal y contara con herramientas para salvaguardar sus derechos.[1] Además, el surgimiento de organizaciones

---

[1] Una lista de los convenios sobre derechos humanos más importantes se encuentra en <http://www.unhchr.ch/spanish/html/intlinst_sp.htm>.

no gubernamentales que difunden las violaciones de los derechos humanos, emiten recomendaciones a los gobiernos y trabajan en las zonas de crisis ha provocado el establecimiento de redes transnacionales de cabildeo en favor de los derechos humanos.[2] Organizaciones como Amnistía Internacional, Human Rights Watch y Médecins Sans Frontières presionan a los gobiernos para que protejan los derechos humanos; a algunos de ellos, para que practiquen lo que predican. Finalmente, la comunidad internacional ha diseñado instituciones que protegen los derechos humanos y castigan a sus violadores: la Corte Europea de Derechos Humanos (1953) y la Corte Interamericana de Derechos Humanos (1969) han dado a los ciudadanos de los países parte la capacidad para denunciar y defenderse de violaciones de los derechos humanos y abusos de autoridad en sus propios Estados. Todo ciudadano de la Unión Europea cuenta en Estrasburgo con una Corte cuyas sentencias, en principio, deben ser acatadas por autoridades nacionales. Asimismo, las decisiones de la Comisión y la Corte Interamericana comienzan a tener mayor relevancia en el ámbito político nacional y han ayudado a promover el respeto de los derechos humanos en América Latina. Más aún, la creación de la Corte Penal Internacional (CPI) es otra muestra de la visibilidad que ha adquirido la protección internacional de los derechos humanos. Gracias a estos esfuerzos, la brecha entre el discurso de los Estados y la realidad ha disminuido, aunque persisten violaciones y crisis humanitarias que presentan nuevos retos e interrogantes.

Una de las consecuencias que ha tenido la insistencia en la protección de los derechos humanos es el cuestionamiento del concepto clásico de soberanía. El alcance de los instrumentos de protección de los derechos humanos, la red transnacional de cabildeo y las instituciones legales han puesto en entredicho el supuesto de que los derechos humanos son un asunto de jurisdicción exclusiva del Estado. Así, el libro inicia con el capítulo de Jack Donnelly que presenta la evolución del concepto de soberanía y las posibles complicaciones normativas y conceptuales que derivan de la protección internacional de los derechos humanos. Donnelly

---

[2] Véase Margaret E. Keck y Kathryn Sikkink, *Activists beyond Borders. Advocacy Networks in International Politics*, Ithaca, Cornell University Press, 1998 y Thomas Risse y Kathryn Sikkink (eds.), *The Power of Human Rights. International Norms and Domestic Change*, Cambridge, Cambridge University Press, 1999.

sugiere que los Estados continúan siendo igualmente soberanos como en 1648, cuando se firmó la Paz de Westfalia, y señala que la protección internacional de los derechos humanos no es incompatible con la soberanía estatal: el problema central reside en la mala interpretación de la idea de soberanía, que ha sido analizada en términos de la capacidad del Estado y no de su autoridad. En su colaboración a este volumen, Fernando Tesón sostiene que la comunidad internacional tiene la obligación de intervenir en situaciones en las que reine la anarquía o la tiranía, y expone los principales argumentos de la postura liberal en favor de la intervención humanitaria. Por su parte, David Malone contribuye a la discusión al presentar un análisis detallado sobre la función que tuvo la ONU, especialmente el Consejo de Seguridad, en la reformulación del concepto de soberanía nacional. El fin de la Guerra Fría y la inclusión del tema de la protección de los derechos humanos como un tema central de la ONU suscitaron cambios significativos en el proceso de toma de decisiones del Consejo de Seguridad, lo que a su vez modificó, de acuerdo con Malone, la manera en que entendemos la relación entre individuo, Estado y sistema internacional.

Igualmente importante para la protección de los derechos humanos han sido las instituciones que velan por ellos. En este sentido, el capítulo de Robert K. Goldman explica la evolución, el funcionamiento y el porvenir del sistema interamericano de derechos humanos. Goldman se refiere a la historia del sistema interamericano e identifica las dificultades a las que se han enfrentado, y se enfrentan, los mecanismos de protección de los derechos humanos en América Latina. Y en lo que a instituciones concierne, la creación de la Corte Penal Internacional fue sin duda un paso valioso para la defensa de los derechos humanos: una institución que proceda legalmente contra individuos que sean responsables de actos de lesa humanidad, genocidio y crímenes de guerra puede convertirse en una pieza clave del sistema internacional. Sin embargo, la hostilidad estadounidense que enfrenta la CPI cuestiona su capacidad para consolidarse como un actor eficaz para castigar abusos de los derechos humanos. De esta forma, el trabajo y la credibilidad de la Corte se verán erosionados en caso de que no pueda ejercer todas sus facultades. El capítulo de José Miguel Vivanco subraya la importancia de la Corte y detalla sus funciones y retos de acuerdo con la evolución del concepto de jurisdicción universal en materia de derechos humanos.

Vivanco analiza también uno de los casos más controvertidos en los últimos años, el del general chileno Augusto Pinochet, como ejemplo de la expansión de la jurisdicción universal.

Tras lo ocurrido en Iraq, Somalia, la ex Yugoslavia y Ruanda a principios de los años noventa, el debate sobre la intervención humanitaria cobró visibilidad. Algunos argumentaban que el derecho internacional prohibía cualquier tipo de injerencia en los asuntos internos del Estado y, por ende, toda acción en ese sentido sería ilegítima e ilegal; otros defendieron la idea de que la comunidad internacional tenía la obligación de intervenir para salvar vidas en situaciones críticas. Esta última posición ha ganado fuerza a partir de entonces. Simon Chesterman y Thomas G. Weiss, por su parte, subrayan la necesidad de redefinir el debate sobre intervención humanitaria en términos de "responsabilidad" y no del "derecho" a intervenir. Chesterman propone que es necesario centrar la discusión en la prevención de violaciones en masa y destaca los avances logrados como resultado del reporte de la Comisión Internacional sobre Intervención y Soberanía de los Estados, "La responsabilidad de proteger".[3] Weiss, por otro lado, analiza el futuro de la intervención humanitaria en una época de hegemonía estadounidense y subraya la relevancia de dicho documento. Asimismo, Weiss considera que la comunidad internacional está más preocupada por evitar intervenciones militares cuyos motivos no sean humanitarios que por intervenir en donde haya motivos suficientes para llevar a cabo una operación militar que podría salvar miles de vidas. A continuación, el capítulo de Daniel Ortega examina las posibles consecuencias de adoptar un marco general para futuras intervenciones humanitarias. Ortega señala que la adopción de tal punto de referencia tendría repercusiones normativas y prácticas que aún deben analizarse y discutirse pues sus alcances son inciertos.

Los ataques terroristas del 11 de septiembre de 2001 convirtieron la lucha contra el terrorismo en el objetivo central de la política estadounidense y, por lo tanto, la colocaron en un lugar muy importante de la agenda internacional. Robert I. Rotberg analiza los orígenes del terrorismo y la necesidad de emprender una estrategia multifacética para acabar

---

[3] *The Responsibility to Protect*, Ottawa, International Development Research Centre, 2001.

con él. Asimismo, Rotberg señala que la estrategia para ganar la "guerra contra el terrorismo" debe considerar políticas que vayan más allá de lo militar y mejoren los niveles de vida de los países en donde es probable que se recluten terroristas. En este mismo sentido, el artículo de Thomas Pogge se refiere a la pobreza y desigualdad que persisten en el mundo y presenta una propuesta para un dividendo global que se fundamente en la Declaración Universal de los Derechos Humanos y se sustente en las ganancias provenientes de los recursos naturales. Los países en desarrollo se beneficiarían mediante el dividendo, por lo que habría, de acuerdo con Pogge, posibilidades reales de reducir la desigualdad y la pobreza. Esto, sin duda, mejoraría el estado de los derechos humanos en el mundo.

LA SOBERANÍA DE LOS ESTADOS
Y LOS DERECHOS HUMANOS

Jack Donnelly
University of Denver

La soberanía y los derechos humanos suelen considerarse esencialmente antagónicos: los derechos de los Estados enfrentados a los del individuo: 1648 (la Paz de Westfalia) contra 1948 (la Declaración Universal de los Derechos Humanos). La soberanía otorga a los Estados el derecho a que no intervengan en sus asuntos internos, y podría decirse que no hay otro asunto más puramente interno que la forma como un Estado trata a sus ciudadanos en su territorio. Pero, dado que éste es precisamente el interés central de los derechos humanos universalmente reconocidos, en general se considera que las obligaciones internacionales en materia de derechos humanos: atentan contra,[1] contrarían,[2] vejan,[3]

---

[1] Kurt Mills, *Human Rights in an Emerging Global Order: A New Sovereignty?*, Nueva York, St. Martin's Press, 1998, p. 10; Christopher Clapham, "Sovereignty and the Third World State", *Political Studies*, vol. 47, núm. 3, 1999, pp. 522-538; Sonia Cárdenas, "National Human Rights Commissions in Asia", en J. D. Montgomery y N. Glazer (comps.), *Sovereignty under Challenge*, New Brunswick, Transaction Publishers, 2002, p. 57.

[2] William J. Aceves, "Relative Normativity: Challenging the Sovereignty Norm Through Human Rights Litigation", *Hastings International and Comparative Law Review*, núm. 25, 2002, p. 261; Linda Butenhoff, "Localizing Human Rights in an Era of Globalization: The Case of Hong Kong", en M. Monshapoori, N. Engelhart, A. J. Nathan y K. Philip (comps.), *Constructing Human Rights in the Age of Globalization*, Armonk, M. E. Sharpe, 2003, pp. 215 y 216.

[3] Thomas G.Weiss y Jarat Chopra, "Sovereignty Under Siege: From Intervention to Humanitarian Space", en G. M. Lyons y M. Mastanduno (comps.), *Beyond Westphalia?: State Sovereignty and International Intervention*, Baltimore, The Johns Hopkins University Press, 1995.

perjudican,[4] degradan,[5] debilitan,[6] agotan,[7] comprometen,[8] desmoronan,[9] transgreden,[10] vulneran[11] y erosionan[12] la soberanía estatal, la cual, según se afirma, está cediendo el paso[13] o incluso subordinándose[14] ante las normas más elevadas de los derechos humanos, que "presentan fundamentos legales y morales para desconocer los derechos soberanos de los Estados".[15] "Los derechos humanos han revolucionado el sistema internacional y el derecho internacional."[16]

[4] Peter Schwab y Adamantia Pollis, "Globalization's Impact on Human Rights", en A. Pollis y P. Schwab, *Human Rights: New Perspectives, New Realities*, Boulder, Lynne Rienner Publishers, 2000, p. 214.

[5] Ellen L. Lutz, "Strengthening Core Values in the Americas: Regional Commitment to Democracy and the Protection of Human Rights", *Houston Journal of International Law*, núm. 19, 1997, p. 652.

[6] Michael Jacobsen y Stephanie Lawson, "Between Globalization and Localization: A Case Study of Human Rights *versus* State Sovereignty", *Global Governance*, vol. 5, núm. 2, 1999, pp. 203-219.

[7] Temple Fett Kearns, "Breaking the Shackles of the Past: The Role and Future of State Sovereignty in Today's International Human Rights Arena", *Nova Law Review*, núm. 25, 2001, p. 522.

[8] Stephen D. Krasner, *Sovereignty: Organized Hypocrisy*, Princeton, Princeton University Press, 1999, p. 125.

[9] Mario Bettati, "The International Community and Limitations of Sovereignty", *Diogenes*, vol. 44, núm. 4, 1996, p. 92.

[10] Gene M. Lyons y James Mayall, "Stating the Problem of Group Rights", en G. M. Lyons y J. Mayall (comps.), *International Human Rights in the 21st Century: Protecting the Rights of Groups*, Lanham, Rowman & Littlefield, 2003, p. 9.

[11] Fried van Hoof, "International Human Rights Obligations for Companies and Domestic Courts: An Unlikely Combination?", en M. Castermans-Holleman, F. van Hoof y J. Smith, *The Role of the Nation-State in the 21st Century: Human Rights, International Organisations and Foreign Policy. Essay in Honour of Peter Baehr*, La Haya, Kluwer Law International, 1998, p. 51.

[12] Mohammed Ayoob, "Humanitarian Intervention and State Sovereignty", *International Journal of Human Rights*, vol. 6, núm. 1, 2002, p. 93; Louis Henkin, "That 'S' Word: Sovereignty, and Globalization, and Human Rights, et cetera", *Fordham Law Review*, núm. 68, 1999, pp. 3 y 4; Ruth Lapidoth, "Redefining Authority", *Harvard International Review*, vol. 17, núm. 3, 1995, pp. 8-13.

[13] Aceves, *op. cit.*, p. 265.

[14] H. Lauterpacht, *International Law and Human Rights*, s.l., Archon Books, 1968 [1950], pp. 304-311.

[15] Jianming Shen, "National Sovereignty and Human Rights in a Positive Law Context", *Brooklyn Journal of International Law*, núm. 26, 2000, p. 435.

[16] Louis Henkin, "Human Rights and State 'Sovereignty'", *Georgia Journal of International and Comparative Law*, vol. 25, núm. 1-2, 1995, pp. 43 y 44.

Mi lectura de esto es radicalmente distinta: la forma en que los derechos humanos han redefinido la soberanía no es motivo para que los Estados sean menos soberanos de lo que eran hace cincuenta, cien o trescientos cincuenta años. Las restricciones que imponen actualmente los derechos humanos a la libertad de acción de los Estados son del todo congruentes con la "plena" soberanía "westfaliana". Lejos de que 1948 desafíe a 1648, la sociedad de Estados ha abierto un espacio a los derechos humanos dentro de las prácticas de la soberanía estatal.

SOBERANÍA

Una queja muy común es la confusión en torno del término "soberanía". "Ninguna otra palabra importante ha sido más incomprendida y mal empleada."[17] Sin embargo, en el fondo de los usos más arraigados de esta palabra se encuentra la idea de autoridad suprema.

"Soberano" viene del francés antiguo *soverain*, del latín *superanus* y de *super*, encima. Un soberano es supremo o preeminente. El *Oxford English Dictionary* define soberano a "quien tiene supremacía, o rango superior o autoridad sobre otros; un superior; un regente, gobernador, señor o maestro", "el gobernante supremo reconocido de un pueblo o una nación", "de poder, autoridad, etc., supremos". Ser soberano es no estar sometido a una autoridad superior. La descripción que hace Alan James de la soberanía como independencia constitucional capta adecuadamente esta idea central.[18]

El derecho internacional retoma esa interpretación ordinaria. "Soberanía es autoridad suprema";[19] "Soberanía es el poder supremo por el

[17] Geoffrey Best, "Justice, International Relations and Human Rights", *International Affairs*, vol. 71, núm. 4, 1995, p. 778. Compárese con Alan James, "The Practice of Sovereign Statehood in Contemporary International Society", *Political Studies*, vol. 47, núm. 3, 1999, p. 457; Henkin, "That 'S' Word: Sovereignty, and Globalization, and Human Rights, et cetera", *op. cit.*, p. 1; Ian Brownlie, *Principles of Public International Law*, 6a ed., Oxford, Oxford University Press, 2003 pp. 105 y 106; Clive Crook, "When Confusion about Sovereignty Reigns", *National Journal*, vol. 33, núm. 28, 2001, pp. 2215 y 2216.

[18] Alan James, *Sovereign Statehood: The Basis of International Society*, Londres, Allen & Unwin, 1986.; y del mismo autor, "The Practice of Sovereign Statehood in Contemporary International Society", *op. cit.*

[19] Robert Jennings y Arthur Watts, *Oppenheim's International Law*, 9a ed., Harlow, Longmans, 1992, p. 122.

cual todo Estado es gobernado";[20] "El soberano es la persona a la que la nación ha confiado el poder supremo y la tarea de gobernar";[21] "Soberanía: 1) Dominio, autoridad o mandato supremos. 2) La autoridad política suprema de un Estado independiente [...] Supremacía, el derecho a exigir obediencia".[22]

En lo que sigue trataré la soberanía externa o internacional, las reglas mediante las cuales interactúan los soberanos, esos actores que no reconocen una autoridad más alta. Atenderé básicamente las prácticas soberanas de la sociedad internacional moderna, no a las teorías filosóficas o a la conveniencia de la soberanía. En esta sección consideraré la soberanía, en general, y en la siguiente se verán las formas como repercuten los derechos humanos en la soberanía de los Estados (y viceversa).

Autoridad, capacidad y poder

La soberanía es un asunto de autoridad, el *derecho* a regular o gobernar. No obstante, a menudo se le confunde con el control de los resultados.

- "La teoría legal actual [sostiene] que los países están plenamente capacitados para definir sus políticas internas."[23] Esto es una necedad. La soberanía es el derecho, no la capacidad, de determinar las políticas. Como cualquier otro derecho, puede o no ser efectivamente disfrutado, infringido, violado o ignorado.
- "La soberanía [...] se ha vuelto [...] cada vez menos absoluta. Incluso para una así llamada superpotencia [...] el internacionalismo es ineludible."[24] Sin embargo, unilateralismo e internacionalismo no

---

[20] Henry Wheaton, *Elements of International Law*, 8a ed., Boston, Little, Brown, and Company, 1866, p. 31.

[21] Emerich de Vattel, *The Law of Nations or the Principles of Natural Law Applied to the Conduct of the Affairs of Nations and of Sovereigns*, Washington, D.C., The Carnegie Institution of Washington, 1916 [1758], Libro II, cap. IV.

[22] *Black's Law Dictionary*, 7a ed., St. Paul, MN, West Group, 1999.

[23] Robert Brown y Michael Alexander, "Sovereignty in the Modern Age", *Canada-United States Law Journal*, núm. 20, 1994, pp. 273-296.

[24] Geoffrey Howe, "Sovereignty, Democracy and Human Rights", *Political Quarterly*, vol. 43, núm. 4, 1995, p. 129.

tienen nada que ver con soberanía (la autoridad suprema en el territorio propio). Más bien, conciernen a los costos y beneficios de la acción unilateral o colectiva.

- "Ningún Estado soberano, ni todos los Estados soberanos juntos, parecen tener la soberanía suficiente para resolver los problemas [de] nuestra sociedad humana a finales del siglo XX."[25] Sin embargo, la autoridad soberana no garantiza que se tenga capacidad para resolver ningún problema en particular.

Debemos comprender tanto la diferencia clara como las relaciones sutiles entre soberanía y control. El poder bruto puede, con el tiempo, volverse una fuente de autoridad, y la autoridad suele ser una fuente importante de control. A la inversa, si el vínculo entre autoridad y control se rompe por completo, la autoridad puede debilitarse o perderse. Pero, capacidad y autoridad –fuerza y legitimidad– son dos cosas muy diferentes. Sobre todo cuando se hallan en manos distintas, debemos evitar los errores tanto del "legalismo" (considerar la autoridad formal, pero ignorando las realidades del poder y el control) como del "realismo" (considerar el poder bruto, sin ley, pero ignorando las realidades del derecho y la autoridad). La figura 1 presenta una tipología simple.

Figura 1
AUTORIDAD, CAPACIDADES Y PODER SOBERANO

| | Autoridad | |
	Suprema	Ninguna
Altas	Gobierno soberano efectivo	Dominio
Capacidades		
Bajas	Soberanía formal	Debilidad (material y normativa)

[25] Henkin, "That 'S' Word: Sovereignty, and Globalization, and Human Rights, et cetera", *op. cit.*, p. 6.

Los actores que tienen autoridad suprema son, por definición, soberanos. Si su capacidad baja, son débiles, pero formalmente soberanos. Debemos evitar la tentación de decir "sólo" formalmente, pues la soberanía es *en esencia* formal, una cuestión de derechos y autoridad. El control efectivo añade algo a la soberanía; más que perfeccionarla. Los actores que carecen de autoridad pero cuya capacidad es alta ejercen dominio, que no es una soberanía imperfecta, sino un tipo de mando diferente.

Las fuentes de la soberanía

Los juristas internacionales regularmente precisan los criterios objetivos de la estaticidad –que por lo general se define como un gobierno que ejerce control sobre un territorio y una población, y participa en el derecho y la política internacionales–, pero éstos no son condiciones ni necesarias ni suficientes. Por una parte, no todos los Estados soberanos cumplen con esos criterios –pensemos en los Estados "fallidos"–; por otra, algunas entidades sí las cumplen –el caso más notable es Taiwán–, pero se considera universalmente que no son soberanas.

La soberanía no emana de un poder o autoridad internos y preexistentes que se imponga sobre otros Estados, sino del reconocimiento mutuo de jurisdicciones exclusivas.[26] Soberanos son aquellos cuya soberanía es reconocida por (la sociedad de) los Estados soberanos. El reconocimiento internacional crea derechos, más que aceptarlos. Incluso cuando tal reconocimiento es producto del poder de un Estado o de sus aliados, tiene una dimensión constitutiva esencial. Lo que Chayes y Chayes llaman "la nueva soberanía",[27] es decir, el derecho a participar plenamente en el derecho y la política internacionales, es otra manera de formular el carácter constitutivo de la soberanía. Pero esto *siempre* ha sido elemento esencial de las prácticas de la soberanía moderna.

---

[26] Recordemos que nuestro tema en este trabajo es la soberanía externa o internacional. En cambio, la soberanía interna, en la historia moderna occidental, se ha sustentado en el don divino, la prescripción, la sucesión legítima y, recientemente, la voluntad del pueblo.

[27] Abram Chayes y Antonia Handler Chayes, *The New Sovereignty: Compliance with International Regulatory Agreements*, Cambridge, Harvard University Press, 1995.

Cuando, en Westfalia, las partes acordaron no tratar de imponerse un credo particular unas a otras, con ello definieron los derechos soberanos resultantes. Las diferencias entre Costa de Oro en 1950 y Ghana en 1960 se debieron, en gran medida, al otorgamiento (constitutivo) de la independencia y a su reconocimiento internacional. Los contrastes entre los estatutos de Eslovenia y Kosovo o de Georgia y Chechenia son ejemplos recientes de lo mismo.

O pensemos en lo que Robert Jackson llama los "casi Estados";[28] extremadamente débiles (ubicados en el extremo inferior izquierdo de la figura 1) que existen no por su poder (o el poder de los aliados), sino porque fueron reconocidos internacionalmente. El peyorativo "casi" indica que hay algo fundamentalmente equívoco en esos Estados. Sin embargo, su soberanía no es de ninguna manera defectuosa. Muy por el contrario, su soberanía, internacionalmente reconocida, constituye el principal recurso de poder de esos Estados y de las élites que los controlan.[29]

En un mundo de políticas de poder, el camino usual hacia la soberanía es la capacidad de un país para mantener su independencia, por sí solo o con ayuda de sus aliados. El hecho de que existan muchos "casi Estados" muestra un régimen de soberanía muy diferente, que parte de ideas distintivamente poscoloniales de la autodeterminación y la igualdad soberana. Pero la soberanía de los "Estadosreales", no menos que la de los "casi Estados", se constituye mediante el reconocimiento mutuo dentro de la sociedad de Estados.

Sujetos de la soberanía

¿Quiénes son los sujetos de la soberanía? ¿Quién posee la autoridad suprema? Los Estados, es hoy la respuesta obvia. Pero quizá no siempre fue así.

La mayoría de los soberanos en los primeros tiempos de la Europa moderna eran gobernantes de carne y hueso, "Reyes y Personas de

[28] Robert H. Jackson, *Quasi-States: Sovereignty, International Relations and the Third World,* Cambridge, Cambridge University Press, 1990.
[29] Clapham, *op. cit.* pp. 522-538.

autoridad Soberana", como dice Hobbes en el capítulo 13 del *Leviatán*, publicado apenas tres años después de Westfalia. Por ejemplo, el primer artículo de la Paz de Westfalia habla de una paz "entre su Sagrada Majestad Imperial y su altísima Majestad Cristiana, como también entre todos y cada uno de los Aliados y Partidarios de su Majestad Imperial, la Casa de Austria y sus Herederos y Sucesores, pero, sobre todo, entre los Electores, Príncipes y Estados del Imperio, por una parte, y todos y cada uno de los aliados de su Majestad Cristiana, y de todos sus Herederos y Sucesores".

Bien entrada la era westfaliana, "soberanía significaba realeza propietaria", por la cual el monarca "consideraba y trataba al Estado como la propiedad patrimonial privada de la dinastía reinante".[30] El territorio, más que ser el atributo fijo y definidor de un Estado, venía en mayor o menor grado con el gobernante. La soberanía siguió siendo fundamentalmente dinástica (más que territorial) hasta bien entrado el siglo XVIII; pensemos en las guerras de las sucesiones española (1702-1713) y austriaca (1740-1748). La Santa Alianza es ejemplo de la continuación del principio dinástico hasta el siglo XIX.

Las soberanías dinástica y territorial modernas comparten una idea unitaria: un soberano por Estado. No obstante, el *Oxford English Dictionary* incluye definiciones que atribuyen soberanía a los alcaldes y superiores de los monasterios y conventos. La división medieval y temprana moderna de la autoridad entre el papa y el emperador y entre éste y otros príncipes revela también una concepción descentralizada o funcional de soberanía dividida. Como lo señala la más connotada autoridad británica en derecho internacional, "la soberanía es divisible como un asunto de principio y como un asunto de experiencia".[31]

Los derechos del soberano

Aunque la idea de múltiples soberanías dentro de un mismo territorio tiene pocas implicaciones para los actuales derechos humanos interna-

[30] Benno Teschke, "Theorizing the Westphalian System of States: International Relations from Absolutism to Capitalism", *European Journal of International Relations*, vol. 8, núm. 1, 2002, pp. 9, 13. Compárese con Martin van Creveld, *The Rise and Decline of the State*, Cambridge, Cambridge University Press, 1999, pp. 170-175.

[31] Brownlie, *op. cit.*, p. 113.

cionales,[32] sí apunta al hecho fundamental de que los soberanos no tienen que tener autoridad suprema sobre *todos* los asuntos dentro de un territorio. "El sentido original de la palabra simplemente es 'superioridad', sin ninguna connotación de algo absoluto o ilimitado."[33]

En la práctica, los soberanos modernos nunca han tenido licencia o autoridad absolutas sobre todo. Siempre han estado sujetos al derecho internacional y han tenido obligaciones legales frente a otros soberanos. "La práctica estatal es unánime en afirmar la existencia de reglas legales [...] en las relaciones entre Estados soberanos."[34] Y desde 1648 los soberanos han tenido restricciones en cuanto a lo que podían legítimamente hacer, incluso a sus ciudadanos, dentro de sus dominios.

Al acordar la no injerencia religiosa, Westfalia sentó las bases para un principio más amplio de no intervención, la obligación central correlativa a los derechos de soberanía. Simultáneamente, sin embargo, el tratado impuso restricciones a los soberanos. Por ejemplo, el artículo 28 garantiza a los adeptos al Credo de Augsburgo "el libre Ejercicio de su Religión, tanto en Iglesias públicas, a las Horas señaladas, como en la privacidad de sus Hogares". La soberanía externa (respecto de la religión) se estableció de manera simultánea y dependiente de las restricciones a las prerrogativas soberanas.

"El carácter de estaticidad puede relacionarse con varios conjuntos de derechos y deberes. No conlleva ningún tipo de implicaciones específicas, determinadas o normativas."[35] La constitución de la soberanía ha cambiado sustancialmente a lo largo de la era westfaliana. Ahora se

---

[32] No obstante, puede ser de interés para los esquemas de integración regional, sobre todo en la Unión Europea. También ha llevado a ciertas especulaciones interesantes sobre los futuros "neo medievales". Véase Hedley Bull, *The Anarchical Society: A Study of Order in World Politics*, Nueva York, Columbia University Press, 1977; Andrew Linklater, *The Transformation of Political Community*, Columbia, University of South Carolina Press, 1998, pp. 193-203; Jorg Friedrichs, "The Meaning of New Medievalism", *European Journal of International Relations*, núm. 7, 2001, pp. 475-501.

[33] James Leslie Brierly, *The Basis of Obligation in International Law and Other Papers*, Oxford, The Clarendon Press, 1958, pp. 19 y 20.

[34] Georg Schwarzenberger, *Power Politics: A Study of International Society*, 2a ed., Londres y Nueva York, Stevens / F. A. Praeger, 1951, p. 89.

[35] Martti Koskenniemi, "The Future of Statehood", *Harvard International Law Journal*, núm. 32, 1991, p. 408.

reconocen nuevos derechos, mientras ciertos derechos antiguos se perdieron. Pero, al paso de todo eso, los soberanos se han mantenido totalmente soberanos.

El ejemplo más notable lo hallamos en el núcleo de la alta política realista. En el siglo XIX, el Estado soberano era el único que podía determinar qué era lo que requería para su autopreservación. Esto se interpretaba como el derecho de hacer la guerra cuando, donde y por el motivo que hallara conveniente. "La opinión común era que recurrir a la guerra era un atributo de la estaticidad y se aceptaba que toda conquista producía un título."[36] Hoy, el uso legítimo de la fuerza se limita a la defensa propia, pero ciertamente no podríamos decir que Estados Unidos era menos soberano en 1990 que en 1890 porque no tenía ningún derecho a iniciar una guerra para obtener una ganancia nacional o una conquista territorial.

O pensemos en el "derecho soberano" de un país a controlar su emisión de moneda. Según la norma de oro clásica, los Estados no tenían tal derecho, pero según el sistema Bretton Woods de tasas de cambio fijas, sí. Actualmente, el poder de los mercados e instituciones financieros internacionales ha provocado temores por la posible pérdida de soberanía económica.[37] Pero esos reparos implican –de manera absurda– que Gran Bretaña, Estados Unidos, Francia y Alemania no eran económicamente soberanos en 1990.

La permeabilidad creciente de las fronteras es otro ejemplo de la erosión de la soberanía a menudo citado.[38] Sin embargo, los Estados tienen hoy tanta autoridad para controlar los flujos transfronterizos como a principios del siglo XIX, antes de que los pasaportes empezaran a usarse en forma generalizada. Y, regresando de la autoridad a las capacidades, las fronteras de casi todos los Estados son *menos* permeables hoy al flujo de individuos que hace cien años. Hablar en la actualidad de una pérdida de soberanía nos llevaría necesariamente a hacer afirmaciones necias sobre la ausencia de soberanía en los siglos XVIII y XIX.

[36] Ian Brownlie, *Principles of Public International Law*, 6a. ed., Oxford, Oxford University Press, 2003, p. 697.

[37] Por ejemplo, Jessica Matthews, "Power Shift", *Foreign Affairs*, vol. 76, núm. 1, 1977, p. 57; Michel Chossudovsky, "Global Poverty in the Late 20th Century", *Journal of International Affairs*, vol. 52, núm. 1, 1998, p. 309.

[38] Por ejemplo, Mills, *op. cit.*, pp. 1, 25 y 26, 122.

La diversidad del concepto de soberanía abarca incluso rasgos persistentes como el de la igualdad soberana. Quizá sea cierto que "la esencia de nuestra concepción del sistema westfaliano *sic*, tal como ha ido evolucionando gradualmente desde 1648, es el principio de la igualdad soberana de los Estados".[39] Sin embargo, la igualdad soberana ha significado cosas muy distintas en el mundo de la soberanía dinástica del siglo XVII, en el mundo decimonónico de la política de las grandes potencias y en la era poscolonial de finales del siglo XX.

A lo largo de la mayor parte de la era westfaliana, la idea de igualdad soberana se ha entendido como del todo congruente con la idea de que diversos (grupos o tipos de) Estados tienen derechos diferentes. Los honores, los títulos y las diferencias de estatus eran muy importantes en los siglos XVII y XVIII. En cambio, en el siglo XIX, las grandes potencias tenían derechos y responsabilidades especiales,[40] práctica que perdura en el veto dentro del Consejo de Seguridad. El "canon de civilización" estableció derechos desiguales entre los Estados occidentales y China, el Imperio otomano, Japón y Siam.[41] De manera más general, la expansión decimonónica de la sociedad occidental creó "dos modelos de orden internacional moderno [que] tenían propósitos opuestos y acuerdos normativos e institucionales muy diferentes".[42] El derecho internacional ha estado plagado de fórmulas tales como condominios, ciudades libres, protectorados, servidumbres, dominios, Estados tributarios o vasallos, etc.[43]

Si los Estados hubiesen perdido autoridad sobre una diversidad de actividades centrales al criterio imperante sobre la naturaleza de la polí-

---

[39] Alan Rosas, "State Sovereignty and Human Rights: Towards a Global Constitutional Project", *Political Studies*, núm. 43, 1995, p. 63.

[40] Gerry Simpson, *Great Powers and Outlaw States: Unequal Sovereigns in the International Legal Order*, Cambridge, Cambridge University Press, 2004, esp. cap. 4.

[41] Gerrit W. Gong, *The Standard of 'Civilisation' in International Society*, Oxford, Clarendon Press, 1984.

[42] Edward Keene, *Beyond the Anarchical Society: Grotius, Colonialism and Order in World Politics*, Cambridge, Cambridge University Press, 2002, p. 100.

[43] Véase, por ejemplo, Vattel, *op. cit.*, Libro I, cap. I; Wheaton, *op. cit.*, §§ 33-59; William Edward Hall, *A Treatise on International Law*, 8a ed., Oxford, Clarendon Press, 1924, pp. 23-35; James Leslie Brierly, *The Law of Nations: An Introduction to the International Law of Peace*, Oxford, Clarendon Press, 1949, cap. 4, §3-4; y Brownlie, *op. cit.*, pp. 113 y 114.

tica, se justificaría que habláramos de la pérdida de soberanía e incluso estaríamos obligados a ello. No obstante, los derechos de los soberanos son, y siempre han sido variables, y la soberanía –excepto, quizá, la de Dios– nunca ha sido absoluta o sobre todas las cosas.

Los derechos de los soberanos están determinados por las prácticas de la sociedad de los Estados soberanos, no por una lógica teórica o conceptual. Como lo expresó con autoridad la Corte Permanente de Justicia Internacional, en 1923, "que un determinado asunto sea o no competencia exclusiva de un Estado es algo esencialmente relativo; depende del desarrollo de las relaciones internacionales".[44] "Se admite de manera generalizada que ningún tema está irrevocablemente fijado dentro del ámbito exclusivo" de la prerrogativa soberana.[45]

"La soberanía no es tan sólo un puñado de derechos; consiste en una categoría (ser soberano) y en el uso de la misma para legitimar ciertos derechos, deberes y competencias (los derechos soberanos)."[46] La categoría de supremacía reconocida es un rasgo definidor de la soberanía y ha permanecido, en esencia, constante a través de las variaciones que han experimentado los derechos soberanos. El puñado de derechos específicos es históricamente variable y de importancia secundaria; determina el carácter particular de la soberanía, más que su esencia. En tanto los Estados no estén constitucionalmente subordinados a otro actor siguen siendo plenamente soberanos. Y mientras los derechos de que antes se gozaba no sean transferidos a una autoridad "más alta", podemos decir que no se ha perdido ninguna soberanía (supremacía).[47]

Soberanía: realidad social, no hipocresía organizada

Para reunir muchos de los puntos arriba expuestos e introducir el análisis de los derechos humanos y la soberanía, que trataré a continuación,

---

[44] *Nationality Decrees Issued in Tunis and Morocco* (1923) P.C.I.J. Ser. B., núm. 4, p. 24.

[45] Brownlie, *Principles of Public International Law, op. cit.*, p. 291.

[46] Wouter G. Werner y Jaap H. De Wilde, "The Endurance of Sovereignty", *European Journal of International Relations*, vol. 7, núm. 3, 2001, p. 297.

[47] Véase la segunda sección de este trabajo.

voy a concluir esta sección comparando mi planteamiento con el de Stephen Krasner. Basado en una amplia documentación, este autor afirma que el fracaso de la práctica estatal corresponde a lo que él llama el "modelo westfaliano" de total y absoluta autonomía estatal.[48] Pero, fuera de esa semejanza superficial, Krasner presenta una visión fundamentalmente opuesta de la soberanía, asentada en un análisis inverosímil e inútil de su significado e importancia.

En repetidas ocasiones, Krasner asevera que cualquier tipo de "influencia" externa sobre las instituciones políticas internas viola la soberanía.[49] "La soberanía westfaliana se viola cuando actores externos influyen o determinan las estructuras internas de autoridad."[50] Entonces, según Krasner, invocar la Declaración Universal de los Derechos Humanos para presionar al gobierno infringe la soberanía.[51] Si un tratado modifica la perspectiva de una nación sobre un determinado asunto, también se viola su soberanía.[52] La influencia de la Iglesia católica en las ideas sobre el aborto y el control de la natalidad constituye para Krasner una transgresión de la soberanía.[53] Incluso considera las zonas económicas exclusivas una violación (pues implican derechos menos que perfectos de soberanía territorial).[54] Krasner querría hacer creer que, cuando un Estado crea nuevos derechos soberanos para sí mismo, en ámbitos en los que antes no los tenía, ese Estado –sin saberlo, y de hecho, pensando que hace algo muy diferente– está violando su propia soberanía.

Si atendiéramos a lo que dice Krasner, la mayor parte de la política exterior, en la medida que tiene éxito, debería considerarse una viola-

---

[48] De hecho, Krasner identifica cuatro tipos de soberanía, pero se centra en los que llama la "soberanía legal internacional" y la "soberanía westfaliana", que conciernen exclusivamente a asuntos de autoridad suprema. (Krasner, *Sovereignty*, *op. cit.*, pp. 3 y 4, 10). Nuestros desacuerdos, entonces, no se refieren fundamentalmente a cuestiones de definición.

[49] *Ibid.*, pp. 33, 121, 226; 1995, pp. 116, 127.

[50] *Ibid.*, 1999, p. 20.

[51] *Ibid.*, p. 32.

[52] Stephen D. Krasner, "Compromising Westphalia", *International Security*, vol. 20, núm. 3, 1995, p. 127.

[53] *Ibid.*, p. 116.

[54] Krasner, *Sovereignty*, *op. cit.*, p. 36; y "Compromising Westphalia", *op. cit.*, p. 116.

ción a la soberanía, pues su intención es influir sobre otros Estados para que actúen de determinada forma. Lo mismo vale para el derecho internacional, que busca, y a veces logra, influir en las decisiones de los Estados.

No podemos "comprender lo que ha significado la estaticidad soberana en la práctica real,"[55] si juzgamos esa práctica a partir de estándares que son contrarios a los de los participantes. El "modelo westfaliano" absolutista de Krasner no encuentra sustento alguno en las prácticas o entendimientos mutuos de la sociedad de Estados.[56] Es particularmente sorprendente su insistencia en que los tratados (contratos y convenciones) que limitan la autoridad de un Estado violan su soberanía.[57] Esta afirmación ha sido repetidamente refutada por entidades autorizadas. "Las limitaciones al ejercicio de los derechos soberanos que, por virtud de un tratado, acepta el Estado concernido no pueden considerarse transgresiones a la soberanía."[58] "La Corte declina ver la firma de un Tratado por el cual un Estado se compromete a ejecutar o evitar llevar a cabo un acto determinado como un abandono de su soberanía."[59]

Ahora bien, cierto es que, como quiera que definamos la soberanía, las violaciones son frecuentes y a menudo inconcebibles. Esto lleva a Krasner a calificarla como una "hipocresía organizada", que define como una situación en la que "existen normas institucionales permanentes, pero que a menudo se ignoran".[60] Sin embargo, de ser así, la vida social, en su mayor parte, sería una "hipocresía organizada", pues a menudo se ignoran casi todas las normas. Las señales de alto, el matrimonio, la propiedad, la cor-

---

[55] Krasner, *Sovereignty, op. cit.*, p. 5.

[56] Krasner cita, en efecto, los nombres de unos cuantos académicos que presentan la soberanía como absoluta (por ejemplo, *op. cit.*, p. 24), y sin duda debe haber algunos más, amén de que esta opinión es la que a menudo se expresa en las discusiones populares. Sin embargo, Krasner no menciona un solo estudioso de renombre ni una sola autoridad legal internacional –y, hasta donde sé, no los hay– que considere la soberanía como absoluta (salvo en cierto sentido teórico). De hecho, uno de los rasgos más peculiares del trabajo de Krasner es que no cita *una sola* fuente o autoridad que apoye su modelo westfaliano absolutista.

[57] Krasner, *Sovereignty, op. cit.*, pp. 7, 26, 33-36, 40, 224, 226; "Compromising Westphalia", *op. cit.*, pp. 124-135.

[58] *Jurisdiction of the Danube Commission*, P.C.I.J. Ser. B., núm. 14, p. 36.

[59] *The S. S. Wimbeldon*, P.C.I.J. Ser. A, núm. 1, p. 25.

[60] Krasner, *Sovereignty, op. cit.*, p. 66.

tesía, la honestidad entre amigos, el sistema tributario, y la protección equitativa de las leyes son, todos ellos, "hipocresía organizada". En tal caso, también lo es la *Realpolitik*, pues la norma de buscar el poder a menudo se hace a un lado en pro de la legalidad, la compasión o para apoyar los intereses de los amigos o de los colaboradores de campaña.

Krasner afirma que escribe en contra del "error de no haber reconocido que las normas y reglas de cualquier sistema institucional internacional, incluido el sistema de Estados soberanos, tienen un alcance limitado y siempre están siendo impugnadas".[61] Pero, ¿quién ha cometido alguna vez el error de no admitir eso, o de ignorar que la soberanía no siempre ha "evitado que el poderoso viole sus preceptos"?[62]

Si fuera cierto que "las palabras y los actos no coinciden",[63] (nunca o muy rara vez) habríamos organizado la hipocresía en un sentido interesante del término. Lo único que Krasner demuestra es que el principio y la práctica a menudo difieren, lo cual es cierto en el caso de prácticamente cualquier principio o práctica, nacional e internacional. Es lo que hace que los principios sean principios y las normas, normas, y no leyes de la naturaleza. El hecho de que los "ataques a la autonomía siempre se hayan basado y justificado con principios divergentes"[64] es prueba contundente de la fuerza y realidad de las normas de la soberanía.

A pesar de subrayar que la soberanía westfaliana es una cuestión de autoridad, más que de control,[65] Krasner se niega a admitir que las transgresiones a los derechos son parte normal de la vida social y política, nacional e internacional. "En la práctica, los fuertes han podido gozar más de su integridad y autonomía territoriales que los débiles."[66] No obstante, esto también se aplica a la mayoría de los derechos, tanto dentro de un país como a escala mundial. En tanto "las transgresiones a la norma estándar no [...] generen lógicas alternativas de lo que es conveniente"[67] –y Krasner reconoce que no lo han hecho–, esto seguirá sien-

---

[61] *Ibid.*, p. 3.
[62] Krasner, "Compromising Westphalia", *op. cit.*, p. 149.
[63] Krasner, *Sovereignty*, *op. cit.*, p. 8.
[64] *Ibid.*, p. 73.
[65] *Ibid.*, pp. 10, 223.
[66] Krasner, "Compromising Westphalia", *op. cit.*, p. 147.
[67] Krasner, *Sovereignty*, *op. cit.*, p. 8.

do un mero recordatorio de que la autoridad no garantiza que se ejerza un control efectivo.

La soberanía no es una caparazón dura, una barrera impenetrable que se alce en las fronteras de un territorio; no asegura la eficacia de la voluntad libre del Estado. La soberanía es un conjunto complejo de prácticas sociales, que distribuye facultades, derechos y obligaciones entre actores que no reconocen una autoridad superior.[68]

Como todas las prácticas sociales, la soberanía se mantiene y se transforma con el tiempo. El trabajo de Krasner, pese al interesante material histórico que presenta, es fundamentalmente ahistórico, e incluso, antihistórico. El hecho de que imponga un modelo teórico condicionante hace imposible comprender la realidad de la soberanía en la práctica. También, al enfocarse estrechamente en las desviaciones de ese modelo se distrae la atención de los cambios ocurridos en el patrón o práctica a lo largo del tiempo. Por ello, Krasner pierde de vista las transformaciones importantes que ha experimentado la soberanía,[69] entre ellas las que resultaron del desarrollo del régimen mundial de derechos humanos.

[68] Algunas de las obras más conocidas del decenio pasado que comparten esta perspectiva general son: Jens Bartelson, *A Genealogy of Sovereignty*, Cambridge, Cambridge University Press, 1995; Michael Fowler y Julie Marie Bunk, *Law, Power, and the Sovereign State: The Evolution and Application of the Concept of Sovereignty*, University Park, Pennsylvania State University Press, 1995; Cynthia Weber, *Simulating Sovereignty: Intervention, the State, and Symbolic Exchange*, Cambridge, Cambridge University Press, 1995; Thomas J. Biersteker y Cynthia Weber (comps.), *State Sovereignty as Social Construct*, Cambridge, Cambridge University Press, 1996; y Daniel Philpott, *Revolutions in Sovereignty: How Ideas Shaped Modern International Relations*, Princeton, Princeton University Press, 2001.

[69] Por ejemplo, Krasner afirma que "nunca se ha tenido una opinión común sobre cómo hallar un equilibrio entre los principios de autonomía y los derechos de las minorías" (*Sovereignty, op. cit.*, p. 74). Pero, contrario a esto, en diversos momentos de la historia, algunas ideas fueron ampliamente compartidas. Entre 1815 y 1939, por ejemplo, las obligaciones relativas a los derechos de las minorías no se aplicaban a los Estados ya establecidos de Europa (salvo cuando formaban parte de un convenio de paz), pero a menudo se imponían a los nuevos Estados. Durante la era de la Guerra Fría, los derechos de las minorías estaban universalmente subordinados a la autonomía (aunque, en ciertos casos, la discriminación *racial* pudiera adquirir prioridad legítimamente).

LOS DERECHOS HUMANOS Y LA SOBERANÍA DE LOS ESTADOS

Los derechos humanos, lejos de que debiliten o erosionen la soberanía estatal, siempre han sido parte integral de ella. Si bien las nociones corrientes sobre la soberanía (y los derechos humanos) han sufrido cambios importantes, ésta sigue siendo sólida y, cuando menos en lo que se refiere a los derechos humanos, básicamente inmutable.

La práctica en el ámbito nacional de los derechos humanos
internacionalmente reconocidos

Si los derechos humanos son derechos de los que gozan de forma igual e inalienable todos los individuos, ¿cómo pueden no chocar radicalmente con la autoridad suprema de los Estados? La respuesta simple es que la práctica legal y política real ha hecho que los derechos humanos y la soberanía estatal sean plenamente compatibles.

La Declaración Universal de los Derechos Humanos (1948), el Pacto Internacional sobre Derechos Humanos (1966), numerosos tratados y declaraciones individuales forman un cuerpo impresionante de obligaciones legales internacionales.[70] Estos instrumentos suelen emplear el lenguaje de los derechos universales: "nadie será...", "toda persona tiene el derecho...", etc. Pero, los derechos humanos forman hoy parte integral de un sistema básicamente estatista de aplicación nacional de las normas internacionales.

Las obligaciones que tienen los Estados, en virtud de los derechos humanos internacionales, se limitan a sus ciudadanos (y a otros que se hallan bajo su jurisdicción territorial). Los Estados no tienen ni el derecho ni la obligación de aplicar o hacer valer los derechos humanos de personas extranjeras en un territorio extranjero; y la vigilancia internacional de las prácticas nacionales en materia de derechos humanos se encuentra sumamente acotada.

Es muy amplio el escrutinio internacional. Muchos tratados sobre derechos humanos exigen la presentación periódica de informes ante un

---

[70] Una extensa lista de cerca de cien instrumentos, con hipervínculos, se encuentra en <http://www.unhchr.ch/html/intlinst.htm>.

comité internacional de expertos. Dado que los seis principales tratados internacionales sobre derechos humanos cuentan con un promedio de 161 miembros,[71] esto da lugar a una cantidad considerable de escrutinios formales a escala mundial. Las ONG nacionales e internacionales hacen posible un flujo notablemente libre de información sobre las prácticas en derechos humanos. Pero, salvo excepciones –sobre todo, ciertos mecanismos para que los individuos presenten denuncias, muy débiles y rara vez usados, así como el fuerte sistema europeo de procuración de justicia regional–, la aplicación y la administración de la ley se deja en manos de los Estados dentro de sus territorios.

Esta construcción de los derechos humanos internacionales, estatista y respetuosa de la soberanía, no tendría que sorprendernos. La sociedad internacional sigue siendo en gran medida una sociedad de Estados soberanos. Gran parte del derecho internacional se aplica y administra en el ámbito nacional. Los derechos humanos simplemente se han incorporado a ese sistema establecido de derecho y política internacional de corte estatal.

Un tema que ha adquirido legitimidad, presencia e importancia cada vez mayores en la política bilateral, multilateral y transnacional es el relativo al trato que dan los Estados a sus ciudadanos. Los Estados y otros actores internacionales son libres de recurrir a los instrumentos políticos más ordinarios, salvo la amenaza de uso de la fuerza, para influir en las prácticas nacionales en cuestión de derechos humanos. Pero, salvo en casos muy contados y excepcionales, la sociedad de Estados no interviene de manera destacada para hacer que se respeten los derechos humanos.

Por ello, Krasner es, en el mejor de los casos, engañoso cuando afirma que "los derechos humanos [constituyen] un ámbito en el que los conceptos convencionales de soberanía han sido menoscabados".[72] Por el contrario, los Estados aún conservan la autoridad última –la soberanía– sobre prácticas en derechos humanos dentro de sus territorios, y la autoridad estatal para aplicar y hacer valer esos derechos no se ha perdido ni se ha transferido a otro agente, salvo en el caso excepcional de

---

[71] Véase <http://www.unhchr.ch/pdf/report.pdf>, en donde se registran las ratificaciones hasta el 2 de noviembre de 2003.

[72] Krasner, *Sovereignty, op. cit.*, p. 125.

Europa. De hecho, "al establecer y aceptar las limitaciones que imponen los derechos humanos a su soberanía, los Estados definen, delimitan y contienen dichos derechos, con lo que dan a su uso un carácter propio y sancionan la autoridad del Estado como la fuente de la cual emanan".[73]

Permanencia y cambio en la soberanía y los derechos humanos

La sugerencia de Krasner de que el régimen mundial de derechos humanos no representa un cambio importante en las relaciones internacionales es también falaz. "La lucha por implantar reglas internacionales que obliguen a los dirigentes a tratar a los ciudadanos de una determinada manera ocurre desde hace mucho tiempo",[74] pero la forma y consecuencias de esa lucha han cambiando sustancialmente.

El régimen mundial contemporáneo de derechos humanos no carece de precedentes. En el pasado se crearon regímenes internacionales muy efectivos que prohibían el comercio de esclavos y la esclavitud,[75] y en los nuevos Estados también a menudo se examinaban y se regulaban en forma limitada diversos asuntos relativos a los derechos de las minorías.[76] Pero esos esfuerzos aislados, ad hoc y esporádicos eran cuantitativa y cualitativamente diferentes, tanto en sustancia como en efectos, de las actividades realizadas a lo largo de la segunda mitad del siglo pasado. En pocas palabras, no existía nada remotamente cercano a la actual preocupación, profunda y generalizada, por los derechos humanos.

Antes de la Segunda Guerra Mundial, el solo hecho de hablar de las violaciones a los derechos humanos en otros países, salvo en casos excepcionales, se consideraba una transgresión injustificada de las prerro-

---

[73] Koskenniemi, "The Future of Statehood", *op. cit.*, p. 406.

[74] Stephen D. Krasner, "Sovereignty", *Foreign Policy*, núm. 122, 2001, p. 22.

[75] Ethan A. Nadelman, "Global Prohibition Regimes: The Evolution of Norms in International Society", *International Organization*, vol. 44, núm. 4, 1990, pp. 491-498; David Weissbrodt y Anti-Slavery International, *Abolishing Slavery and its Contemporary Forms*, Ginebra, Office of the High Commissioner for Human Rights, 2002.

[76] Krasner, *Sovereignty, op. cit.*, cap. 3; Inis Claude, Jr., *National Minorities: An International Problem*, Cambridge, Harvard University Press, 1955; Patrick Thornberry, *International Law and the Rights of Minorities*, Oxford, Clarendon Press, 1991, punto 1.

gativas soberanas de los Estados; en el Pacto de la Liga de las Naciones, notoriamente "idealista", no se mencionan los derechos humanos. No existían tratados multilaterales, ni hablar de instituciones, consagrados a los derechos humanos (en contraste con ciertos derechos específicos que hoy consideramos derechos humanos). No había Estado que tocara regularmente el tema en su política exterior y la actividad transnacional era sumamente escasa, tanto en cantidad como por sus efectos.

Así como el derecho soberano a la autopreservación dejaba a los Estados en libertad de emprender una guerra ofensiva, el derecho soberano a la independencia política los dejaba en libertad de violar (como diríamos hoy) los derechos humanos. "Hasta mediados del siglo XX, los Estados habían logrado amparar jurídicamente su voluntad libre, o mejor dicho, su libre voluntarismo. El derecho internacional no exigía ninguna norma de conducta ni una obligación de tolerancia del Estado para con sus ciudadanos."[77] Actualmente, en cambio, los Estados no pueden ya invocar sus derechos soberanos para violar los derechos humanos –existen normas internacionales autorizadas en esta materia–, aunque conservan el derecho a aplicar y hacer valer esos derechos en su territorio; no debemos ni sobrestimar ni subestimar la importancia de este cambio.

El considerable poder normativo que tiene el régimen mundial de derechos humanos ha facilitado enormemente la labor de cabildeo en favor de los mismos, tanto al modificar las concepciones nacionales de legitimidad, como al abrir múltiples vías para recibir apoyo internacional y transnacional. De hecho, la difusión de las normas internacionales sobre derechos humanos es lo que explica en parte el colapso de la Unión Soviética y su imperio,[78] la caída de las dictaduras militares y civiles en América Latina, y los procesos de apertura política que están teniendo lugar en la mayor parte de África y Asia.

No obstante, acompaña a la fuerza normativa la debilidad procesal. La comunidad internacional carece de autoridad para frenar incluso las violaciones más flagrantes y sistemáticas, salvo en el caso de genocidio (véase siguiente apartado). La autoridad última –soberanía– sigue residiendo en los Estados.

[77] Bettati, *op. cit.*, p. 91.

[78] Daniel C. Thomas, *The Helsinki Effect: International Norms, Human Rights, and the Demise of Communism*, Princeton, Princeton University Press, 2001.

Las normas internacionales autorizadas siempre han formado parte de las relaciones internacionales modernas. Durante los dos primeros siglos de la era westfaliana, los soberanos estaban supuestamente limitados por una diversidad de obligaciones legales naturales (aunque no existía mecanismo para hacerlas cumplir, salvo la autoayuda, al menos en este mundo y en esta vida). Pero esto no se consideraba contrario a la soberanía. Pese a sus obligaciones legales, los soberanos seguían siendo supremos dentro de sus dominios, subordinados y responsables tan sólo ante Dios.

En el siglo XIX, el llamado canon de civilización instauró estándares para la participación plenamente igualitaria en las relaciones internacionales. Pero la prohibición del comportamiento "bárbaro" era del todo congruente con la "soberanía plena". De nuevo, pese a las restricciones normativas en cuanto a la acción legítima de los Estados, no había subordinación a una autoridad superior (legal o política).

Los derechos humanos constituyen un conjunto sustancialmente distinto de normas. Pero no es nada inusual la idea de que los soberanos tengan obligaciones internacionales sobre las cuales no pueden ejercer ningún control, o muy poco. Incluso en la jurisprudencia positivista clásica los soberanos se consideraban sujetos al derecho internacional. En tanto las obligaciones internacionales no subordinen a los Estados a una autoridad superior –lo cual claramente no ocurre en el caso del régimen mundial de derechos humanos–, son completamente congruentes con la soberanía plena. Supremacía significa que uno no está sujeto a una autoridad más alta, mas no que la autoridad que uno posee sea absoluta e ilimitada.

La soberanía cambia continuamente, a medida que los Estados, en forma individual y colectiva, enfrentan nuevos problemas y oportunidades, persiguen nuevas metas, elaboran nuevas normas y aprenden de sus prácticas pasadas. Los cambios en la soberanía reflejan un proceso de articulación de nuevas normas y nuevas interpretaciones de viejas normas, en el marco del derecho y la política internacional. A lo largo de la mitad del siglo pasado, los derechos humanos se fueron incorporando en forma cada vez más amplia y profunda en las prácticas del derecho y la política internacional y, de esta manera, se fueron introduciendo en nuestra interpretación de la soberanía.

Sin embargo, no menos importante es el hecho de que la soberanía se ha ido introduciendo en nuestra concepción de los derechos humanos internacionalmente reconocidos. Su práctica se encuentra, en última instancia, en manos de los Estados soberanos. La política en derechos humanos internacionales sigue consistiendo, básicamente, en cómo influir en los Estados soberanos.

El genocidio y la responsabilidad de proteger

El genocidio es la principal y más reciente excepción a la regla de la práctica nacional. A la fecha, todo el mundo admite que una intervención multilateral armada para detener un genocidio es permisible, siempre que el Consejo de Seguridad la autorice.[79] De esta manera, el genocidio fue desterrado de la esfera de las prerrogativas soberanas y la autoridad última de procuración de justicia se transfirió a la sociedad de Estados.

Sin embargo, esto no implica que haya habido cambios más radicales en la concepción actual de los derechos humanos, la soberanía y sus relaciones. La aplicación a escala mundial de incluso un segmento sustancial de los derechos humanos internacionalmente reconocidos representaría, en efecto, una transformación fundamental en nuestras prácticas soberanas. El hecho de retirar a la autoridad de los Estados una gama tan amplia de asuntos políticamente cruciales significaría una pérdida muy importante de soberanía. Pero no existen evidencias en la teoría, y mucho menos en la práctica, de que se acepte de manera general el derecho a intervenir militarmente cuando se violan otros –es decir, prácticamente todos los– derechos humanos. No existen siquiera pruebas de que, en el decenio pasado, se hayan fortalecido significativamente las instituciones regionales o mundiales consagradas a la protección de los derechos humanos.[80]

[79] Excelente descripción de la evolución de la práctica internacional hasta Kosovo se encuentra en Nick Wheeler, *Saving Strangers: Humanitarian Intervention in International Society*, Oxford, Oxford University Press, 2000. Para un panorama legal estándar véase Sean D. Murphy, *Humanitarian Intervention: The United Nations in an Evolving World Order*, Filadelfia, University of Pennsylvania Press, 1996.

[80] La responsabilidad penal individual a escala internacional, decretada tanto en el Estatuto de la Corte Criminal Internacional, como en la Convención contra la Tortura y en diversas leyes nacionales, representa un cambio importante en las doctrinas de la inmunidad soberana, pero me parece una grave exageración llamarla "un atentado impor-

El derecho de los Estados a perpetrar genocidios ha tenido la misma suerte que el derecho a iniciar guerras ofensivas. Aunque representa un importante avance humanitario, no afecta mayormente la soberanía, como tampoco la afectó eliminar el derecho a lanzar una guerra ofensiva; el Estado sigue siendo soberano, aunque sus derechos soberanos ya no incluyan la libertad para masacrar a sus ciudadanos.

Incluso podría considerarse que la estrecha delimitación del derecho a intervenir por fines humanitarios reafirma el principio general de no intervención y, por ende, la soberanía de los Estados. "La legitimación de la intervención presupone la soberanía estatal [...] el mero acto de esa legitimación reafirma la soberanía estatal, lejos de erosionarla o desconocerla."[81] No es exactamente la misma soberanía que antes, pero no es menos real o sólida.

Incluso en el caso del genocidio debemos tener cuidado de no sobrestimar el cambio. El discurso cada vez más popular sobre la responsabilidad de proteger puede prescribir o predecir, pero no describir.[82] Quizá haya una aceptación creciente de la responsabilidad moral, pero no de que esté plasmándose una *obligación* legal de intervenir por motivos humanitarios. En lugar de ello, la comunidad internacional ha optado por quedar en libertad, legal o políticamente, para proteger o no según se juzgue conveniente y con base en principios no acordados. Esto representa, en efecto, un progreso humanitario importante, aunque muy limitado. Se ha creado el nuevo "espacio humanitario",[83] pero aún *dentro* de la soberanía estatal, no como su alternativa.

tante a las supuestas prerrogativas de la soberanía nacional" (Paul Schiff Berman, "The Globalization of Jurisdiction", *University of Pennsylvania Law Review*, vol. 151, núm. 2, 2002, p. 360). En todo caso, la responsabilidad penal individual por la violación de unos cuantos derechos está muy lejos de constituir una autoridad internacional capaz de aplicar y hacer valer los derechos humanos.

[81] Helle Malmvig, "The Reproduction of Sovereignties: Between Man and State During Practices of Intervention", *Cooperation and Conflict*, vol. 36, núm. 3, 2001, p. 253.

[82] El documento fundamental a este respecto es el informe de la Comisión Internacional sobre Intervención y Soberanía Estatal (2001) <http://www.dfait-maeci.gc.ca/iciss-ciise/report-en.asp>. El primero en destacar esta idea fue Francis M. Deng en "Reconciling Sovereignty with Responsibility: A Basis for International Humanitarian Action", en J. Harbeson y D. Rothchild (comps.), *Africa in World Politics: Post-Cold War Challenges*, Boulder, Westview Press, 1995.

[83] Weiss y Chopra, *op. cit.*

Derechos económicos y sociales

La relación entre la soberanía y los derechos económicos y sociales en las relaciones internacionales actuales es compleja. Examino aquí la globalización y el ajuste estructural, los cuales, suele considerarse, dañan la soberanía y coartan los derechos económicos y sociales.

Para empezar, la amenaza de los programas internacionales de ajuste estructural a los derechos económicos y sociales se debe a lo débil de la autoridad, no a su ausencia.[84] Los Estados, es cierto, aceptan voluntariamente préstamos y garantías que les imponen condiciones económicas y políticas; son libres de rechazar la ayuda que se les otorga en esos términos, como unos pocos Estados lo han hecho (por ejemplo, Malasia a finales de los años noventa). Sin embargo, muchos gobiernos se encuentran en una situación tan desesperada que realmente piensan carecer de otra opción. Concedamos, entonces, que la mayoría de los programas de ajuste estructural tiene un aspecto coercitivo.

La soberanía no garantiza que el ejercicio de esta autoridad no tendrá costo. Si A se alía con B porque teme a C, la soberanía de A no queda comprometida ni se viola o infringe. De la misma manera, no se violan los derechos de un inventor que vende una parte considerable de las acciones de su compañía a capitalistas aventureros porque no puede obtener un crédito bancario. Pero tan violatorio de la igualdad soberana es que sólo los Estados pobres y débiles deban aceptar la ayuda condicionada, como violatorio de la protección imparcial de las leyes es el hecho de que los prestatarios privados adinerados por lo general obtengan mejores condiciones que los ordinarios, mientras que los pobres a

---

[84] Aunque algunos grupos puedan beneficiarse, incluso en el corto plazo, con los programas de ajuste estructural −por ejemplo, a los campesinos y agricultores a menudo se les ayuda con reducciones en los subsidios a los precios de los alimentos−, todo ajuste estructural suele traer pérdidas considerables en el disfrute de algunos derechos económicos y sociales para segmentos importantes de la sociedad. Véase, por ejemplo, Bharati Sadasivam, "The Impact of Structural Adjustment on Women: A Governance and Human Rights Agenda", *Human Rights Quarterly*, vol. 19, núm. 3, 1997, pp. 630-665; y Tor Halvorsen y Gunnar Guddal Michelsen, "Good Governance and Public Sector Reform: The Human Rights Consequences of Structural Adjustment Programmes", en H.-O. Sano and G. Alfredsson (comps.), *Human Rights and Good Governance: Building Bridges*, La Haya, Kluwer, 2002.

menudo deben aceptar tasas usureras, ya sea de los bancos o de prestamistas "informales".

La coerción, ya provenga de la desesperación interna o de la presión externa, es, hasta cierto punto, congruente con la elección voluntaria, pero en otro aspecto deja de serlo ("¡El dinero o la vida!"). Sin embargo, la coerción *per se* no viola la soberanía más que el ofrecer estímulos para que se actúe de una determinada manera. Sólo la imposición externa –en particular, mediante la amenaza o uso de la fuerza– viola la autonomía soberana.

Soberanía es (sólo) la autoridad para decidir, el derecho a elegir entre diversos cursos de acción, el que parece más benéfico o menos dañino. En tanto la compulsión bajo la cual actúan los Estados consista en elegir alternativas –aunque ninguna sea atractiva–, la soberanía no se habrá infringido. Si el prestatario tiene amplia injerencia en la negociación de las condiciones del crédito, podemos decir que su soberanía es activamente respetada.

La globalización atañe más claramente a las facultades que a la autoridad. Al reducir la capacidad de los Estados para controlar y gravar a las grandes empresas y capitales, la globalización coartó la capacidad de muchos de ellos para implementar derechos económicos y sociales.[85] Pero esto nada tiene que ver con "el menoscabo de la soberanía económica".[86]

Las empresas siempre han tenido el derecho de operar en todo el mundo, pero hasta hace poco, empezaron a adquirir la habilidad para aprovechar ese derecho. Asimismo, los Estados siempre han tenido au-

---

[85] Aún más que con el ajuste estructural, separar los ganadores y perdedores de la globalización es una tarea muy compleja. Sin embargo, cuando menos algunos grupos han sufrido y seguirán sufriendo pérdidas absolutas y relativas en sus derechos económicos y sociales. Los informes de los Relatores Especiales sobre la Globalización y sus Repercusiones en la Realización Plena de los Derechos Humanos presentan resultados negativos en evaluaciones que abarcan ámbitos muy amplios. Véase United Nations documents E/CN.4/Sub.2/2000/13, E/CN.4/Sub.2/2001/10 y E/CN.4/Sub.2/2003/14. Véase, también, Robert McCorquodale y Richard Fairbrother, "Globalization and Human Rights", *Human Rights Quarterly*, vol. 21, núm. 3, 1999, pp. 745-747; Kelly-Kate Pease, "Economic Globalization and American Sovereignty", en D. P. Forsythe (comp.), *The United States and Human Rights: Looking Inward and Outward*, Lincoln, University of Nebraska Press, 2000; Pierre de Senarclens, "The Politics of Human Rights", en J.-M. Coicaud, M. W. Doyle y A.-M. Gardner (comps.), *The Globalization of Human Rights*, Tokio, United Nations University Press, 2003, pp. 149 y 150.

[86] Matthews, *op. cit.*, p. 56.

toridad para regular y gravar a las empresas, pero tienen cada vez más dificultades para extraer recursos suficientes con los cuales financiar programas sociales adecuados.

El equilibrio del poder ha cambiado pero ni empresas ni Estados han ganado o perdido derechos-autoridad-soberanía. No se ha trasferido, usurpado o renunciado al derecho-autoridad de los Estados para regular. La amenaza que presenta la globalización a los derechos económicos y sociales no puede ser remediada incrementando el nivel de soberanía estatal. Los Estados ya tienen una autoridad suprema y esencialmente no regulada.

Algunos analistas sugieren que la globalización está cambiando la naturaleza del Estado –o los complejos Estado-sociedad– hacia un Estado transnacional o global orientado a proteger el capital internacional (más que nacional) y promover los intereses de la clase capitalista transnacional emergente. El problema que esto plantea a los derechos económicos y sociales deriva no de una pérdida de soberanía, sino de los propósitos por los cuales los Estados ejercen su soberanía.

No pretendo subestimar las consecuencias de la globalización. Por el contrario, me parece, con mucho, la mayor amenaza a los derechos humanos surgida en los últimos veinte años, mucho más grave y extendida que los conflictos étnicos, que tanta atención captaron en el decenio pasado, por no hablar de la histeria provocada por el terrorismo. Pero, si queremos enfrentarlo eficazmente, debemos comprender la naturaleza del problema. Éste concierne a la capacidad o intenciones de los Estados, no a su autoridad.

El sistema actual de aplicación nacional de derechos humanos mundialmente reconocidos hace que los derechos económicos y sociales dependan de la capacidad de los Estados para extraer los recursos necesarios con que hacer valer los derechos de sus ciudadanos. Más allá de crear nuevas instituciones o portadores de deberes, los Estados y los promotores de los derechos humanos deben darse por igual a la tarea de desarrollar estrategias efectivas para que la autoridad y facultades de los Estados se empleen, de manera individual y colectiva, en garantizar que los derechos económicos y sociales reconocidos internacionalmente se apliquen y se pongan en práctica.

Esto puede hacerse de tal forma que la soberanía estatal no se vea reducida sino, más bien, se use de manera productiva. Por ejemplo, cuando los Estados del tercer mundo bloquearon en Cancún el acuerdo multilateral sobre inversiones, que hubiera coartado significativamente su facultad para regular ciertas formas de actividad corporativa, consiguieron, cuando menos, que las iniciativas para liberalizar aún más las reglas del comercio mundial se postergaran.

No obstante, la soberanía puede representar más un problema que una solución en lo que se refiere a la creación de mecanismos para reafirmar el control sobre las empresas. Una solución sería que los Estados unieran su autoridad, formal o informal, en un régimen de regulación conjunta. La integración económica regional, en especial la de la Unión Europea, podría entenderse en estos términos. También podría ocurrir que los Estados transfirieran su autoridad regulatoria a órganos mundiales, que a cambio les proporcionarían ganancias. Tal "pérdida" de soberanía para obtener control más eficiente constituye una forma obvia (aunque políticamente compleja) de enfrentar las amenazas a los derechos económicos y sociales de la globalización.

CONCLUSIÓN

El análisis precedente se orienta a una descentralización (limitada) del Estado, mediante cambios en la soberanía o transferencias de ella, pero, en caso contrario, los Estados y su soberanía podrían ser simplemente ignorados o marginados. Esto es lo que, al parecer, ha ocurrido en años recientes, no sólo en la economía mundial, sino también con el surgimiento de ONG transnacionales y de redes de cabildeo e influencia. De continuar esta tendencia, las consecuencias sobre los derechos humanos serían complejas. Sus defensores suelen considerar que el Estado es el problema –a menudo tienen razón– pero es también el principal protector. Hasta que se desarrollen mecanismos alternativos para brindar bienes, servicios, oportunidades y protección a gran número de personas –y es poco probable que haya progreso sustancial en los próximos veinte años–,[87] lo único con lo que contamos, en instituciones legales y políticas, son los Estados, con todos sus problemas.

---

[87] Hay literatura abundante sobre las responsabilidades en materia de derechos humanos que tienen las empresas nacionales y, en especial, las transnacionales (por ejemplo,

Los Estados no son *per se* ni buenos ni malos en cuanto a derechos humanos. Depende, más bien, de lo que un determinado Estado haga en una circunstancia específica. Hoy por hoy, debido en parte al crecimiento del régimen mundial de derechos humanos, más Estados que nunca respetan mayor variedad y menos cometen violaciones que eran la norma estadística hace un cuarto de siglo.

De igual forma, la soberanía *per se* no es ni buena ni mala para los derechos humanos. Depende de qué derechos soberanos específicos tengan los Estados y cómo los ejerzan. Aunque la situación mundial de los derechos humanos no es buena, está mejor por la forma en que se incorporaron a la soberanía estatal.

Pese a las muchas (y muy justificadas) quejas contra el sistema actual de aplicación interna de los derechos humanos internacionales, sólo una pequeña minoría de ciudadanos y si acaso unos pocos Estados están dispuestos a transferir la autoridad a otros actores en la diversidad de asuntos relevantes y delicados que abarcan los derechos humanos. Pueblos, Estados y sociedades valoran cada vez más los derechos humanos, pero también valoran la soberanía. Estarían satisfechos con lograr una soberanía modesta y relativamente humanizada, pero no subordinada a o disminuida por los derechos humanos, que no constituyan un atentado contra la soberanía de los Estados, sino parte integral de ella.

Traducción de Lorena Murillo S.

Office of the High Commissioner for Human Rights, *Business and Human Rights: A Progress Report*, Ginebra, Office of the High Commissioner for Human Rights, 2000; Steven C. Ratner, "Corporations and Human Rights: A Theory of Legal Responsibility", *Yale Law Journal*, núm. 111, 2001, pp. 443-545; Jordan Paust, "Human Rights Responsibilities of Private Corporations", *Vanderbilt Journal of Transnational Law*, núm. 35, 2002, pp. 801-825; David Weissbrodt y Muria Kruger, "Norms on the Responsibilities of Transnational Corporations and Other Business Enterprises with regard to Human Rights", *American Journal of International Law*, vol. 97, núm. 4, 2003, pp. 901-922). Pero la mayor parte del análisis se centra en las violaciones corporativas, más que en hacer que las empresas otorguen directamente derechos económicos y sociales internacionalmente reconocidos. Y la experiencia de Estados Unidos con el acceso a los servicios de salud por mediación patronal –por no mencionar la lógica de eficiencia mercantil que impera en !as actividades de las empresas– sugiere que no debemos esperar mucho de esa opción en particular.

LA DEFENSA LIBERAL DEL DERECHO DE INTERVENCIÓN POR RAZONES HUMANITARIAS CON REFERENCIA ESPECIAL AL CONTINENTE AMERICANO

Fernando R. Tesón[1]
Florida State University

INTRODUCCIÓN

Este artículo sostiene que la intervención humanitaria está moralmente justificada en ciertos casos. Sustento mi tesis en una premisa habitual de la filosofía política liberal: un propósito primordial de los Estados y los gobiernos es proteger y defender los derechos humanos; es decir, los derechos que toda persona goza por el solo hecho de ser humano.[2] Por tanto, los gobernantes y otras personas con poder político que violan gravemente esos derechos socavan la razón última que justifica su poder político y, en consecuencia, el derecho internacional no debería protegerlos. Corolario de lo anterior es que, en la medida en que la soberanía estatal es un valor, dicho valor es de carácter instrumental, no intrínseco.[3] La soberanía está al servicio de fines humanos valiosos y a quienes los vejan brutalmente no debe permitírseles que se escuden tras el principio

---

[1] Me siento en deuda con Robert Keohane, Jeff Holzgrefe, Elizabeth Kiss, Allen Buchanan y Guido Pincione.

[2] Expuse por vez primera este argumento en Fernando R. Tesón, *Humanitarian Intervention: An Inquiry Into Law and Morality*, ahora en 3ª edición, Ardsley, Nueva York, Transnational Publishers, 2005 (en adelante referido como *Humanitarian Intervention*). En el presente trabajo amplío y puntualizo ese argumento.

[3] Para un análisis más amplio de esta idea véase Fernando R. Tesón, *A Philosophy of International Law*, Boulder, Westview Press, 1998 (en adelante referido como *Philosophy of International Law*), cap. 2.

de la soberanía.[4] La tiranía y la anarquía provocan el derrumbe moral de la soberanía.[5]

Este argumento descansa en premisas adicionales. El hecho de que las personas posean derechos genera obligaciones a cargo de terceros. Todos tenemos (1) la obligación de respetar esos derechos; (2) la obligación de promover tal respeto por parte de los demás (especialmente por parte de los gobiernos); y (3) dependiendo de las circunstancias, la obligación de rescatar a las víctimas de la tiranía o anarquía, si podemos hacerlo a un costo razonable. La obligación número 3 implica, analíticamente, el derecho a rescatar a dichas víctimas; es decir, el derecho a intervenir por razones humanitarias. Los derechos humanos son prerrogativas que poseen los individuos por su sola calidad de personas; por tanto, son independientes de la historia, la cultura o las fronteras nacionales.

Defino una intervención humanitaria admisible como *el uso o amenaza de uso internacional y proporcional de la fuerza militar al que recurre en principio un gobierno o una alianza liberal con el fin de derrocar a una tiranía o anarquía, con la anuencia de las víctimas y de conformidad con la doctrina del efecto doble.*

En "El argumento liberal" desarrollo este punto y en los siguientes apartados examino las posibles objeciones y respondo a ellas; a saber, la objeción relativista; la idea de que la intervención humanitaria viola la integridad comunal u otra cualidad moral similar de las fronteras nacionales; la opinión de que los gobiernos deberían abstenerse de intervenir por respeto al derecho internacional, y la creencia de que la intervención humanitaria lesiona la estabilidad mundial. En "Actos, omisiones y derechos de los inocentes" examino la compleja cuestión del valor moral de las acciones y omisiones, analizo la estructura conceptual

---

[4] La mayoría de los defensores de la intervención humanitaria apoyan esta idea. Véase Simon Caney, "Humanitarian Intervention and State Sovereignty", en Andrew Walls (comp.), *Ethics in International Affairs*, Oxford, Rowman & Littlefield, 2000, pp. 117, 120 y 121, y los autores que ahí se citan. Para una versión más mesurada del mismo argumento véase Michael Smith, "Humanitarian Intervention: An Overview of the Ethical Issues", *Ethics and International Affairs*, núm. 12, 1998, pp. 63, 75-79.

[5] Como dijo San Agustín: "Cuando no hay justicia, ¿qué es la soberanía sino bandolerismo organizado? Pues, ¿qué otra cosa son las bandas de truhanes sino pequeños reinos?", *La ciudad de Dios*, citado por R. Phillips, "The Ethics of Humanitarian Intervention", en R. Phillips y D. Cady (comps.), *Humanitarian Intervention: Just War v. Pacifism*, Londres, Rowman & Littlefield, 1996, pp. 1, 6.

de la tesis liberal y respondo a la objeción de que la intervención humanitaria es errónea porque provoca la muerte de personas inocentes. También considero el estatus moral de la abstención de intervenir y concluyo que en algunos casos puede ser moralmente indefendible. En "La intervención humanitaria en el continente americano" aplico estas consideraciones a este caso particular. En razón de que el hemisferio está profundamente comprometido tanto con los derechos humanos como con la forma democrática de gobierno, en ocasiones puede ser justificable la intervención regional para defender cualquiera de ellos. Concluyo con algunas reflexiones críticas sobre la doctrina de la no intervención.

El razonamiento liberal en favor de la intervención por motivos humanitarios contiene dos elementos. El primero es la idea de que la tiranía y la anarquía constituyen formas muy graves de injusticia. El segundo es la idea de que, con las debidas restricciones, la intervención es, cuando menos, moralmente admisible para poner fin a tales injusticias. Planteo más adelante que la primera parte del argumento es irrefutable. Quienes se oponen a la intervención humanitaria no niegan que las situaciones que reclaman dicha acción son moralmente execrables. En efecto, los actos que dan lugar a una intervención humanitaria son, entre otros, crímenes contra la humanidad, crímenes de guerra sumamente graves, homicidios masivos, genocidios, tortura generalizada, y el estado de naturaleza hobbesiano (guerra de todos contra todos) que provoca el colapso del orden social.[6] Las discrepancias entre los que están a favor y en contra de la intervención humanitaria conciernen, más bien, a la segunda parte del argumento. Los intervencionistas afirman que terceros Estados pueden ayudar a poner fin a las injusticias; los no intervencionistas lo niegan. Las reflexiones que planteo a partir de la filosofía política y moral (que la soberanía depende de la justicia y que tenemos derecho a ayudar a las víctimas de la injusticia) se refieren a esta segunda parte del argumento. Si una situación es execrable (en lo que espero concuerden los no intervencionistas), entonces ni la santidad de las fronteras nacionales ni una prohibición general contra la guerra deberían bastar por sí mismas para impedir la intervención humanitaria.

---

[6] Considero que la intervención violenta para restablecer la democracia puede justificarse, no con base en principios morales generales, sino en situaciones específicas, como sería el consenso o la existencia de normas regionales en la materia, como es el caso, me parece, de Europa y el continente americano.

El presente análisis se refiere a la intervención *armada* que tiene por objeto proteger los derechos humanos: el uso y amenaza del uso de la fuerza militar (lo que en otro lugar llamé la "intervención dura")[7] por motivos humanitarios. Sin embargo, la intervención humanitaria se analiza mejor como parte del espectro continuo del proceder internacional. Las razones que se ofrecen para justificar la intervención humanitaria son, en su mayoría, extensiones de los motivos generales por los que se justifica la injerencia[8] para ayudar a las víctimas de la injusticia. La injerencia y la intervención en otras sociedades para proteger los derechos humanos son casos especiales de nuestro deber de ayudar a las víctimas de la injusticia. No obstante, muchos niegan que la intervención humanitaria forme parte de un espectro continuo. Según esta opinión, la guerra es un caso especial de violencia, un caso único, una expresión más brutal y destructiva de un proceder humano que, no obstante, puede justificarse en ciertos casos excepcionales. No ven la guerra como parte del espectro continuo de la acción estatal ni concuerdan con Clausewitz en que la guerra sea la continuación de la política (*politik*) por otros medios. Sabemos, por intuición, que la guerra tiene algo terrible; es la forma más extrema de violencia humana; por ello, muchos de quienes luchan por los derechos humanos se oponen, no obstante, a la intervención humanitaria. Para ellos la guerra es un crimen, la forma más vil de destrucción de la vida humana, y por tanto consideran que no puede ser correcto apoyar la guerra, así sea para el propósito benéfico de salvar vidas. Un buen liberal no debe apoyar la guerra en ninguna de sus manifestaciones.

Siento gran afinidad, por supuesto, con esta posición. Una noción obvia en la ética internacional es que la guerra es algo terrible. Sin embargo, la idea tan arraigada de que la guerra es inmoral, independientemente de su causa, es errónea. A veces es moralmente válido pelear y, en ocasiones, resulta incluso obligatorio. La oposición acrítica a todas las guerras lleva a cuestionar la justificación de la violencia en general.[9] Los

---

[7] Véase mi *Humanitarian Intervention*, pp. 133-136.

[8] Por conveniencia terminológica utilizo el término "intervención" para referirme a una acción violenta, y el de "injerencia" para aludir a otras formas de acción tendientes a proteger los derechos humanos, que comprenden desde la diplomacia usual hasta sanciones de tipo económico y otras.

[9] De hecho, considero que la única oposición filosóficamente coherente a la intervención humanitaria (aunque contraria al sentido común) es la posición pacifista, que recha-

defensores de la intervención humanitaria simplemente sostienen que ésta es moralmente justificable en ciertos casos (excepcionales, es cierto), al tiempo que convienen en que la guerra es, en términos generales, algo negativo. Pero, algo que cabe destacar es que los detractores de la intervención humanitaria no son pacifistas: apoyan el uso de la fuerza en casos de defensa propia y (por lo general) para llevar a cabo aquellas acciones debidamente autorizadas por el Consejo de Seguridad. Por ende, su oposición a la intervención humanitaria no puede tomar como fundamento el rechazo general a la guerra. Este trabajo, entonces, examinará esas otras razones.

EL ARGUMENTO LIBERAL

Como mencioné, la argumentación liberal en favor de la intervención humanitaria se basa en algunos principios de la filosofía política y de la filosofía moral. La primera examina cómo se justifica el poder político y, por ende, cómo se justifica el Estado. Es común justificar al Estado a partir de algún tipo de teoría del contrato social. Yo seguiré aquí la explicación kantiana: los Estados se justifican como instituciones creadas por agentes éticos; es decir, por personas autónomas. El Estado liberal comporta, de manera central, una Constitución que define las facultades de los gobiernos, siempre respetando la autonomía de los individuos. La concepción kantiana del Estado es la solución liberal a los dilemas de la anarquía y la tiranía. Éstas constituyen los dos extremos del continuo de la coerción política. La anarquía es la ausencia absoluta de orden social, que inevitablemente lleva a la guerra hobbesiana de todos contra todos. Los apremios de la supervivencia obligan a las personas en estado de naturaleza a llevar una existencia brutal, caracterizada por las agresiones constantes a la dignidad humana. Esto ocurre cuando hay muy poco gobierno, por así decirlo. En el otro extremo, la tiranía[10] no constituye

za todo tipo de violencia. Una buena defensa de esta posición puede verse en Robert Holmes, *On War and Morality*, Princeton, Princeton University Press, 1989.

[10] Utilizo el término "tiranía" como abreviatura de "abusos palmarios y generalizados contra los derechos humanos", y el término "anarquía" como abreviatura de "derrumbe completo del orden social".

tan sólo un ataque flagrante a la dignidad de las personas, sino también una traición al propósito mismo por el cual existe el gobierno. Se trata de un abuso de gobierno, de demasiado gobierno, por así decirlo.

La intervención humanitaria es una herramienta para ayudar a mover el *quantum* de libertad política, en la línea continua de la coerción política, hacia el equilibrio kantiano; lejos, por una parte, del extremo de la falta de orden (anarquía), y por la otra, de la supresión por el gobierno de las libertades individuales (tiranía). Debido al derrumbe total del orden social, las condiciones anárquicas hacen que las personas ni vivan provechosamente en común ni procuren alcanzar sus proyectos de vida individuales. Por su parte, la situación de tiranía (coerción social excesiva) impide que las víctimas traten de conseguir sus proyectos autónomos, dado el abuso de coacción estatal. Si se priva a los seres humanos de su capacidad para perseguir sus proyectos autónomos, entonces otros tienen el deber de ayudarlos, en virtud del respeto que se debe a las personas racionales.[11] Las violaciones graves a los derechos humanos generan obligaciones para los otros. Los terceros (personas y gobiernos extranjeros, organizaciones internacionales) tienen el deber no sólo de respetar ellos mismos esos derechos, sino también de contribuir para que se garantice que los gobiernos hagan lo propio.[12] Al igual que las revoluciones justificadas, en ocasiones se requiere de una intervención para conquistar un mínimo de autonomía y dignidad para los individuos. Las personas que quedan atrapadas en situaciones semejantes merecen ser rescatadas y, a veces, el rescate sólo puede lograrse por la fuerza. De esta manera, el derecho a intervenir emana del deber general de asistir a las víctimas de grandes injusticias. Tenemos la obligación general de ayudar a las personas en grave peligro, si podemos hacerlo a un costo que nos resulte razonable. En tal caso, tenemos, por definición, el *derecho* de hacerlo. No creo que los críticos de la intervención humanitaria estén necesariamente en desacuerdo con esta idea general. Más bien, su oposición parte de la importancia moral que supuestamente tienen la soberanía estatal y las fronteras nacionales.

[11] Véase el análisis de este punto en Nancy Sherman, "Empathy, Respect, and Humanitarian Intervention", *Ethics and International Affairs*, núm. 12, 1998, p. 103.

[12] Véase Thomas Pogge, "Cosmopolitanism and Sovereignty", en C. Brown (comp.), *Political Restructuring in Europe: Ethical Perspectives*, Routledge, 1994; y Caney, *op. cit.*, p. 121.

Mucho se ha discutido si el concepto de Estado legítimo requiere o no una concepción liberal plena. David Copp y John Rawls, entre otros, sostienen que no.[13] Afirman, con apenas algunas diferencias, que la legitimidad no está relacionada con el deber de obediencia y que, por lo general, los liberales deben respetar a aquellos Estados no liberales que cumplen con ciertas funciones mínimas.[14] Lo que quieren decir es que existe un sustrato de legitimidad (el cual, presumiblemente, proscribe la intervención extranjera), que resulta del hecho de que el gobierno en cuestión satisface un mínimo de funciones. Esto es así aun cuando el gobierno no satisfaga principios liberales y, por tanto, no pueda exigir legítimamente la lealtad de sus ciudadanos.

Esa discusión, si bien importante para otros propósitos, resulta en gran medida irrelevante para el presente análisis.[15] Este concierne a la legitimidad de la intervención humanitaria *armada*, no la cuestión (relacionada, pero diferente) de cuáles Estados y gobiernos son miembros bien acreditados de la comunidad internacional. Estos autores a veces parecen confundir ambas cuestiones. La ilegitimidad del gobierno es una condición necesaria, pero no suficiente, para justificar una intervención humanitaria. Por lo tanto, el tema de la justificación de la intervención humanitaria tiene un ámbito más reducido que el tema más general de cómo debieran tratar los gobiernos liberales a los regímenes no liberales. Podemos perfectamente decir (contra Rawls y Copp) que un gobierno no liberal *no* debe ser tratado como un miembro bien acreditado de la comunidad internacional, a la vez que reconocemos (con Rawls y Copp) que sería erróneo intervenir en ese tipo de Estados para obligarlos a introducir reformas liberales. Las situaciones en las que se justifica una intervención armada podrían describirse como aquellas

---

[13] Véase David Copp, "The Idea of a Legitimate State", *Philosophy & Public Affairs*, núm. 28, 1999, p. 1; John Rawls, *The Law of Peoples*, Cambridge, Harvard University Press, 1999.

[14] Para Copp un Estado es legítimo cuando cumple ciertas "necesidades societales" (Copp, *op. cit.*, pp. 36-45). Para Rawls, aunque un Estado sea moralmente criticable desde un punto de vista liberal, sigue siendo legítimo porque es "decente" (Rawls, *op. cit.*, pp. 35-44, 59-82).

[15] En mi opinión, la explicación de la legitimidad internacional que ofrece Rawls (y Copp, por las mismas causas) es equivocada, por las razones que expongo detalladamente en otra parte. Véase mi *Philosophy of International Law*, cap. 4.

que "se pasan de la raya"; sólo los regímenes criminales, "proscritos" (utilizando la terminología de Rawls) son moralmente vulnerables a una intervención humanitaria. Dado que difiero con esos autores en lo que se refiere a la legitimidad de los regímenes no liberales (pero que no se han "pasado de la raya"), afirmo que una injerencia *no violenta* para elevar el respeto a los derechos humanos en esas sociedades está moralmente justificada, opinión que ellos rechazan.[16] Todos los Estados que son moralmente vulnerables a la intervención humanitaria son, por supuesto, ilegítimos, pero lo contrario no es cierto. Por muchos motivos, sería erróneo intervenir por la fuerza en Estados que son cuestionables desde el punto de vista liberal. La intervención humanitaria debe reservarse para los casos más graves: los que defino como tiranía y anarquía graves. De nuevo, la ilegitimidad del gobierno es una condición necesaria, pero no suficiente, para hacer admisible la intervención humanitaria.[17]

Pero, si esto es correcto, tendría que corregir mi argumento original, pues no es posible seguir sustentando la legitimidad de la intervención humanitaria *únicamente* en la legitimidad moral del Estado, pues existen muchos casos en los que la pérdida de legitimidad del Estado no basta para justificar la intervención. Aun así, la determinación de ilegitimidad tiene varias consecuencias. Primera, siempre estará prohibido intervenir en contra de un régimen legítimo. Segunda, si bien en ciertos casos quizá sea erróneo intervenir, la razón de ello nunca será la necesidad de respetar la *soberanía* del Estado en cuestión. Tercera, la concepción liberal de la legitimidad del Estado determinará el comportamiento correcto del país interventor, quien habrá de acatar el deber genérico de promover, crear o restaurar aquellas instituciones y prácticas que preserven la dignidad de las personas.

---

[16] En mi opinión, un régimen no liberal pero "dentro de la raya" debería ser tratado como en "libertad condicional"; es decir, en vías de integrarse a la alianza liberal o de caer en una tiranía extrema. Una visión de la legitimidad internacional similar a la que yo sostengo se encuentra en Allen Buchanan, "Recognitional Legitimacy and the State System", *Philosophy and Public Affairs*, núm 28, 1999, p. 46.

[17] Debí haber aclarado más este punto en *Humanitarian Intervention*. Lo que me proponía era objetar el argumento no intervencionista relativo a la soberanía y, por tanto, no presté suficiente atención a otras razones que podrían alegarse para impedir la intervención humanitaria en regímenes ilegítimos. En este artículo pretendo, entre otras cosas, enmendar esa falta.

Dije antes que los críticos de la intervención humanitaria no son pacifistas. Ellos censuran *este tipo* de guerra, una guerra para proteger los derechos humanos, pero no critican, por ejemplo, las guerras para defender un territorio. Esta postura resulta un tanto anómala, pues necesita justificaciones diferentes para los diversos tipos de guerras. La postura liberal, por el contrario, ofrece una sola justificación de la guerra: ésta es válida si y sólo si es para defender personas y si cumple con los requisitos de proporcionalidad y con la doctrina del efecto doble.[18] Veamos, por ejemplo, el caso del uso de la fuerza militar en defensa propia. ¿Cuál puede ser su justificación moral? Muy probablemente ésta: que el agresor está transgrediendo los derechos de las personas en el Estado que es atacado. El gobierno del Estado atacado tiene, entonces, el derecho de aprestar los recursos estatales para defender la vida y propiedades de sus ciudadanos contra el agresor. La defensa de los Estados se justifica como defensa de las personas. No existe una defensa del *Estado*, como tal, que no dependa de la razón individualista general. Si esto es correcto, toda distinción moral entre defensa propia e intervención humanitaria –es decir, todo juicio de que la defensa propia se justifica pero no así la intervención humanitaria– deberá sustentarse en algo superior y más allá de la razón general que se refiere a la defensa de las personas.

LA OBJECIÓN RELATIVISTA

Algunos se oponen al proyecto mismo de que se utilice la teoría política liberal para abordar la cuestión de la intervención humanitaria (o, de hecho, cualquier asunto internacional). Su argumento es más o menos el siguiente: el mundo es culturalmente demasiado diverso como para poder aplicar una sola filosofía a un problema que concierne a todas las personas del planeta. Dado que muchas personas rechazan los principios liberales, los intentos por aplicar la filosofía liberal son indebidamente sesgados.[19] Para analizar los problemas internacionales sería necesario acudir a diversas tradiciones éticas. El resultado de un análisis libe-

---

[18] Véase más adelante el análisis de la doctrina del efecto doble.

[19] Véase, por ejemplo, Bhikhu Parekh, "Rethinking Humanitarian Intervention", *International Political Science Review*, núm. 18, 1997, pp. 49, 54 y 55.

ral puede ser adecuado para alguien que ya de antemano acepta los principios liberales, pero no para quienes no los aceptan. En otras palabras, tal vez sería necesario llevar a cabo algunos estudios de ética comparada antes de abordar dichos problemas para identificar cuál es el contenido de un "consenso global coincidente", si acaso existe.

Tengo una respuesta general y una respuesta específica a este argumento. Nunca he logrado entender cuál es el mérito del relativismo en tanto postura filosófica general.[20] Si, por ejemplo, nuestro juicio filosófico de que todas las personas tienen derechos es sólido, entonces lo es universalmente y no importa en verdad si el *origen histórico* de ese juicio es occidental u otro. Quienes objetan los principios liberales diciendo que éstos son occidentales cometen la falacia genética; es decir, confunden el problema del *origen* de una teoría política con el problema de su *justificación*. La verdad (moral o empírica) de una proposición es lógicamente independiente de su origen. El liberal puede admitir que las ideas que defiende son occidentales y aun así seguir sosteniendo que son las mejores. Otra manera de decirlo es que tratar de hallar una justificación al ejercicio del poder político no es lo mismo que tratar de *describir* la forma en que piensan los occidentales. El análisis filosófico es crítico y normativo, no descriptivo. Por supuesto, la visión liberal puede ser correcta o incorrecta, pero lo que no puede es ser correcta para algunos e incorrecta para otros. Recíprocamente, si las ideas *iliberales* sobre política son correctas, ello debe demostrarse con argumentos racionales y no meramente señalando que algunas, ciertas o muchas personas creen en ellas. Sin duda, cualquier justificación filosófica del poder político descansa en premisas y quienes están en contra de la explicación liberal del poder político pueden refutarla rebatiendo las premisas. Pero eso, por supuesto, es el argumento filosófico. Aunque los postulados iliberales sean tan plausibles como los liberales, ello no se debe a que, por ejemplo, muchos individuos de las sociedades iliberales crean en ellos. Si muchos se adhieren a los principios liberales, mientras que muchos otros lo hacen a ciertos postulados iliberales del todo opuestos a los primeros, ambas partes no pueden estar en lo correcto. El análisis liberal debe suponer que sus premisas son las mejores. Por tanto, la concepción liberal que defien-

---

[20] Véase Fernando R. Tesón, "Human Rights and Cultural Relativism", *Virginia Journal of International Law*, núm. 25, 1985, p. 869.

do es cosmopolita y, como tal, contraria a la pretensión de demostrar la moralidad política con base en el consenso o en otras formas de validación mayoritaria. Esta concepción no acepta los razonamientos *ad populum*.

En segundo lugar, aquella objeción no responde a la primera parte del argumento: que las situaciones que reclaman la intervención (la tiranía y la anarquía) son formas moralmente aberrantes de injusticia. Creo que todas las religiones y teorías éticas razonables coinciden en que esas situaciones (asesinatos masivos, tortura generalizada, crímenes de lesa humanidad, graves crímenes de guerra) son moralmente execrables. No hablamos aquí de las diferentes concepciones de lo que es el bien o de las distintas maneras de alcanzar la excelencia humana y colectiva, o del lugar que ocupa la religión, la deliberación cívica o los mercados libres en la vida política. A lo que nos referimos es a gobiernos que perpetran atrocidades contra la gente, y situaciones de anarquía y derrumbe del orden social de tal magnitud que ninguna teoría ética o política podría, razonablemente, disculpar. Sin embargo, no creo que quienes están en contra de la intervención humanitaria quieran sustentarse en una teoría moral que justifica las violaciones más atroces a los derechos humanos. Espero que no sean necesarios estudios de ética y religión comparadas para concluir que, en cualquier sistema religioso o ético, el tipo de situación que reclama una intervención humanitaria es moralmente intolerable. Por ejemplo, dudo que alguien que practique una religión o doctrina política que promueve los valores colectivos y rechaza la idea liberal de la autonomía individual considere moralmente tolerables o justificables los ejemplos extremos de tiranía o anarquía que reclaman la intervención humanitaria.[21]

Asimismo, la *segunda* parte del argumento requiere que se admitan ciertos conceptos relativos a la justificación de los Estados, los gobiernos y las fronteras. Como dije antes, ciertas situaciones son moralmente execrables, según cualquier teoría política que se precie de serlo, y esas situaciones a veces justifican una intervención humanitaria de acuerdo con la concepción liberal de la política. Como ya mencionaba, es proba-

---

[21] Sobre la idea de que existen muchas coincidencias respecto de la intervención humanitaria entre distintas tradiciones religiosas, véase Oliver Ramsbotham, "Islam, Christianity, and Forcible Humanitarian Intervention", *Ethics and International Affairs*, núm. 12, 1998, p. 81.

ble que alguien esté de acuerdo con la primera propuesta, pero no con la segunda; es decir, quizá admita que las situaciones son moralmente execrables, pero considere que aun así no se justifica la intervención humanitaria, pues no es a los extranjeros a quien toca remediarlas. Estas otras teorías exaltan ciertas ideas sobre la santidad de las fronteras, la trascendencia moral de las comunidades o la relevancia moral de distinguir entre nacionales y extranjeros. Aquí, también, lo único que puedo hacer es exponer argumentos en contra de dichas ideas y en pro de un enfoque más cosmopolita. Mi punto es el siguiente: ante la objeción de que estar a favor de la intervención humanitaria presupone una postura liberal (sesgada) respecto de los derechos humanos, el liberal puede responder: "Supongo que no estás diciendo que, desde tu perspectiva (no liberal), esas atrocidades están justificadas. Sean cuales fueren tus valores, no creo que eso sea aceptable." Quizá, entonces, el crítico no liberal responda: "Estoy de acuerdo en que, según mis principios no liberales, eso también es moralmente condenable, pero, de acuerdo con esos mismos principios, a diferencia de los tuyos, las intervenciones extranjeras están prohibidas." Así, en lo que se refiere a la ética internacional la postura no intervencionista pretende *escindir* (en mi opinión, de manera poco lógica) la legitimidad interna de la internacional. Pero si el no liberal acepta que la situación es execrable, entonces no puede decir que la postura del intervencionista liberal es sesgada, pues él piensa exactamente lo mismo. El no liberal necesita razones que le confirmen su recelo hacia los derechos y la autonomía para así poder cuestionar la legitimidad de la intervención humanitaria en casos en los que estaría de acuerdo con el liberal en que la situación es moralmente abominable. Necesita una teoría de la soberanía por la cual los extranjeros estén moralmente impedidos para salvar a las víctimas de una injusticia extrema.

LA RELEVANCIA MORAL DE LAS FRONTERAS NACIONALES: INTEGRIDAD COMUNAL

Una vez que el no intervencionista acepta que la tiranía y la anarquía son moralmente execrables, quizá deba recurrir entonces a una tesis de la ética internacional que conceda un valor crucial a la soberanía y a las fronteras nacionales. Consideremos el siguiente caso: el gobierno provincial de un Estado federal está cometiendo atrocidades contra un grupo étnico. Peor aún, el ejército provincial está dispuesto a enfrentarse al ejército federal, por lo que se desataría una guerra civil si el gobierno federal intentara parar la masacre. Los no intervencionistas (como los demás) sin duda lamentarían que estallara una guerra civil, pero seguramente no se opondrían en principio a la intervención *interna* de las tropas federales para detener la masacre. De hecho, es muy probable que aplaudieran la intervención.

Sin embargo, si esas mismas tropas cruzaran una *frontera* internacional para detener atrocidades semejantes cometidas por un gobierno soberano en un Estado vecino, los no intervencionistas lo censurarían. Para ellos las fronteras nacionales logran misteriosamente un *cambio en la descripción* del acto del rescate humanitario: ya no se trata de un rescate con fines humanitarios, sino de una guerra. (¿Por qué a las violaciones masivas de los derechos humanos no se les llama también guerra? Por ejemplo, una guerra del gobierno contra su pueblo. ¿Será porque generalmente una parte de la población es cómplice en la perpetración del crimen?) El argumento para tal distinción se basa en la importancia moral que se otorga a las fronteras nacionales, como corolario del principio de soberanía. Pero las fronteras nacionales difícilmente podrían tener algún peso moral *en este contexto*, por esta razón: las fronteras nacionales son resultados arbitrarios de violencias pasadas y de otros tipos de hechos moralmente objetables o históricamente irrelevantes. De manera más general, considero que gran parte de los sufrimientos e injusticias en el mundo se deriva de la excesiva importancia que la gente concede a las fronteras nacionales. Desde la limpieza étnica hasta la discriminación de los inmigrantes; desde la prohibición de hablar lenguas extranjeras hasta el proteccionismo comercial que sólo beneficia a ciertos intereses, las ideas de nación, Estado y frontera han sido consistentemente empleadas para justificar todo tipo de daños.

Pese a ello, es cierto que existen razones para respetar las fronteras nacionales, cuando menos siempre que se considere deseable un mundo conformado por Estados independientes.[22] Dichas razones son, en mi opinión, dos, y ninguna de ellas invalida la intervención humanitaria en

---

[22] La existencia de Estados independientes puede ser deseable para maximizar la libertad. Véase mi *Philosophy of International Law*, pp. 17-19.

los casos apropiados. La primera y más importante se refiere a la legitimidad del contrato social, por así decirlo. En un pasaje célebre, Kant concluye: "Ningún Estado que tenga una existencia independiente, sea pequeño o grande, podrá ser adquirido por otro Estado mediante herencia, intercambio, compra u obsequio."[23] La idea aquí sería que un Estado, que es en cierta medida el resultado del libre consentimiento de individuos que forman una sociedad civil, debe ser respetado. Violar esas fronteras equivaldría, entonces, a tratar al Estado y a sus ciudadanos como "cosas".[24] Ésta es la premisa liberal que aquí defiendo: la soberanía del Estado y la inviolabilidad de sus fronteras son parasitarias de la legitimidad del contrato social, y por tanto, la soberanía y las fronteras sirven, también, al objetivo liberal de respetar la libertad y los derechos humanos. Entonces, cuando una mitad de la población de un Estado está asesinando a la otra, o cuando el gobierno comete atrocidades masivas contra sus propios ciudadanos, las fronteras nacionales pierden en ese momento la mayor parte de su fuerza moral.[25] En última instancia, son moralmente impotentes para contener las acciones extranjeras que se proponen poner alto a las masacres.

Michael Walzer presenta la defensa más conocida de la capacidad moral de las fronteras nacionales para bloquear una intervención humanitaria.[26] Según Walzer, existe una diferencia crucial entre legitimidad nacional y legitimidad internacional. Aun cuando un gobierno sea internamente ilegítimo, eso no significa que los ejércitos extranjeros tengan

[23] Emmanuel Kant, "Perpetual Peace: A Philosphical Sketch" [1795], en *Political Writings*, edición de Hans Weiss, Cambridge, Cambridge University Press, 1970, p. 94.

[24] *Idem.*

[25] Sin embargo, no pierden toda su fuerza moral, porque el hecho de que prevalezca la tiranía y la anarquía no implica que se abran las puertas para que los extranjeros invadan a voluntad. Aquí, el principio liberal rector es el deber de respetar a las personas. La tiranía y la anarquía autorizan a los extranjeros a cruzar las fronteras nacionales para restablecer el respeto hacia las personas, pero no para otros propósitos. Pero esto también se aplicaría en el ámbito interno.

[26] Michael Walzer, "The Moral Standing of States: A Response to Four Critics", *Philosophy and Public Affairs*, núm. 9, 1980, pp. 209-229. Debato ampliamente sus argumentos en *Humanitarian Intervention*, pp. 92-99. Véase también el análisis (muy acorde a la opinión expresada en este trabajo) de Caney, *op. cit.*, pp. 122 y 123; y Jeff McMahan, "The Ethics of International Intervention", en Anthony Ellis (comp.), *Ethics and International Relations*, Manchester, Manchester University Press, 1986, pp. 36-49.

derecho a intervenir para restablecer la legitimidad. Walzer afirma que, en la mayoría de los casos, existe suficiente "coincidencia" entre el pueblo y su gobierno para que el asunto quede en el ámbito de lo puramente interno, quedando excluidos de él todos los extranjeros. Únicamente los propios ciudadanos están facultados para derrocar a su tirano. Sólo cuando la falta de coincidencia es *absolutamente* evidente, sostiene Walzer, puede permitirse la intervención, y esto tan sólo ocurrirá en los casos de genocidio, esclavitud y deportación masiva. El autor sostiene esta tesis con base en consideraciones de tipo comunal: las naciones tienen historias y lealtades que definen su proceso político y éste debe ser protegido como tal, aunque algunos de sus resultados resulten repulsivos a los ojos de los filósofos liberales. Walzer llama a esto la "integridad comunal".

De manera preliminar, Walzer (a diferencia de otros no intervencionistas) permite la intervención humanitaria en varios tipos de casos. Sin embargo, sus razones para desaprobar la intervención humanitaria en otras situaciones de tiranía y anarquía son, en mi opinión, erróneas. Al señalar que los dictadores provienen de la sociedad misma, de sus familias y vecindarios, Walzer insinúa que la tiranía y la anarquía ocurren naturalmente, por así decirlo; que, en cierto sentido, las víctimas son responsables de los horrores que sufren. También presupone que existe algo moralmente valioso (la "autodeterminación") en el equilibrio fortuito de las fuerzas políticas que existen en la sociedad.[27] Pero los procesos políticos no son valiosos per se; su valor depende del hecho de que en esos procesos no se viole la dignidad humana.[28] Resulta incluso grotesco describir los tipos de casos que justifican la intervención humanitaria

---

[27] Véase Gerald Doppelt, "Walzer's Theory of Morality in International Relations", *Philosophy & Public Affairs*, núm. 8, 1978, p. 3.

[28] Lo que pretendo establecer en este trabajo se aplica a los regímenes contra los cuales la intervención humanitaria presumiblemente *no* se habría justificado con base en otros argumentos (sobre todo, consecuencialistas). Por ejemplo, ¿alguien podría decir hoy en día que tenía algo de valioso la "autodeterminación" de Alemania Oriental, un Estado que se creó y mantuvo por medio del terror y la violencia? Y, sin embargo, en su momento la mayoría de la gente (incluidos los académicos) reverenciaban las realidades del poder político y proclamaban a Alemania Oriental un Estado legítimo, facultado como tal a todos los privilegios y prerrogativas derivados de la estaticidad. Las visiones tradicionales del derecho internacional, tanto en éste como en otros asuntos, sufren, cuando menos, de ceguera moral.

(masacres, tortura) como "procesos de autodeterminación" y sugerir, como lo hace Walzer, que, a menos de que haya un genocidio (una excepción que Walter admite), necesariamente existe coincidencia entre el gobierno y el pueblo. David Luban lo ilustra de forma elocuente: "El gobierno coincide con el pueblo de la misma manera en que la suela de una bota se ajusta a un rostro humano: al cabo de un tiempo, los dibujos de las muescas coinciden con increíble precisión."[29]

Dicho lo anterior, existe un núcleo de verdad en el argumento de Walzer, el cual John Stuart Mill expresó mejor que nadie.[30] Mill sostiene que la intervención humanitaria siempre es errada, porque la libertad no tiene ningún valor a menos que las propias víctimas luchen por su liberación. Un pueblo no puede realmente ser libre si los extranjeros son quienes pelean su batalla. Aunque este argumento resulta bastante cuestionable (¿por qué la libertad deja de ser valiosa cuando los ejércitos extranjeros nos ayudan a alcanzarla? La liberación de París en 1944 no fue menos valiosa por haber sido lograda por las tropas norteamericanas), sí plantea un punto importante: los ciudadanos de un Estado gobernado por un tirano (o sojuzgados por jefes militares, en un Estado fallido) tienen la responsabilidad de ayudar a que se ponga fin a sus desdichas. El país interventor tiene derecho a esperar de parte de la población local un grado razonable de cooperación para acabar con la tiranía, asumir los costos morales y materiales de la intervención y construir instituciones democráticas. Se trata de su gobierno, su sociedad. Las acciones extranjeras para ayudarlos dependen de su cooperación y disposición para crear o restaurar dichas instituciones.

Un corolario de la tesis de Mill es el requisito de que las víctimas de la tiranía o de la anarquía acepten la intervención. Walzer y otros críticos de la intervención humanitaria afirman que en la mayoría de los casos las víctimas en realidad no quieren ser liberadas por extranjeros, que preferirían quedarse con sus tiranos, antes que ver su territorio invadido. Ésta es una opinión influida por el comunitarismo, según el cual las personas no sólo tienen anhelos de libertad, sino que también, y más

---

[29] David Luban, "The Romance of the Nation-State", *Philosophy & Public Affairs*, núm. 9, 1980, pp. 395 y 396.

[30] John Stuart Mill, "A Few Words on Non-Intervention", en John Stuart Mill, *Dissertations and Discussions*, Boston, Spencer, 1867, vol. 3, pp. 171-176.

importante aún, tienen intereses comunitarios: aquellos que definen su pertenencia a un grupo o comunidad, es decir, su identidad social. Para los comunitarios, los anhelos de libertad están subordinados a los intereses o valores de la comunidad. Según esto, el ciudadano promedio de cualquier país (incluso los gobernados por regímenes tiránicos) se sentirá herido en su autoestima si un extranjero interviene, aunque sea por una noble causa, pues esa intervención lacera el corazón mismo de su identidad social. El corolario parecería ser que el ciudadano promedio de un régimen opresivo *prefiere* seguir siendo tiranizado antes que ser liberado por extranjeros.

Creo que, aunque empíricamente posible, es muy improbable que ocurra una situación semejante por una razón: un ciudadano que *colabora* con los opresores carece de justificación moral, aun a la luz de valores comunitarios. En una sociedad afligida por la tiranía, siempre existe un grupo que se beneficia del hecho de que el gobierno persiga a otros. Se trata de individuos de la peor índole que utilizan el terror para beneficio propio. Describir esto como "interés comunitario" resulta grotesco. También es un error suponer que las víctimas normalmente se oponen a la intervención que pretende liberarlas. Yo diría que la evidencia apunta en dirección contraria; es decir, que lejos de oponerse, las víctimas de una grave opresión agradecerán la ayuda exterior. Éste fue sin duda el caso de las intervenciones en Granada, Iraq, Ruanda, Haití y Kosovo, entre otras.

Las únicas personas cuyo consentimiento es digno de considerarse son aquellas que se oponen *tanto* al régimen *como* a la intervención extranjera por razones morales. Éstas consideran que aunque el régimen sea criminal, la invasión extranjera de su territorio es inaceptable, así sea con la finalidad de detener la masacre. Pero, ¿acaso sus objeciones son determinantes? ¿Acaso los posibles interventores deben considerar el veto de los líderes políticos y civiles que se oponen al régimen como una razón categórica para no intervenir? No lo creo, por lo siguiente: dudo mucho que sea válido que usted invoque *sus* intereses comunitarios para oponerse a que se me brinde ayuda *a mí*, cuando *yo* soy quien está dentro de la cámara de torturas, aunque usted no sea cómplice.[31] Únicamente

---

[31] En este sentido, véase McMahan, *op. cit.*, p. 41. Ésta es la respuesta que puede darse a los relativistas que censuran las acciones anglo-estadunidenses en Afganistán

yo (la víctima de la tortura) puedo renunciar a mi derecho a pedir ayuda; sólo mi consentimiento cuenta para ese propósito. Entonces, para resumir, en un régimen tiránico la población puede dividirse en cuatro grupos: las víctimas, los victimarios y los colaboradores, y los espectadores. A su vez, el último grupo puede subdividirse entre quienes apoyan al régimen y quienes se oponen a él. De todos esos grupos, sólo el primero, las víctimas, tiene el derecho (cuestionable) de rechazar la ayuda. Los cómplices y los espectadores que apoyan al régimen quedan eliminados por obvias razones. Su resistencia a la intervención no cuenta. Y, en cuanto a los espectadores contrarios al régimen, no es válido que éstos rechacen la ayuda extranjera en nombre de las víctimas.

Antes de intervenir, los líderes democráticos deben asegurarse de que cuentan con el apoyo de las personas mismas que desean ayudar; a saber, las víctimas. Sin embargo, la idea (que Walzer sugiere)[32] de que la *mayoría* de la población debe apoyar la intervención es errónea, porque la mayoría puede ser cómplice de las violaciones a los derechos humanos.

Supongamos que el gobierno de un Estado multiétnico trata de exterminar a los grupos étnicos minoritarios y supongamos, además, que por ciertos antecedentes de animadversión étnica el grupo mayoritario apoya el genocidio. En este caso, la intervención humanitaria se justificaría aun cuando la mayoría de la población del Estado se opusiera. Toda intervención, para ser legítima, debe regirse por el deber de restablecer los derechos de las personas amenazadas por una tiranía o una anarquía. Que esos propósitos se alcancen o no es algo que no puede decidirse simplemente haciendo encuestas de opinión entre los habitantes de una sociedad tiránica o anárquica.

Una razón para respetar las fronteras nacionales es que éstas pueden coadyuvar a proteger la estabilidad de la interacción social; es decir, las expectativas mutuas de los individuos que interactúan dentro y entre las demarcaciones de las jurisdicciones políticas. Las razones para tener fronteras nacionales son, entonces, análogas a las razones para respetar las demarcaciones de los derechos de propiedad. A los dueños de propiedades debe permitírseles que expulsen a los intrusos, porque ello facilita

---

para liberar a las mujeres. El musulmán varón y creyente, aunque sea inocente, no tiene ningún fundamento para oponerse a las operaciones que buscan salvar la vida de otras personas.

[32] Véase Walzer, "The Moral Standing of States", *op. cit.*

que se maximice la eficiencia en el uso de los recursos.[33] De igual forma, podría argumentarse que a los Estados debe permitírseles que expulsen a los extranjeros que pretenden aprovecharse de los esfuerzos de sus ciudadanos. El hecho de que un Estado tenga jurisdicción exclusiva sobre su territorio maximiza las ganancias generales, así como el otorgar derechos de propiedad exclusivos a los agricultores sobre sus tierras maximiza las ganancias agregadas. Estas consideraciones relativas a la eficiencia adquieren particular relevancia después de una intervención. A pesar de que un país interventor tenga éxito en su misión, éste no encuentra interés alguno (a diferencia de los vencedores internos) en considerar al país en cuestión como suyo, pues carece de derechos de propiedad de largo plazo sobre ese territorio.[34] De igual forma, los vencedores locales de una intervención (como el actual grupo gobernante en Afganistán) tienen más interés en restaurar el tejido político de su sociedad que los triunfadores externos. Estas razones apuntan a la necesidad de asignar *cierta* importancia utilitaria a las fronteras nacionales y sugieren prudencia por parte del país interventor. Asimismo, las consideraciones de tipo consecuencialista son esenciales para planear la etapa posterior a la intervención con el fin de lograr un éxito duradero en términos de los valores morales que justificaron la intervención.[35]

Sin embargo, estas reflexiones no quitan legitimidad a la intervención humanitaria, pues los tipos de situaciones que la reclaman son de tal gravedad que no pueden ser atenuados por las razones pragmáticas que acabamos de examinar. Es cierto que, de acuerdo con este argumento, la protección de las fronteras nacionales es necesaria para preservar el aglutinante que mantiene unida a la sociedad internacional y, como tal, vuelve a surgir en la fase posterior a la intervención. Sin embargo, permitir que continúen las atrocidades es un solvente mucho más fuerte de ese aglutinante que el hecho de traspasar las fronteras.

Concluyo, entonces, que la existencia de las fronteras nacionales en nada disminuye el derecho de intervenir por razones humanitarias, en

[33] Véase el análisis clásico de Harold Demsetz, "Toward a Theory of Property Rights", *American Economic Review Papers & Proceedings*, núm. 57, 1967, p. 347.

[34] Robert Keohane, comunicación personal (en los archivos del autor).

[35] Véase el artículo de Robert Keohane, "Political Authority after Intervention: Political Gradations of Sovereignty", en J. L. Holzgrefe y Robert Keohane (ed.), *Humanitarian Intervention: Ethical, Legal, and Political Dilemmas,* Nueva York, Cambridge University Press, 2003.

los debidos casos. La importancia de las fronteras se desprende de consideraciones de justicia y eficiencia. Por tanto, invocar su santidad para proteger la tiranía o la anarquía, las cuales violan gravemente dichos valores, es, en último análisis, del todo insensato.

ARGUMENTO SOBRE LA VIOLACIÓN DEL DERECHO INTERNACIONAL

Lo que nos interesa básicamente en este trabajo es la defensa político-moral de la intervención humanitaria, no su defensa puramente jurídica.[36] No obstante, quiero examinar una crítica muy popular que suelen esgrimir, sobre todo, los juristas. La intervención humanitaria es moralmente incorrecta, afirman, porque los Estados tienen la obligación de acatar el derecho internacional y, dado que éste prohíbe fundamentalmente el uso de la fuerza, los gobiernos que intervienen militarmente infringen un principio medular del sistema jurídico internacional.[37] Este argumento, por supuesto, coloca la obligación de obedecer la ley por fuera del propio derecho internacional: existe una razón moral para cumplir con él, aunque conduzca en ocasiones a resultados no deseados o incluso inmorales.[38]

Ahora bien, este razonamiento presenta varias debilidades. En primer lugar, se sustenta en una premisa sumamente dudosa. La idea de que el derecho internacional prohíbe la intervención humanitaria se basa en valores orientados hacia el Estado. Los detractores de la intervención humanitaria se quejan de que el análisis del derecho internacional realizado por quienes apoyan la doctrina es subjetivo y axiológico.[39] En su

[36] Para una defensa jurídica de la intervención humanitaria, véase mi *Humanitarian Intervention: An Inquiry into Law and Morality* cit.

[37] Véase, entre otros, Louis Henkin, "The Use of Force: Law and U.S. Policy", en Council on Foreign Relations, *Right v. Might*, Nueva York, Council on Foreign Relations Press, 1991, pp. 37-73.

[38] Otra versión de este argumento presenta matices, no axiológicos, sino utilitarios prospectivos: los Estados no deben intervenir porque ello es, a largo plazo, *perjudicial* para el derecho internacional. Respondo a esto más adelante, al mismo tiempo que abordo la objeción relativa a la "estabilidad mundial".

[39] Véase, por ejemplo, Ian Brownlie, "Thoughts on Kind-hearted Gunmen", en Richard Lillich (comp.), *Humanitarian Intervention and the United Nations*, Charlottesville, University Press of Virginia, 1973, p. 139.

opinión, un análisis objetivo daría necesariamente por resultado un veredicto inequívoco en contra de la intervención humanitaria. Como dije antes, éste no es el lugar para iniciar un debate jurídico, por lo que sólo quiero puntualizar algo: la práctica de los Estados es, en el mejor de los casos, ambivalente en lo que se refiere a la intervención humanitaria, por lo que cualquier interpretación de ella (a favor o en contra) debe basarse en valores extralegales.[40] No existe "práctica de los Estados" alguna que automáticamente proporcione una norma jurídica. La historia diplomática (interacción de los Estados) debe interpretarse a la luz de postulados morales y empíricos sobre los propósitos del derecho internacional y del sistema internacional. Si esto es correcto, contrariamente a lo que los positivistas afirman, su objeción a la intervención humanitaria está muy lejos de ser objetiva. Esta objeción descansa en un conjunto de valores que privilegian la preservación de los gobiernos y los regímenes políticos por sobre la protección de los derechos humanos. El debate sobre intervención no es entre quienes propugnan un análisis jurídico "subjetivo" (a favor de la intervención) y quienes propugnan un análisis jurídico "objetivo" (en contra de la intervención). Es, por el contrario, un debate entre quienes promueven valores humanos y aquellos que pugnan por valores estatales. Los no intervencionistas se engañan cuando acusan a los intervencionistas de tener una postura sesgada, pues ellos también la tienen. Su problema radica, en parte, en la creencia ilusoria de que el análisis jurídico es conceptualmente autónomo; que la filosofía política no tiene lugar en el razonamiento legal. En realidad, lo que hacen muchos juristas es disimular su sesgo estatista bajo el disfraz

---

[40] Véase el resumen del debate en el artículo de Jeff Holzgrefe, "The Humanitarian Intervention Debate", en J. L. Holzgrefe y Robert O. Keohane (eds.), *Humanitarian Intervention: Ethical, Legal, and Political Dilemas, op. cit.* En mi opinión, el trabajo de Allen Buchanan, "Reforming the International Law of Humanitarian Intervention", también incluido en esa obra, acepta innecesariamente que la intervención de la OTAN en Kosovo fue ilegal porque el Consejo de Seguridad no la había autorizado. Eso lo llevó a examinar el aspecto de la reforma ilegal del derecho internacional. Aunque yo no considero que la autorización del Consejo de Seguridad fuera necesaria en el caso de Kosovo, el análisis de Buchanan sigue siendo pertinente para otros episodios en los que el derecho internacional ha sido reformado por medio de actos ilegales. Véase mi discusión de la intervención en Kosovo en mi obra *Humanitarian Intervention*.

del análisis jurídico "autónomo".[41] El crítico de la intervención humanitaria saldría mucho mejor librado si utilizara los argumentos morales pertinentes a favor y en contra de la intervención humanitaria, en lugar de esconderse tras la supuesta autonomía conceptual del razonamiento jurídico.

Hay otra respuesta decisiva a esta objeción. Nadie discute que el derecho internacional prohíba el uso de la fuerza, en términos generales. Sin embargo, los tipos de casos que reclaman la intervención humanitaria constituyen ellos mismos violaciones graves al derecho internacional: genocidio, crímenes de lesa humanidad, etc. La situación típica en la que se considera la posibilidad de intervenir no es aquella en la que el dilema consiste en violar o no violar el derecho internacional. Se trata más bien de casos en los que, hágase lo que se haga, al final uno terminará tolerando la violación de *alguna* regla fundamental del derecho internacional: o bien intervenimos para detener las masacres, en cuyo caso aparentemente quebrantaríamos la prohibición general de ir a la guerra, o bien nos abstenemos de intervenir, tolerando entonces que otros Estados violen la interdicción general de cometer abusos crasos contra los derechos humanos. La máxima: "En circunstancias de igualdad, los Estados deben acatar el derecho internacional" no puede significar: "En circunstancias de igualdad, los Estados deben acatar el derecho internacional, aunque con ello se permita una violación constante e igualmente escandalosa del derecho internacional." Por tanto, la obligación de someterse al derecho internacional no ayuda al no-intervencionista. Su postura se fundamenta o bien en la cuestionable idea de que una guerra internacional siempre es peor que la tiranía o la anarquía, o bien en la distinción, igualmente cuestionable, entre actos y omisiones.[42]

La razón esencial para resolver este conflicto de principios a favor de la intervención humanitaria en los debidos casos, se hace evidente cuando comprendemos que el valor de la soberanía es discutible a menos que se le vea como un bien *instrumental*; es decir, un medio para alcanzar otros fines más fundamentales. La violación masiva de los derechos humanos constituye no sólo un atropello violento a la dignidad de las personas, sino también *una traición al principio de soberanía mismo*. Aquí, el

---

[41] Un ejemplo reciente de este tipo de enfoque es: Simon Chesterman, *Just War or Just Peace?*, Oxford, Oxford University Press, 2001.

[42] Véase más adelante el análisis de este punto.

no intervencionista enfrenta un dilema: o bien cree que la soberanía del Estado es intrínsecamente valiosa, o bien concede que la soberanía es un instrumento para lograr otros valores humanos. En el primer caso, tendrá que admitir que el prohibir la intervención no tiene nada que ver con el respeto a las personas, en cuyo caso se verá obligado a invocar las poco atractivas (y del todo desacreditadas) concepciones organicistas del Estado.[43] En el segundo caso, tendrá que demostrar que los valores humanos a los que sirve la soberanía justifican, a largo plazo, que se permita hoy la perpetración de masacres, lo cual no es nada fácil.

Los lectores a los que no haya persuadido mi postura iusfilosófica (que el derecho y la moral no pueden separarse) rebatirán que el derecho y la moralidad son dos cosas distintas, y que una lectura positivista del derecho internacional prohíbe la intervención humanitaria. Aun así, este artículo les puede ser de cierta utilidad, pues podrían tomar el argumento que aquí presento como una propuesta *de lege ferenda*; es decir, una propuesta para reformar el derecho internacional. Quien considere que una interpretación positivista del derecho internacional prohíbe la intervención humanitaria, pero a la vez juzgue correcto el argumento moral que expongo en este trabajo, deberá concluir que el derecho internacional es moralmente objetable y, por tanto, tendría que unirse a quienes pugnan por reformarlo.

Un Estado soberano es una institución creada por los hombres y las mujeres para protegerse de las injusticias y para propiciar una cooperación social mutuamente beneficiosa. En el caso de un Estado tiránico, por definición la soberanía no cumple ninguna de sus funciones legítimas, con lo cual el no intervencionista no puede basar la prioridad que otorga a la soberanía en nada que sea *interno* al Estado en cuestión. Por tanto, la argumentación en contra de la intervención humanitaria habrá de sustentarse en la importancia de la soberanía para propósitos que son *externos* a dicho Estado. A continuación examino estas consideraciones.

---

[43] He llamado a esta visión "el mito hegeliano"; véase mi *Humanitarian Intervention*, cap. 3. Véase también la obra clásica de Charles Beitz, *Political Theory and International Relations*, Princeton, Princeton University Press, 1979, pp. 69-71; así como Caney, *op. cit.*, p. 122.

La objeción de que la intervención
humanitaria es desestabilizante

Una crítica importante que se hace a la intervención humanitaria atañe a la necesidad de preservar el orden mundial. La idea es que la soberanía del Estado no es necesariamente valiosa, *de manera interna*, sino que lo esencial es preservar la estabilidad del *sistema de Estados* a largo plazo.[44] La intervención humanitaria afecta la estabilidad tanto por el mero acto de intervenir como porque crea un precedente peligroso que conduce a que los Estados agresivos cometan abusos.[45] La doctrina de la justificación de la intervención humanitaria, así la esgriman los gobiernos mejor intencionados, conduce al caos generalizado, y un orden injusto es mejor que el caos. Las injusticias deben remediarse utilizando medios que no afecten la estabilidad del sistema estatal; es decir, medios pacíficos. La prevención del conflicto es un requisito para el orden mundial. Una variante de este argumento insiste en la necesidad de preservar el derecho internacional en el largo plazo. Permitir la intervención humanitaria, se dice, iría en detrimento del respeto de una regla fundamental del derecho internacional; a saber, aquella que prohíbe el uso de la fuerza.

Esta objeción a la intervención humanitaria no es sólida. En primer lugar, se le puede hacer una réplica moral poderosa. Suponiendo, sin conceder, que valga la pena preservar el sistema de Estados, resulta sumamente cuestionable que sea válido *utilizar* a las víctimas de la tiranía o la anarquía para ese propósito. El argumento no intervencionista tiene un marcado sabor teológico. Es análogo a la respuesta que da el creyente religioso cuando se le inquiere por qué Dios permite que ocurran cosas como el holocausto. El creyente responde que ello se debe a que Él tiene un designio más elevado, el cual nosotros, como seres finitos, somos incapaces de comprender. De igual manera, el no intervencionista afirma que existe un propósito mundial más elevado que justifica el hecho de que no se intervenga contra la tiranía y la anarquía. No me convence

---

[44] Véase Stanley Hoffman, *Duties Beyond Borders: On the Limits and Possibilities of Ethical International Politics*, Syracuse, Syracuse University Press, 1981, p. 58.

[45] Al respecto, véase Thomas Franck y Nigel Rodley, "After Bangladesh: The Law of Humanitarian Intervention by Military Force", *American Journal of International Law*, núm. 67, 1973, p. 290.

la respuesta del creyente (¿qué designio más elevado podría tener un ser omnipotente para permitir el holocausto?),[46] pero si bien estoy dispuesto a conceder a Dios el beneficio de la duda, esto no se aplica a los académicos. La afirmación me parece moralmente perversa, pues cualquiera que fuese el valor del sistema de Estados, su preservación indudablemente no debe implicar un costo humano de tal magnitud. Ni siquiera es evidente que "la preservación del sistema de Estados" sea otra cosa sino un eufemismo para la tesis archiconservadora de que los gobiernos en el poder y el statu quo político deben salvaguardarse, independientemente de lo que éstos valgan para los seres humanos de carne y hueso.

La segunda respuesta a ese argumento es la misma que di respecto de la importancia de las fronteras nacionales. La tiranía y la anarquía son, cuando menos, igualmente susceptibles de producir inestabilidad y caos que las intervenciones (incluso si añadimos al cálculo el daño causado por las intervenciones no humanitarias).[47] La argumentación que apela a la estabilidad del orden mundial ignora este hecho crucial, y la razón de tan extraño descuido es de tipo teórico: el estatismo considera a los Estados como la única unidad relevante en las relaciones internacionales e ignora lo que ocurre dentro de ellos. Ésta es la visión antropomórfica del Estado que tanto daño ha causado a las personas y tanta confusión en el pensamiento internacional. El no intervencionista considera que, siempre que haya "orden" entre los Estados, él puede desentenderse sin peligro de lo que ocurra en su interior. Sería redundante citar las incontables evidencias de que existe una relación causal entre los disturbios internos y la inestabilidad internacional. Frente a esas evidencias, lo razonable sería que quien esté preocupado por la estabilidad de largo plazo apoyara la prohibición de las guerras agresivas y un sistema de protección de los derechos humanos que incluya el derecho, debidamente restringido, a intervenir por motivos humanitarios.[48]

---

[46] Indagación teológica: si Dios quiere que ocurra el holocausto por razones inescrutables, ¿tendríamos o no que intervenir para impedirlo?

[47] ¿Las guerras internacionales han causado más o menos sufrimiento que la tiranía y la anarquía? Ignoro la respuesta. Pero algo que parece razonablemente cierto es que el daño que han producido la tiranía y la anarquía en el mundo ha sido mucho mayor que los perjuicios colaterales resultantes de las intervenciones humanitarias, incluso las que fracasaron.

[48] Para un análisis de la relación entre los acuerdos políticos internos y la paz internacional véase Michael Doyle, "Liberalism and World Politics", *American Political Science Review*,

Por último, la aseveración empírica de que una regla que permitiera la intervención humanitaria daría lugar a intervenciones injustificadas y, por ende, amenazaría el orden mundial, es inverosímil. Tal afirmación ahora puede verificarse, dado que en los últimos doce años, más o menos, han tenido lugar varias intervenciones humanitarias. El argumento no intervencionista, según lo entiendo, es que si se permiten ese tipo de acciones se invitará a que los gobiernos y otros actores internacionales se sobrepasen en su intromisión, a menudo con propósitos espurios. Los gobiernos, se dice, encontrarían el camino allanado para intervenir por motivos egoístas, pues aludirían a esos precedentes y se justificarían con argumentos de tipo humanitario. Sin embargo, hasta ahora esto simplemente no ha ocurrido. Es cierto que, además de difundir la democracia y los mercados libres, el fin de la Guerra Fría trajo consigo inestabilidad política en ciertas regiones. Sin embargo, esto nada tiene que ver con que haya habido más intervenciones humanitarias, sino con las rivalidades étnicas y otros factores similares. (Si hubiéramos contado con una regla claramente definida e institucionalizada que autorizara la intervención humanitaria, quizá habríamos podido impedir, mediante la prevención, algunos de los terribles hechos que ocurrieron en esos conflictos étnicos). No creo que alguien pretenda afirmar con seriedad que las intervenciones en Somalia, Ruanda, Haití y Kosovo trastornaron el orden mundial hasta sus raíces.[49] Por el contrario, gracias a ellas la situación mejoró en términos generales. Y, en los casos en que fracasaron, ello significa simplemente que la tiranía y la anarquía han continuado sin más. Las intervenciones humanitarias fallidas no empeoraron las cosas. Existe una razón obvia por la cual las intervenciones humanitarias difícilmente pueden producir ese caos que temen los no intervencionistas: una intervención resulta sumamente costosa, por lo que los gobiernos procuran *no* inmiscuirse. La misión de Kosovo implicó un costo muy alto para la OTAN. Además, el derecho a intervenir por motivos humanitarios podría diseñarse para evitar cualquier tipo de exceso, quizá permi-

---

núm. 80, 1986, pp. 1151-1170; John Owen, "How Liberalism Produces the Democratic Peace", *International Security*, núm. 19, 1994, pp. 87-125; y mi *Philosophy of International Law*, pp. 1-38.

[49] Al respecto véase Michael Byers y Simon Chesterman, "Has US Power Destroyed the UN?", *London Review of Books*, 29 de abril de 1999, p. 29.

tiéndolo cuando el riesgo de ello sea mínimo.[50] Más aún, si el sistema de Estados se derrumbara debido a un exceso de intervenciones humanitarias (cuya causa habría sido, por definición, la tiranía y la anarquía), quizá tal derrumbe fuera algo deseable. Así como el hecho de que los individuos cedan su soberanía a los Estados no debe implicar la supresión de su autonomía moral, de la misma forma el hecho de que los Estados cedan su soberanía a una autoridad *liberal* internacional no debe necesariamente dar por resultado una tiranía universal.[51] La muerte de un Estado nunca es mala por sí misma (pensemos en el fin de la Unión Soviética o de Alemania Oriental); sí lo es la muerte de sus ciudadanos.

ACTOS, OMISIONES Y LOS DERECHOS DE LOS INOCENTES

La tiranía (o la anarquía) es una condición necesaria, aunque no suficiente, para legitimar la intervención humanitaria. Como en todos los asuntos morales, hay razones opuestas que rigen las acciones. En ciertos casos puede ser erróneo intervenir por motivos humanitarios en un Estado, aun cuando el propio gobierno esté cometiendo graves violaciones de los derechos humanos. A veces no podemos de hecho remediar el mal, aunque se justifique que lo hagamos. Asimismo, en ocasiones la intervención implica costos inaceptables para nosotros, el país que interviene, y también, a veces corregir el mal significa causar a las personas daños que resultan cuestionables; es decir, daños de tal tipo y magnitud que serían, cuando menos, tan censurables como el mal que supuestamente queríamos remediar.

La distinción entre ética deontológica y consecuencialista respecto de la intervención humanitaria no captura debidamente los dilemas morales que plantea la intervención humanitaria. En primer lugar, la defensa filosófica de ésta contendrá elementos deontológicos y consecuencialistas. Por ejemplo, el argumento liberal a favor de la intervención humanitaria contiene tanto un elemento deontológico (el compromiso ético con los derechos humanos) como un elemento consecuencialista (el requisito de que la intervención genere más bienestar que daños). En segundo lugar, la acción

---

[50] McMahan, *op. cit.*, p. 24.
[51] *Ibid.*

militar, incluida la intervención humanitaria, casi siempre violará los derechos de personas inocentes; por tanto, desde un punto de vista estrictamente deontológico, el país interventor nunca estará justificado, aunque su intención sea proteger los derechos humanos y aunque tenga la certeza de que ése será el resultado de la acción. Ello se debe a que la intervención violará los derechos de personas inocentes. En este caso, entonces, la objeción sería que, aun cuando tenga éxito, la intervención humanitaria habría utilizado personas inocentes como medios (cosa que prohíbe toda postura deontológica rigurosa). Aquí se presenta una paradoja interesante: si bien el argumento liberal a favor de la intervención humanitaria se sustenta en los derechos de las personas, lo que le da un marcado matiz deontológico, al mismo tiempo, el intervencionista liberal tolera la muerte de seres inocentes, lo cual constituye una violación evidente de los principios deontológicos.

La respuesta a tal objeción es que, en este caso, el enfoque estrictamente deontológico resulta inexacto. De otra manera, ninguna guerra o revolución podría ser justificable, pues incluso los guerreros justos casi siempre han tenido que matar inocentes. Por ejemplo, según esta postura, los Aliados no habrían tenido justificación alguna para responder a la agresión de Alemania durante la segunda guerra mundial, pues con ello se habría producido la muerte de muchas personas inocentes (por ejemplo, de niños alemanes). Por tanto, el enfoque deontológico riguroso conduce a un resultado contrario al sentido común.

El argumento liberal a favor de la intervención humanitaria posee una estructura conceptual un tanto diferente. El propósito de una intervención justificada es *maximizar* el respeto a los derechos humanos, pero el país interventor se halla limitado por *la doctrina del efecto doble*. Por ello, la intervención humanitaria no puede basarse simplemente en lo que Nozick llamó el "utilitarismo de los derechos",[52] pues esto podría dar lugar a que se utilizara deliberadamente a personas inocentes, si con ello se alcanzara el objetivo humanitario. Esto lo prohíbe la doctrina del doble efecto,[53] según la cual, cualquier acción en la que se mate a personas inocentes sólo puede legitimarse si cumple con tres condiciones:

---

[52] Robert Nozick, *Anarchy, State, and Utopia*, Nueva York, Basic Books, 1974.

[53] Para un análisis de la doctrina del doble efecto véase Warren Quinn, "Actions, Intentions, and Consequences: The Doctrine of Double Effect", *Philosophy & Public Affairs*,

1. El acto tiene consecuencias positivas (como poner fin a un régimen tiránico);
2. La intención del agente es positiva; es decir, su intención es obtener consecuencias positivas. Cualquier resultado negativo (como la muerte de no combatientes) es no deseado, y
3. Las consecuencias positivas de la acción (como deponer a un régimen tiránico) sobrepasan a las negativas (como la muerte de no combatientes). A ésta se llama la doctrina de la proporcionalidad.[54]

La doctrina del efecto doble distingue, entonces, entre las acciones que tienen consecuencias negativas *previstas y deseadas* y las que tienen consecuencias negativas *previstas pero no deseadas*. Las primeras dan lugar a una responsabilidad moral; las segundas en ocasiones pueden ser disculpadas. Así, el daño colateral que cause una intervención humanitaria cuyo objetivo es rescatar a las víctimas de una tiranía o una anarquía, puede ser, dependiendo de las circunstancias,[55] moralmente excusable.

núm. 18, 1989, p. 334. Asimismo, véase el estudio de Horacio Spector, *Autonomy and Rights*, Oxford, Oxford University Press, 1992, pp. 101-151.

[54] Presento aquí una versión ligeramente modificada de la definición clásica que encontramos en Michael Walzer, *Just and Unjust Wars: A Moral Argument with Historical Illustrations*, Nueva York, Basic Books, 1977, p. 153. Véase una definición similar en Quinn, *op. cit.*, p. 334, n. 3. Walzer, al igual que otros teóricos de la guerra, se siente obligado a invocar la doctrina del efecto doble para establecer la legitimidad de cualquier guerra. Véase también, Duane Cady, "Pacifist Perspectives on Humanitarian Intervention", en R. L. Phillips y D. I. Cady (ed.), *Humanitarian Intervention: Just War v. Pacifism*, Londres, Rowman & Littlefield, 1996, pp. 38 y 39; Francis V. Harbour, "The Just War Tradition and the Use of Non-Lethal Chemical Weapons During the Vietnam War", en Andrew Valls (ed.), *Ethics in International Affairs: Theories and Cases*, Oxford, Rowman & Littlefield, 2000, p. 50. Muchos han criticado esta doctrina. Véase, por ejemplo, Alistair MacIntyre, "Doing Away with Double Effect", *Ethics*, núm. 111, 2001, pp. 219-255. Pero, quien rechaza la doctrina (cuando menos respecto de la guerra) se ve obligado a tomar una postura contraria al sentido común, como afirmar que ninguna guerra o revolución está justificada.

[55] Digo "a veces" porque, como demuestra Horacio Spector, siguiendo a Phillippa Foot, no *siempre* existe una diferencia moral entre provocar un resultado no deseado, con la intención directa, y provocarlo con una intención indirecta. Véase Spector, *op. cit.*, pp. 104 y 105 (en donde cita a Phillippa Foot, "The Problem of Abortion and the Doctrine of Double Effect", en Phillippa Foot, *Virtues and Vices and Other Essays in Moral Philosophy*, Oxford, Blackwell, 1978, p. 20). Estos análisis muestran lo difícil que es determinar con precisión cuándo y por qué opera la distinción "intencional-imprevisto". Yo abordo el tema de la

Entonces, por una parte, la intervención humanitaria no es una acción conceptualmente estructurada, desde el punto de vista del agente, como una conducta deontológicamente pura en la cual el actor (el país interventor) está constreñido en forma absoluta a respetar los derechos de todos. Se trata, más bien, de una acción que se propone *maximizar* el respeto universal de los derechos humanos, pero que está moralmente limitada por la prohibición de tomar *deliberadamente* como blanco a personas inocentes. La muerte *colateral* de inocentes, causadas de manera indirecta por el país interventor, no califican necesariamente a la intervención como inmoral. El argumento a favor de la intervención humanitaria se ubica a la mitad entre los enfoques deontológicos rigurosos y los consecuencialistas, como el utilitarismo. Este último autoriza a que los agentes intervengan siempre que maximicen el bien en términos de bienestar general (lo que a menudo se concibe en función de vidas humanas); el primero prohíbe la intervención que pueda dar por resultado la violación de los derechos de personas inocentes (incluso la intervención que podría maximizar la observancia de los derechos universales). En cambio, la intervención humanitaria, entendida como una forma moral de ayudar a otros, acepta que en ocasiones se justifique el causar daño a inocentes, siempre que ello no se haga *intencionalmente* con el fin de conseguir un objetivo que es normativamente valioso de acuerdo con ciertos principios de moralidad. La doctrina rechaza, como también lo hacen las doctrinas deontológicas, que se hagan cálculos de tipo costo-beneficio en cuanto a si la justicia sería sólo un indicador más de la obtención de resultados agregados positivos.

El objetivo de salvar vidas y restablecer el respeto a los derechos humanos y la justicia es lo suficientemente urgente para justificar la intervención humanitaria, incluso a costa de vidas inocentes.[56] No se trata

intervención humanitaria como un caso en el que tal distinción sí opera, pues lo contrario nos llevaría al resultado contradictorio de prohibir moralmente cualquier guerra. Véase el análisis de esto más adelante.

[56] Sería tentador pensar en el objetivo de *combatir el mal* como otra meta moralmente imperiosa que justificara la intervención humanitaria. Sin embargo, la maldad humana está presente sólo en un subconjunto de los casos que reclaman una intervención. En casos de tiranía, la urgencia moral de derrotar al mal constituiría, en mi opinión, una razón adicional para actuar. Suponiendo que ambos impliquen el mismo grado de peligro, ¿acaso los ciudadanos de las democracias liberales tienen un deber más apremiante

simplemente de que el país interventor esté mejorando el mundo. En los casos típicos, el interventor no sólo está salvando vidas, sino que también está ayudando a restablecer la justicia y los derechos. Por tanto, el objetivo de restaurar los derechos humanos y la justicia es algo más que simplemente ayudar a las personas. El objetivo de rehabilitar instituciones y prácticas mínimamente justas es *normativamente prioritario*, independientemente de que se consiga mejorar el bienestar general. Por ejemplo, si bien la *ayuda* humanitaria es, sin duda, deseable, ésta no hace sino aliviar temporalmente los síntomas de la anarquía y la tiranía. Cuando se tiene éxito en la construcción y el restablecimiento de instituciones democráticas y respetuosas de los derechos, ello significa que no sólo se hizo lo correcto para esa sociedad, sino que también se atendió una causa central del problema.[57] En ese sentido, la justificación de la intervención humanitaria es tanto deontológica como utilitaria.[58] Es por ello que

de intervenir para derrocar a un tirano perverso que de hacerlo para salvar a las víctimas de, digamos, un terremoto? Sobre el mal, véase Immanuel Kant, *Religion Within the Limits of Reason Alone*, editado por Greene y Hudson, Nueva York, Harper, 1960, pp. 34-39. Asimismo, véase el análisis en Robert Sullivan, *Immanuel Kant's Moral Theory*, Cambridge, Cambrdige University Press, 1989, pp. 124-126. Al parecer, carecemos de una teoría sobre el mal. Para Kant el mal radical es la tendencia natural de los seres humanos a seguir su inclinación, en lugar del deber; para Carlos Nino es, simplemente, un mal de mayor magnitud; véase Carlos S. Nino, *Radical Evil on Trial*, New Haven, Yale University Press, 1999. En mi opinión, una distinción más útil es la que se hace entre el mal *oportunista* y el mal *por principios*: el agente oportunista provoca el mal para conseguir sus propios intereses; el agente que actúa por principios lo hace con base en máximas del mal. Cuál de los dos es peor es un tema abierto a discusión. Algunas de las acciones más espantosas fueron cometidas por seres despiadados que actuaban con base en ciertos principios, personas que seguían una causa perversa (pensemos en el 11 de septiembre de 2001); sin embargo, los dictadores que asesinan y torturan para mantenerse en el poder, como Saddam Hussein, también son capaces de cosas horrendas.

[57] Opino que únicamente con mecanismos efectivos para proteger los derechos humanos y con la creación de mercados libres podrán resolverse los problemas societales, especialmente en el mundo en vías de desarrollo. Véase Fernando R. Tesón, "In Defense of Liberal Democracy for Africa", *Cambridge Review of International Affairs*, núm. 13, 1999, p. 29.

[58] Por supuesto, casi todas las intervenciones humanitarias que tienen éxito también benefician a la mayoría de las personas de ese Estado, en un sentido utilitario. Pero esto no siempre es así. Pensemos, por ejemplo, en una gran mayoría que comete atrocidades contra una pequeña minoría. Sea como sea, lo que quiero evitar es entrar en la discusión más general en torno a si los utilitarios pueden reformular adecuadamente las preocupaciones dentológicas en un lenguaje consecuencialista.

la pérdida de vidas no es el único indicador de la legitimidad de una intervención humanitaria.

Esta interpretación conceptual de la intervención humanitaria como una acción tendiente a maximizar el respeto a los derechos humanos, pero acotada por la doctrina del efecto doble, nos conduce a examinar dos asuntos relacionados. Uno de ellos es la admisibilidad de que se mate a personas inocentes durante una intervención humanitaria. El otro es la validez moral de *abstenerse a* intervenir. Quienes están a favor de la intervención han explicado por qué las muertes (inevitables) de inocentes que ocurren en una intervención humanitaria son moralmente justificables. Pero, habría que considerar que esas personas no sacrificaron voluntariamente su derecho a vivir. Por lo tanto, el hecho de provocar conscientemente su muerte resulta moralmente cuestionable, incluso cuando es para un fin benigno. Por otra parte, los no intervencionistas deben explicar por qué el *abstenerse a* intervenir se justifica en situaciones en las que la intervención podría evitar o frenar una masacre u otro acto semejante, con un costo razonable. Ambos asuntos están relacionados. En primera instancia, el crítico de la intervención humanitaria tendría que ir más allá que condenar la violencia de manera general. Si la oposición a la intervención humanitaria es parte integral de su condena general a la violencia política, entonces cabría suponer que él ha sopesado el costo moral de permitir las masacres contra el costo moral de intervenir. Ya sea que la balanza se incline a favor o en contra de la intervención, una postura no intervencionista categórica no puede justificarse con base en la reprobación general de la violencia, pues el no intervencionista está adoptando una postura que permite la perpetración de atrocidades. Resulta difícil comprender por qué los detractores de la intervención humanitaria rara vez mencionan *esa* violencia cuando invocan su condena general a la guerra. Ante la acusación de que el no intervenir puede ser moralmente culpable, el no intervencionista responde haciendo una distinción moral entre actos y omisiones. Afirma que quienes intervienen *causan* los resultados negativos (muertes de inocentes, destrucción), mientras que quienes no intervienen *no causan* las atrocidades (sino el tirano). Tal postura forma parte de la idea de que matar es moralmente peor que dejar morir. El razonamiento es más o menos el siguiente: un gobierno que no interviene para detener las atrocidades que se cometen en otro país (suponiendo que pueda hacerlo a un costo que le sea razonable) simplemente *está dejando que mueran personas inocentes*, pero, si ese mismo gobierno decide intervenir, entonces indudablemente *matará a personas inocentes*. Entonces, dado que matar es moralmente peor que dejar morir, la intervención humanitaria tendría que ser prohibida.

El tema de la validez moral de las acciones y omisiones ha sido ampliamente analizado en filosofía pero, hasta donde yo sé, no en las relaciones internacionales o el derecho internacional. Algunas de las conclusiones a las que ha llegado la filosofía resultan relevantes para la presente discusión. Al parecer, *en ocasiones* se justifica causar la muerte de algunas personas para salvar a un mayor número de ellas, aunque se esté en contra de la postura puramente utilitaria.[59] En otras palabras, matar a algunos para salvar a otros no siempre equivale a *utilizar* a unos para salvar a otros. Según parece, tendríamos que saber *cómo* son asesinadas y salvadas las personas, así como determinar la naturaleza de la relación entre el bien mayor y el mal menor.[60] Una solución sería la relacionada con el consentimiento ideal: la acción se justifica si todas las personas involucradas en ella, es decir, todos los que serán sacrificados y los que serán salvados (no sabiendo quiénes de ellos serán unos u otros), aceptan de antemano que esa acción es la apropiada.[61]

Ahora replanteemos el problema en términos de la intervención humanitaria. El gobierno que interviene sabe que algunas personas inocen-

---

[59] Esto se conoce como "el problema del tranvía". Véase Judith Jarvis Thomson, "Killing, Letting Die, and the Trolley Problem", en J. M. Fischer y M. Ravizza (eds.), *Ethics: Problems and Principles*, Fort Worth, Harcourt, Brace, Iovanovich Publishers, 1991, p. 67. La literatura sobre el problema del tranvía y sus variaciones es muy abundante. Véase, Spector, *op. cit.*; Francis Myrna Kamm, "Harming Some to Save Others", *Philosophical Studies*, núm. 57, 1989, p. 229; y del mismo autor, *Morality, Mortality*, vol. 2, Oxford, Oxford University Pres, 1996; Erick Mack, "On Transplants and Trolley", *Philosophy and Phenomenological Research*, núm. 53, 1993, p. 163; y Guido Pincione, *Negative Duties and Market Institutions* (en prensa), pp. 5-35. Thomsom replantea el problema en Judith Jarvis Thomson, *The Realm of Rights*, Cambridge, Harvard University Press, 1990.

[60] Por ejemplo, Frances Myrna Kamm plantea el "principio del daño admisible", según el cual el hecho de que el bien mayor *cause* el mal menor es condición *suficiente* para que la acción sea moralmente admisible. Véase Kamm, *op. cit.*, vol. 2, p. 174. ¿La intervención humanitaria corresponde a esto? ¿Acaso las muertes colaterales son "causadas" por el bien mayor; es decir, el restablecimiento de la justicia y los derechos humanos? La respuesta dependerá del análisis que se haga del concepto de causa (una tarea que rebasa por mucho el propósito de este trabajo).

[61] *Idem.*

tes morirán (lamentablemente) si actúa para salvar a muchas víctimas de la tiranía o la anarquía. Supongamos que la intervención provocará indirectamente[62] una quinta parte de las muertes de inocentes[63] que causaría el tirano. Mi planteamiento es que el argumento a favor de la admisibilidad de la intervención humanitaria es *más imperioso* que el argumento habitual a favor de la admisibilidad de matar a una persona para salvar a cinco. En el primer caso, quienes intervienen para detener las violaciones a los derechos humanos intentan *remediar una injusticia,*[64] mientras que, en el segundo caso, no hay ninguna injusticia que evitar. Más bien, el problema consiste en conciliar (1) nuestra idea de que no podemos matar a una persona inocente para salvar a cinco, con (2) la idea de que a veces se justifica que lo hagamos, y con (3) nuestra convicción de que la explicación de (2) no puede ser tan sólo que siempre se justifica matar a algunas personas para salvar más vidas (como lo demuestran algunos contraejemplos irrefutables).[65] Pero, en el caso de la intervención humanitaria, el punto no consiste simplemente en salvar a más personas de las que resultarían muertas por la acción, pues, como vimos, lo que el interventor pretende es restablecer los derechos humanos y la justicia. Entonces, si consideramos que a veces es admisible que mueran personas inocentes con el fin de salvar otras, en situaciones en las que los beneficiarios no son víctimas de injusticias, entonces, tendría con mayor razón que ser admisible la muerte (lamentable) de personas inocentes en situaciones en las que el agente está tratando de rescatar a las personas de actos de injusticia constantes y graves. Como señalamos antes, el caso típico de intervención humanitaria, la situación que quiere remediarse es *calificada normativamente* como una grave injusticia; no se trata meramente de una cuestión de números. Un requisito fundamental, por supuesto, es que el interventor evite, tanto como sea posible, las muertes y daños colaterales, y en los casos en que esas muertes sean

---

[62] Por "indirectamente" quiero decir que el interventor no *se propone* causar esas muertes, sino que sólo las *prevé* (el precepto del efecto doble).

[63] Ignoro aquí el significado moral de matar personas no inocentes.

[64] Agradezco a Guido Pincione por sugerirme este punto.

[65] Uno de ellos es el caso del *trasplante*: desaprobamos, intuitivamente, que un cirujano mate a una persona inocente con el fin de utilizar sus órganos para salvar a cinco pacientes agonizantes.

inevitables, que el interventor acate la doctrina del efecto doble, de acuerdo con la cual, el guerrero justo nunca debe *tener la intención* de matar a inocentes. Su propósito central debe ser restablecer los derechos humanos, y si, como resultado de ello provoca colateralmente una cantidad proporcional y razonable de muertes de personas inocentes, podrá ser, dependiendo de las circunstancias, disculpado por ello.

La intervención humanitaria también pasa, plausiblemente, la prueba del consentimiento ideal. Los ciudadanos de cualquier Estado aceptarían idealmente que se permita la intervención humanitaria en los casos extremos de injusticia, aun si ello implica la muerte de algunos inocentes e incluso si ellos mismos pudieran ser inevitablemente las víctimas. Las partes admitirán la intervención humanitaria, ya sea aplicando el principio *maximin* de John Rawls,[66] o por una convicción más fuerte respecto del compromiso de las partes hacia con la justicia política y los derechos humanos, o por una combinación de ambos. (Esta prueba no debe confundirse con la prueba similar del consentimiento hipotético que podríamos utilizar para determinar si los contratistas *globales* ideales llegarían a ponerse de acuerdo sobre un *principio* legal internacional que autorizara la intervención humanitaria).[67] En suma, todas las personas racionales *de un Estado* estarían de acuerdo, creo yo, en autorizar la intervención humanitaria, aun desconociendo el lugar que ocuparían en esa sociedad. Las partes conocen el Estado al cual pertenecen. De igual manera, las partes *globales* racionales, aunque *no conozcan* a qué Estado pertenecerán, también convendrán en una regla general que permita la intervención humanitaria en los debidos casos.[68] Ninguna persona sensata aceptaría un principio genérico de soberanía que prohibiera la intervención pues ella misma podría terminar siendo víctima de la tiranía y la anarquía.

---

[66] "Todos los bienes sociales primarios (libertad y oportunidad, ingresos y riqueza, y las bases del autorrespeto) deben distribuirse de manera equitativa, a menos que la distribución desigual de alguno o todos esos bienes sea de beneficio para los menos favorecidos." John Rawls, *A Theory of Justice*, Cambridge, Harvard University Press, 1971, p. 303.

[67] Véase Fernando R. Tesón, "International Obligation and the Theory of Hypothetical Consent", *Yale Journal of International Law*, núm. 15, 1990, pp. 109-120.

[68] Véase Mark Wicclair, "Rawls and the Principle of Non-Intervention", en G. Blocker y E. H. Smith (eds.), *John Rawls' Theory of Social Justice*, Ohio University Press, 1980, p. 89; asimismo, el análisis en mi *Humanitarian Intervention*, pp. 61-74.

¿Y qué decir si un no intervencionista alega que no puede culparse a quien no interviene? Aunque correcto, éste no sería un punto en contra de la intervención humanitaria, sino sólo a favor de la *admisibilidad de abstenerse* de intervenir. Si las conclusiones anteriores son correctas, el promotor de la intervención humanitaria habrá respondido a la objeción de que ésta es incorrecta porque es un acto positivo que da por resultado la muerte de inocentes. En última instancia, el extranjero que observa la doctrina del efecto doble no está moralmente impedido de actuar por el hecho de que su conducta pueda producir la muerte de personas inocentes. Él está moralmente autorizado para actuar.

Sin embargo, más importante aún es la dificultad que implica mantener, en muchos casos, una distinción moral coherente y aceptable entre actos y omisiones. El que se abstenga de intervenir para impedir que sigan cometiéndose atrocidades puede ser, en algunos casos, negligente o culpable. Cualesquiera que sean las diferencias filosóficas entre actos y omisiones, el agente que se niega a intervenir es responsable por dejar de hacer aquello que habría podido hacer para poner fin a los actos de brutalidad. Aunque exista una distinción válida entre actos y omisiones, todo lo que esto prueba es que el actor que se niega a intervenir para detener las atrocidades no es tan censurable como el perpetrador mismo. Pero este hecho no exonera al actor de la muy específica acusación de haberse abstenido de ayudar a otros.

Pensemos en el genocidio cometido en Srebrenica, en julio de 1995. Las fuerzas serbio-bosnias arrasaron la aldea bosnia ante los ojos impasibles de 300 elementos de paz holandeses.[69] Dichas fuerzas capturaron entre 7 000 y 8 000 hombres y niños indefensos, y mataron a la mayoría de ellos.[70] El Tribunal Penal Internacional para la ex Yugoslavia concluyó con acierto que aquello había sido un genocidio y condenó al general Radislav Krstic a 46 años de prisión. Se considera este caso como una de las peores atrocidades que se hayan cometido durante un conflicto europeo desde la Segunda Guerra Mundial.[71]

---

[69] Véase M. Simmons, "Tribunal Finds Bosnian Serb Guilty of Genocide", *New York Times*, 3 de agosto de 2001, sección A, p. 1, col. 1.

[70] *Idem.*

[71] Existen otros acontecimientos igualmente lamentables; los hechos ocurridos en Bangladesh, en 1971; en Camboya, a mediados de los setenta, y en Ruanda, en 1994.

Pero, la impresión que nos causó ese acto de maldad quizá hizo que perdiéramos de vista otro hecho terrible: se suponía que esa zona era un enclave protegido por la ONU. Pese a ello, el general francés Bernard Janvier, el entonces comandante en jefe de la ONU para Bosnia, ignoró las repetidas advertencias que le hicieron los elementos de paz y prohibió, hasta el último minuto, que las fuerzas aéreas de la OTAN atacaran, como aquéllos se lo pedían.[72] Podría haber salvado a esas 7 000 víctimas, pero decidió no hacerlo. Ahora bien, supongamos que el general Janvier era un oficial instruido de las fuerzas armadas de Francia y que, por tanto, es muy probable que haya tomado un curso sobre derecho internacional como parte de su formación. De ser así, muy posiblemente le hayan dicho que el derecho internacional prohíbe la intervención humanitaria, las mismas personas que están a favor de esa posición hoy en día, tanto en Francia como en el resto del mundo. Podemos decir que Janvier es culpable de omisión, pues podría haber actuado, y que tenía la autoridad y capacidad suficientes para comprender la gravedad de la situación. Tomando una célebre frase que se utilizó en Nuremberg: fue capaz de una elección moral. La culpabilidad del general Janvier no es la misma que la de Krstic, claro está, pero no por ello deja de ser moralmente culpable.

Ahora bien, también debemos acusar, creo yo, a la pobreza moral del principio de no intervención. A veces, quienes creen en ideas equivocadas pueden causar mucho daño al ponerlas en acción. Así, no es demasiado descabellado pensar que el general Janvier puso en acción su creencia en el principio de no intervención. Si los intervencionistas deben explicar el caso de Somalia (una intervención fallida), los no intervencionistas deben explicar el de Srebrenica (una no intervención fallida).

La condena a la guerra forma parte de la condena a la violencia política y por tanto debería incluir la condena a las atrocidades internas. La interrogante moral *no es*: "¿Estamos dispuestos a iniciar una guerra, con todas las consecuencias negativas que sabemos le son inherentes?", sino más bien: "¿Deberíamos actuar para poner un alto a las atrocidades internas, sabiendo que ello tendrá costos morales muy graves?" En pa-

---

[72] Simmons, *op. cit.*, George Will la llamó una "incompetencia criminal" (*The Washington Post*, 9 de agosto de 2001, p. A 19) y *Los Angeles Times* se refirió a ella como un "pecado de omisión" (6 de agosto de 2001, parte 2, p. 10).

labras simples, los no intervencionistas deben explicar por qué las muertes que ocurren al otro lado de las fronteras son moralmente diferentes de las que ocurren dentro de ellas. Pero, como vimos, no han logrado hacerlo.

La intervención humanitaria en el continente americano

Las naciones del continente americano exhiben, como es sabido, importantes diferencias entre sí. Sin embargo, es posible afirmar que históricamente los Estados de la región han aceptado formas de organización política basadas en el respeto a los derechos humanos y la democracia; esto es, el ideario liberal en sentido amplio. El ideario liberal inspiró las revoluciones contra el poder colonial, tanto al norte como al sur del ecuador. América Latina ha padecido, por cierto, dictaduras feroces; sin embargo, creo que es justo decir que ellas se presentan, históricamente, como aberraciones, como desplazamientos hacia el autoritarismo que son justamente rechazados hoy, tanto por la opinión pública como por los gobiernos del hemisferio.

La dinámica política del continente americano es bien sabida: hay un país dominante no sólo en la región, Estados Unidos. El análisis de los derechos humanos y la intervención en el hemisferio debe centrarse, creo, en tres temas centrales: primero, dada la existencia de un poder hegemónico, ¿puede o debe éste ejercerse para defender los valores (democracia y derechos humanos) sobre los que se asienta la comunidad regional? Segundo, ¿cuáles serían los requisitos procesales para que dicha intervención pudiera considerarse como legítima? ¿Consenso en la OEA, por ejemplo? ¿Consenso entre las democracias de la región? Y, finalmente: el hecho de que haya una comunidad de valores democráticos más sólida en la región, comparada con la que observamos en el resto del mundo, ¿altera las razones legítimas para intervenir?

Mi argumento es el siguiente:[73] del hecho de que haya un poder hegemónico no se sigue que toda intervención por parte de ese poder sea

---

[73] Para mi tratamiento del concepto de poder hegemónico me inspiro en parte en las ideas de Lea Brilmayer, *American Hegemony: Poiltical Morality in a One Superpower World*, New Haven, Yale University Press, 1994.

ilegítima. Esta postura requiere, ante todo, rechazar una versión ingenua de la teoría del imperialismo, según la cual la primera urgencia moral es oponerse a la intervención del poder imperial. De acuerdo con esta postura (desgraciadamente muy difundida en América Latina y frecuentemente impartida en nuestras aulas universitarias), casi todos los males del mundo, y de nuestra región en especial, pueden trazarse al imperialismo; esto es, a la existencia de un país que ejerce su poder político, económico y militar en detrimento de los países débiles. El pez grande, como dice el refrán, se come al pez chico. Esa teoría padece de muchos defectos; entre otros, sus supuestos económicos están ampliamente refutados por la economía moderna, particularmente por la teoría de los costos comparados. Pero aquí me interesan, en cambio, otros defectos fatales, quizás previos, porque son conceptuales. Primero, la teoría del imperialismo asimila indebidamente los Estados a los individuos. La idea de que "los países fuertes no deben abusar de los países débiles" refleja un antropomorfismo falaz, ya que la intervención humanitaria está destinada precisamente a proteger a *individuos* víctimas de abusos por parte de sus gobiernos; en otras palabras, a los más débiles. Examinemos más de cerca la situación típica que nos ocupa en este artículo; a saber, la intervención por razones humanitarias. Si distinguimos, dentro del Estado, al gobierno de los sujetos, veremos que los actores en este drama son por lo menos tres. En el Estado E_1 hay un gobierno G_1 que está cometiendo, digamos, genocidio contra su propio pueblo, P_1. El gobierno del Estado vecino E_2, llamémosle G_2, considera la posibilidad de intervenir para detener la masacre. Es claro que describir el fenómeno diciendo que E_2 interviene en E_1 oculta la realidad de lo que está ocurriendo. En realidad, G_2 interviene *contra* G_1 para *salvar* a P_1. No es un "Estado fuerte" que interviene contra "un Estado débil", sino más bien, un gobierno que interviene contra otro gobierno para impedir que este último asesine a personas indefensas. La retórica del imperialismo (como la del nacionalismo) encumbra a los Estados como si fueran entidades supra-humanas y se aprovecha de las connotaciones emotivas de la idea de "abuso del débil por parte del fuerte" para lograr un objetivo inmoral: proteger a gobiernos tiránicos.

El segundo error de la teoría del imperialismo es creer que la legitimidad de una acción política y militar depende exclusivamente de quien la realiza. La teoría imperialista es un argumento *ad hominem*, y peor aún, el *homo* tiene nombre y apellido: Estados Unidos. Todo lo que haga Estados Unidos está mal, por definición, porque es el imperio. Si no fuera ésta una actitud tan difundida en nuestros países, sería irrisoria, por el infantilismo conceptual que demuestra. La moralidad de la intervención hegemónica depende de principios morales sustantivos, no del mero hecho de que sea hegemónica. Entre estos principios figura, por supuesto, la obligación de no abusar del poder hegemónico, pero ésa no es, no puede ser, la única obligación. El poder hegemónico puede usarse para el bien o para el mal. Por lo tanto, una intervención de Estados Unidos para defender los derechos humanos en América Latina debe juzgarse a la luz de todos los hechos y los principios morales aplicables. El resultado no puede decidirse de antemano, simplemente invocando los males del imperialismo.

De especial importancia es el hecho de que los países de la región han aceptado la democracia y los derechos humanos como base para su organización política. Esta comunidad de valores, establecida tanto por la historia como por los instrumentos internacionales aplicables, arroja una luz más favorable sobre la legitimidad de la intervención humanitaria en casos particulares. Además, no sólo el genocidio o los crímenes contra la humanidad, sino en algunos casos la defensa de la democracia puede ser una razón legítima para intervenir. Así, las normas regionales darían apoyo a la legitimidad de la intervención regional, preferentemente con consenso obtenido en la Organización de Estados Americanos o en las Naciones Unidas, para restaurar regímenes democráticos derrocados por fuerzas enemigas de los derechos humanos y la democracia. El precedente de Haití es un claro ejemplo que apoya esta posición.[74] La junta militar haitiana no cometió genocidio ni crímenes contra la humanidad, simplemente usurpó el poder constitucional. Sin embargo, tanto la OEA como el Consejo de Seguridad de la ONU aprobaron la intervención. La legitimidad del precedente haitiano deriva en gran parte del hecho de que la obligación de sostener un gobierno democrático forma parte de las normas del hemisferio americano, al igual que las del continente europeo. Es dudoso que un tipo similar de intervención hubiera sido favorecido por la comunidad internacional en otras regiones del mundo.

En la mayoría de los casos es deseable que haya consenso entre los países de la región respecto de la necesidad de intervenir por razones

---

[74] Para la intervención en Haití véase mi *Humanitarian Intervention*, pp. 249-257.

humanitarias. El ejemplo más claro de intervención humanitaria donde ese consenso se formó es, como ya vimos, Haití. Sin embargo, en aquellos casos extraños en que los países de la región niegan su consenso por razones ilegítimas (por ejemplo, por proteger al tirano) y además la situación reviste urgencia moral, no puede excluirse la admisibilidad de la intervención unilateral. Y si bien todos pensamos en Estados Unidos, esto no es necesariamente así en todos los supuestos. Imaginemos que una dictadura feroz desencadena un genocidio en Paraguay. Estados Unidos, demasiado ocupado con el Medio Oriente, se desentiende del asunto, de modo tal que sólo Argentina y Brasil están en situación de intervenir para detener la masacre. Supongamos además que no hay consenso en la OEA. No creo razonable concluir que la intervención argentino-brasileña en ese caso sea ilegítima simplemente por falta de convalidación procesal. Pero, insisto, estos son casos relativamente raros y, en general, el modelo de Haití, con consenso regional o universal, es preferible.

COMENTARIO FINAL

El no intervencionismo es una doctrina del pasado. Se alimenta de tradiciones intelectuales autoritarias (relativismo, comunitarismo, nacionalismo y estatismo) que son objetables por varios motivos y que, cuando se les ha implementado, han producido graves daños a las personas. Ni las tesis ni las conclusiones del no intervencionismo son defendibles desde una perspectiva liberal. La estructura misma de la argumentación no intervencionista delata el origen espurio de la doctrina. Se supone que debemos prohibir la intervención humanitaria porque es lo que la mayoría de los gobiernos dice que tenemos que hacer. Pero, por supuesto, quienes ejercen o buscan el poder (gobiernos en funciones y gobernantes potenciales) tienen un obvio interés en apoyar la no intervención. Sabemos que los gobiernos (incluso los mejores) pensarán en el derecho y las instituciones internacionales teniendo en mente sus propias prioridades; es decir, presuponiendo y afirmando los valores estatales. Pero, queremos pensar que no somos víctimas de semejante estructura perversa de incentivos. Tenemos la opción de pensar el derecho y las instituciones internacionales con los ojos puestos en valores humanos.

Los no intervencionistas presentan engañosamente su doctrina como una que protege los valores comunitarios y el auto gobierno; no obstante, incluso una mirada distraída a la historia muestra a la no intervención como una doctrina cuyo origen, diseño y efecto es proteger al poder político establecido y dejar a las personas indefensas ante las peores formas de maldad humana. El principio de la no intervención niega a las víctimas de la tiranía y la anarquía la posibilidad de buscar su salvación en otras personas que no sean los propios torturadores. Los condena a pelear solos o morir. Rescatar a otros siempre resultará oneroso, pero si negamos el deber moral y el derecho legal de hacerlo, negamos no sólo la trascendencia de la justicia en los asuntos políticos, sino también nuestra humanidad común.

LOS DERECHOS HUMANOS Y EL CONSEJO
DE SEGURIDAD DESPUÉS DE LA GUERRA FRÍA

David M. Malone
Alto Comisionado de Canadá en la India

Durante la Guerra Fría, pocas veces los derechos humanos fueron importantes en las decisiones del Consejo de Seguridad, aunque las potencias
occidentales y sus aliados los incluyeron en sus discursos con propósitos
meramente políticos. La situación cambió desde que finalizó la Guerra
Fría, principalmente porque la Federación Rusa aceptó las normas sobre
derechos humanos (aunque a menudo se infringen en Chechenia y la
democracia en Rusia sea inestable), y China recuperó la confianza en sus
relaciones internacionales.[1] En todo caso, el principal elemento en las
decisiones del Consejo de Seguridad en los últimos años han sido los
derechos humanos. En mi opinión las resoluciones del Consejo de Seguridad
en los últimos diez años, a pesar de la improvisación e incongruencia, hicieron
que se resquebrajaran, para bien o para mal, los cimientos de los conceptos
absolutos sobre la soberanía estatal y modificaron la forma en que muchos
entendemos la relación entre el Estado, el ciudadano y el orden internacional.
¿Qué podría ser más importante para la protección y promoción
internacional de los derechos humanos? Aunque el episodio más vergonzoso
en el expediente del Consejo –su actuación deplorable ante el genocidio en
Ruanda en 1994– para censurar a la comunidad de la ONU, el desempeño
general del Consejo en derechos humanos ha ido mejorando, al igual que
lo relativo a los derechos de los civiles en conflictos armados.[2]

---

[1] Lo que le permite sancionar la intensa promoción de los derechos humanos que
efectúa la ONU en las naciones en conflicto que ocupan un lugar en la agenda del Consejo
de Seguridad, a la vez que logra rechazar toda intromisión en sus asuntos internos.

[2] Joanna Weschler, "Human Rights", en David Malone (comp.), *The UN Security Council:
From the Cold War to the 21st Century*, Boulder y Londres, Lynne Rienner, 2004, pp. 55-68.

Las resoluciones, muy contaminadas, a menudo formuladas sobre bases "excepcionales" sin efecto como antecedente, fueron, sin duda, la consecuencia más profunda que ejerció el Consejo después de la Guerra Fría sobre el concepto de soberanía. Muchas de esas resoluciones modificaron la forma en que hoy se concibe la relación entre ciudadano y Estado, importante para la promoción y protección de los derechos humanos.

Un dato importante para aliviar las tensiones durante la Guerra Fría fue la mejoría en el clima de las relaciones entre los cinco miembros permanentes (5P) del Consejo de Seguridad de la ONU. La primera muestra de la distensión este-oeste fue la cooperación para designar al secretario general de la ONU, porque el primer periodo de Javier Pérez de Cuellar terminaba en 1986. Sin mucha dificultad, los 5P acordaron ratificar para un segundo periodo al entonces secretario, quien, en enero de 1987, los desafió públicamente a que buscaran una solución para la sangrienta guerra entre Irán e Iraq.[3] Desde mediados de 1987, los llamados del Consejo de Seguridad de un cese al fuego, supervisado por una pequeña misión de observación de la ONU, empezaron a ganar fuerza. Así, la era posguerra fría, que en un principio hizo nacer tantas esperanzas, había iniciado en el seno de Naciones Unidas.

La tendencia de los 5P –que tienen el poder de veto– a apoyarse mutuamente reducía la capacidad de los otros miembros del Consejo. Sin embargo, algunos de ellos, incluido México en sus periodos en el Consejo (1946 y 1980-1981), ocuparon el espacio político como "reparadores útiles", y algunas naciones en desarrollo lograron que los miembros permanentes se enfrentaran entre ellos mismos, logrando aumentar el peso del Movimiento no Alineado en el Consejo. Ahora bien, los miembros no permanentes (México 2002-2003) denunciaban que eran marginados, queja que corroboró la tendencia del Secretariado a consultar en privado con algunos o todos los 5P antes de presentar una recomendación al Consejo.[4] Esta colusión tácita entre los 5P y el Secre-

---

[3] SG/SM/3956 del 13 de enero de 1987, p. 5.

[4] En 2002-2003, México supo demostrar, mediante el talento y la voluntad de impulsar nuevas ideas, que los países de tamaño medio pueden seguir ejerciendo cierta influencia en el Consejo. En efecto, aquello por lo que quizá se recuerde más al embajador Adolfo Aguilar Zinser, entonces representante permanente de México ante la ONU,

tariado se agravaba, en opinión de otros miembros, por la costumbre cada vez más frecuente de hacer "consultas informales" para decidir los asuntos, en vez de realizar las reuniones abiertas del Consejo que habían sido hasta entonces el principal foro para la toma de decisiones.[5]

Desde 1987, el Consejo ha examinado más conflictos que antes, cuando la animosidad de la Guerra Fría y la plétora de vetos aplicados por los 5P (tanto efectivos como a manera de amenaza) le ponían obstáculos infranqueables. A partir de 1990, el recurso al veto ha disminuido significativamente, lo que coincide con la introducción de una cultura de acoplamiento entre los 5P, e igualmente a cambios muy fuertes en la forma como el Consejo aborda los conflictos y la manera de resolverlos. Las situaciones que el Consejo considera como una amenaza a la paz internacional se ampliaron, incluido ahora el golpe de Estado contra un régimen democráticamente electo (en Haití), diversos tipos de catástrofes humanitarias –en particular las que generan éxodos masivos de desplazados y refugiados, a escalas nacional e internacional–, y los actos de terrorismo.[6] Esto, a su vez, permitió al Consejo atender conflictos, de

hombre sumamente capaz, y a su equipo, es por su empeño en que se prestara atención al peligro que entrañaba el hecho de que el Consejo se desentendiera del conflicto de Cachemira, así como por su muy peleada iniciativa para que se protegiera al personal de la ONU, y por sus intercambios con la sociedad civil, sobre todo con organizaciones no gubernamentales muy prestigiadas en la investigación sobre la paz y la seguridad, los derechos humanos y las cuestiones humanitarias.

[5] Descripción de la dinámica evolutiva del Consejo de Seguridad se encuentra en Cameron Hume, *The United Nations, Iran and Iraq: How Peacemaking Changed*, Bloomington, University of Indiana Press, 1994; y en C.S.R. Murphy, "Change and Continuity in the Functioning of the Security Council Since the End of the Cold War", *International Studies*, vol. 32, núm. 4, 1995, p. 423.

[6] La magnitud de la apertura del Consejo hacia los asuntos no tradicionales puede juzgarse si consideramos que, mientras que en 1989 el Consejo se negó a aceptar la presión británica para que se consideraran el narcotráfico internacional y los problemas ambientales como amenazas potenciales contra la paz, el 10 de enero de 2000, bajo la presidencia de Estados Unidos (en la persona del vicepresidente Al Gore), se debatieron en el Consejo las repercusiones de la pandemia del sida en África para la estabilidad y paz en ese continente en el siglo XXI. Este hecho sorprendió a muchos observadores, quienes lo calificaron de irónico, dado el antiguo recelo de Estados Unidos en cuanto a que se debatieran en el Consejo de Seguridad asuntos "temáticos". Para disgusto de algunos de sus miembros, quienes están acostumbrados –y complacidos– con la actitud cada vez más obcecada y defensiva de Estados Unidos en el Consejo, el entonces representante permanente

carácter interno, que antes hubiera evitado, cuando los antagonistas de la Guerra Fría expresaban su hostilidad mediante apoderados regionales prestos a impedir toda injerencia del Consejo. En los años noventa, las resoluciones del Consejo fueron innovadoras en el marco normativo en las relaciones internacionales e impulsaron avances legales internacionales, entre los que destacan la creación de los Tribunales Penales Internacionales para la antigua Yugoslavia (1993) y Ruanda (1994), lo que ayudó a crear una Corte Penal Internacional, cuyo estatuto se adoptó en Roma en 1998. Varios rasgos de la historia del Consejo en años recientes se agruparán a continuación bajo encabezados generales.

EL TIPO DE CONFLICTOS QUE ATIENDE EL CONSEJO Y LA NATURALEZA DE SUS DECISIONES

El hecho de que el Consejo se involucrara en *conflictos internos* –que abarcan riñas intercomunales, crisis de democracia, peleas para ganar el control de los recursos y riqueza nacionales, y otras muchas causas que generan guerras o las perpetuan– lo obligó a enfrentar hostilidades de naturaleza más compleja que las disputas interestatales con las que tenía más experiencia. Los esfuerzos para mitigar y resolver esos conflictos requirieron de *mandatos complejos*, más ambiciosos que aquéllos para los cuales estaban diseñadas las modalidades de mantenimiento de la paz.[7] El rasgo notable de las "nuevas generaciones" de operaciones de paz (OP) que emprendió el Consejo en los años noventa no fue el gran número de personal militar que participó–en varias OP anteriores, como las del Sinaí, el Congo e incluso Chipre, ya se habían hecho grandes despliegues de Cascos Azules–, sino el papel que desempeñaron los elementos civiles y policiacos, y su gran diversidad.[8] Algunas funciones civiles que se rea-

---

de ese país ante la ONU, Richard Holbrooke, aprovechó con más imaginación que algunos de sus predecesores las oportunidades que ofrece el Consejo para examinar los asuntos de interés público.

[7] Sobre el tema véase Thomas G. Weiss, David P. Forsythe y Roger A. Coate, *The United Nations in a Changing World*, 2ª ed., Boulder, Westview Press, 1997.

[8] Véase, en particular, Michael C. Williams, *Civil-Military Relations and Peacekeeping*, Londres y NuevaYork, Oxford University Press, 1998.

lizaron durante las OP u otras acciones comandadas por el Consejo fueron: la administración civil (en Namibia, Camboya, la antigua Yugoslavia, Timor del Este y Kosovo), la asistencia humanitaria (misión central de la ONU en Afganistán, ejecutada junto con una coalición para operaciones de paz, la Fuerza Internacional de Asistencia para la Seguridad o ISAF), supervisión y capacitación en derechos humanos, apoyo policiaco y judicial, capacitación y reforma y asesoría en asuntos de recuperación y desarrollo económicos.[9] La dirección civil de algunas OP que organizó la ONU recientemente tuvo mucho éxito, en Namibia, en 1989-1990, con Martti Ahtisaari, quien después fue presidente de Finlandia. Las ambiciosas metas que perseguían estas actividades resultaron ser más difíciles de lograr que lo que el Consejo había previsto. Las acciones militares comandadas por el Consejo enfrentaron resistencias que causaron muchas bajas entre los elementos de paz (en Ruanda, Somalia y la antigua Yugoslavia). La incapacidad del Consejo de Seguridad de la ONU para hacer cumplir sus resoluciones dio lugar a dos reacciones aparentemente contrarias: por una parte, impuso resoluciones que no habían logrado generar consenso en el campo de batalla, sobre todo en la antigua Yugoslavia,[10] Somalia[11] y Haití,[12] y por la otra, ante el elevado número

[9] Véase Steven R. Ratner, *The New UN Peacekeeping: Building Peace in Lands of Conflict After the Cold War*, Nueva York, St. Martin's Press en coedición con el Council on Foreign Relations, 1996.

[10] Existe una multitud de estudios sobre la antigua Yugoslavia y sobre las restricciones y obstáculos que se enfrentaron, entre ellos Adam Roberts, "Communal Conflict as a Challenge to International Organization: The Case of Former Yugoslavia", *Review of International Studies*, núm. 21, 1995, pp. 389-410; International Crisis Group, "Kosovo: Let's Learn from Bosnia. Models and Methods of International Administration", Sarajevo, Bosnia, 17 de mayo de 1999.

[11] Véase John L. Hirsch y Robert Oakley, *Somalia and Operation Restore Hope: Reflections on Peacemaking and Peacekeeping*, Washington D.C., United States Institute for Peace Press, 1995; y más recientemente, Mark Bowden, *Black Hawk Down: A Story of Modern War*, Atlantic Monthly Press, 1999.

[12] David M. Malone, *Decision-Making in the UN Security Council: The Case of Haiti*, Oxford, Clarendon Press, 1998; asimismo, James F. Dobbins, "Haiti: A Case Study in Post-Cold War Peacekeeping", *ISD Reports* II.I, Washington D.C., Institute for the Study of Diplomacy, Georgetown University, octubre de 1995. Y sobre los casos de Haití y Somalia, véase David Bentley y Robert Oakley, "Peace Operations: A Comparison of Somalia and Haiti", *Strategic Forum*, núm. 30, Washington, D.C., Institute for National Strategic Studies, National Defense University, mayo de 1995.

de bajas, optó por retirarse, como en Somalia y al inicio del genocidio en Ruanda.[13]

Invocar las cláusulas del capítulo VII de la Carta de las Naciones Unidas y obligar al cumplimiento de las resoluciones del Consejo no era nuevo. En cuanto a esto, el Consejo había tomado acciones para hacer cumplir sus resoluciones tanto en Corea como en el Congo, durante los primeros años de la ONU; lo que no tenía precedentes era la frecuencia con la cual, desde 1990, el Consejo invocó el capítulo VII para sus resoluciones. Se confió en que la ONU sería capaz de iniciar y manejar las operaciones para hacer cumplir las resoluciones pero, ante los resultados catastróficos en la antigua Yugoslavia y en Somalia, los Estados miembros así como muchos en el Secretariado –el subsecretario general Marrack Goulding había insistido en ello con anterioridad– comprendieron que la transición de mantener la paz a asegurarla representaba más que una mera "derivación" de la misión inicial. Los dos tipos de operaciones eran distintos: uno requería de aceptación e imparcialidad; otro, de personal internacional para resistir a grupos beligerantes, así fuera para defender un mandato neutral del Consejo. En 1994, el secretario general, Boutros Boutros-Ghali determinó que la Organización no debía llevar a cabo actividades de gran escala para hacer cumplir las resoluciones, por lo que el Consejo de Seguridad recurrió a las "coaliciones de colaboradores" (*coalitions of the willing*) para imponer sus mandatos, como en la Operación Apoyo a la Democracia (Haití, 1994-1995); IFOR y después SFOR, en Bosnia, desde 1995; MISAB, en la República Centroafricana, en 1997; INTERFET en Timor del Este, en 1999 e ISAF en Afganistán, a principios de 2002.[14] El Consejo se mostró también preocupado y a favor de las actividades de órganos regionales para garantizar el cumplimiento de las resoluciones, como el ECOMOG, el brazo armado de ECOWAS, el acuerdo de cooperación

---

[13] Véase, en particular, Gérard Prunier, *The Rwanda Crisis: History of a Genocide*, Nueva York, Columbia University Press, 1995; Michael Barnett, "The UN Security Council, Indifference and Genocide in Rwanda", *Cultural Anthropology*, vol. 12, núm. 4, 1997, p. 551; y J. Matthew Vaccaro, "The Politics of Genocide: Peacekeeping and Disaster Relief in Rwanda", en William J. Durch (comp.), *The UN, Peacekeeping, American Policy and the Uncivil Wars of the 1990s*, Nueva York, St. Martin's Press, 1996.

[14] Excelente obra de referencia, que cubre las operaciones de paz de la ONU desde 1947 hasta la fecha, es la de Oliver Ramsbotham y Tom Woodhouse, *Encyclopedia of International Peacekeeping Operations*, Santa Barbara, ABC-CLIO, 1999.

económica de África occidental, que operó en Liberia y Sierra Leona. Una de las técnicas, que el Consejo había empleado una sola vez en el pasado contra Rhodesia era el bloqueo naval para controlar la entrada de productos prohibidos a las regiones en conflicto. Esos bloqueos, oficialmente aprobados, que tuvieron diversos grados de éxito, se usaron en Iraq, en el Golfo Pérsico, en el Golfo de Akaba, en varias zonas de la antigua Yugoslavia, sobre el Danubio, el Adriático y en Haití.[15]

Más frecuentes que las medidas militares eran las sanciones económicas (y también, con mayor frecuencia, diplomáticas) obligatorias, de acuerdo con el capítulo VII de la Carta.[16] Pero, mientras que los embargos siguieron, las sanciones comerciales y económicas, que se consideraban más suaves que el uso de la fuerza, disminuyeron cuando se conoció en todo el mundo el costo humanitario de sanciones contra Haití e Iraq, a finales de la década. Tomó tiempo para que se supiera del enriquecimiento de algunos de los gobiernos sancionados al controlar el mercado negro de los productos prohibidos. Desde entonces, se optó por medidas más concretas: se prohibieron los vuelos de y hacia Libia para inducir a que cooperara con el Consejo y respondiera a los ataques terroristas en varias aeronaves, y se impusieron sanciones diplomáticas; en Sudán, el Consejo ordenó que se redujera la representación diplomática tras el intento de asesinato del presidente egipcio Hosni Mubarak en Addis Abeba.[17] Otro ejemplo de sanciones (dirigidas a las transacciones financieras y las escalas aéreas) entró en vigor el 14 de noviembre de 1999, contra el régimen talibán, en Afganistán, por la protección que esta facción

---

[15] UN Department of Political Affairs, "A Brief Overview of Security Council Applied Sanctions", *Interlaken 2*, 1998.

[16] Antes de 1990, sólo en dos ocasiones el Consejo de Seguridad aplicó sanciones económicas como instrumento para hacer cumplir sus resoluciones: contra Rhodesia del Sur, en 1966, y contra Sudáfrica, en 1967. Véase, Office of the Spokesman of the Secretary General, "The Use of Sanctions under Chapter VII" <http://www.un.org/News/ossg/srhod.htm>. Un análisis muy profundo de la experiencia del Consejo con los regímenes de sanciones desde 1990 se encuentra en David Cortright y George Lopez, *The Sanctions Decade*, An IPA Project, Boulder, Lynne Rienner, 2000, y *Sanctions and the Search for Security: Challenges to UN Action*, An IPA Project, Boulder, Lynne Rienner, 2002.

[17] Un análisis sobre las sanciones y el aumento de su empleo se encuentra en Daniel W. Drezner, *The Sanctions Paradox: Economic Statecraft and International Relations*, Cambridge, Cambridge University Press, 1999.

diera al presunto terrorista Osama Bin Laden.[18] Como resultado de una iniciativa de diálogo e investigación ("el proceso Interlaken", que patrocinó el gobierno suizo en 1998-1999) se revelaron las ventajas y dificultades que implicaba el diseño y uso de sanciones financieras. El gobierno alemán inició un proyecto similar, en 1999, sobre embargos de armas y otras sanciones,[19] y Canadá, por su parte, dentro del Consejo de Seguridad, llamó la atención sobre la creación de sanciones más efectivas y menos contraproducentes.[20] Canadá intervino creativa y enérgicamente en el Comité de Sanciones para Angola del Consejo de Seguridad, al exigir que éste impidiera que la UNITA (Unión Nacional para la Independencia Total de Angola) financiara sus acciones bélicas con la venta de diamantes. Esto dio por resultado, entre otros, que la corporación De Beers decidiera cerrar sus operaciones en Angola;[21] el embajador canadiense Fowler, tuvo una iniciativa sin precedentes para "delatar y avergonzar" a otros países como "quebrantadores de sanciones".[22]

Además del cumplimiento de las resoluciones, durante los años noventa el Consejo enfrentó, se amoldó y adaptó a la *presencia de las organizaciones regionales*, muchas de ellas con mandatos importantes de derechos humanos, como la OSCE (Organización para la Seguridad y la Cooperación en Europa), por ejemplo, para prevenir y resolver conflictos.

Así, por ejemplo, el Consejo en un principio no quiso tener una posición de mando en las crisis del hemisferio occidental, como las de América Central y Haití, y prefirió que la Organización de Estados Americanos (OEA) tomara la batuta.[23] Sin embargo, cuando la OEA se mostró incapaz de negociar un pacto, o cuando las partes en conflicto y las potencias regionales afectadas manifestaron más confianza en la ONU, el

---

[18] Véase la resolución 1267 del Consejo de Seguridad del 15 de octubre de 1999.

[19] Para más detalles véase el sitio web de la Misión Permanente de Alemania ante la ONU: <http://www.undp.org/missions/germany/state.htm>.

[20] Véase "Canada on the UN Security Council 1999-2000" <http://www.un.int/canada/english.html>.

[21] "Le négociant De Beers arrête tout achat de diamants d'Angola", *AFP*, miércoles 6 de octubre de 1999.

[22] "Informe del Grupo de Expertos en violaciones de las sanciones impuestas por el Consejo de Seguridad a la UNITA" (S/2000/203), 10 de marzo de 2000.

[23] David M. Malone, "Haiti and the International Community: A Case Study", *Survival*, vol. 39, núm. 2, verano de 1997, pp. 126-145.

Consejo, a veces con renuencia, aceptó el puesto de mando, aunque siguió considerando a la OEA en sus estrategias. En el caso de Haití, en 2001, la ONU regresó a la OEA la responsabilidad internacional para enfrentar la crisis recurrente de ese país. La actividad más eficaz de la ONU en Haití, a lo largo de los años noventa, fue su misión civil (MICIVIH) con la OEA para proteger y promover los derechos humanos.[24]

La Organización para la Unidad Africana (OUA) vivió una década decepcionante en la cual, algunas veces, tomó el mando para resolver los conflictos que afligían al continente, pero no llegó a establecer algún arreglo importante. La debilidad de la Organización no se debía a su Secretariado, que dirigía Salim Salim, sino a la dificultad que tenían los Estados miembros para acordar estrategias que favorecieran la resolución de los conflictos, pese a que se crearon, a mediados del decenio los "mecanismos" de la OUA para prevención de conflictos.[25] Queda por verse si la organización heredera, la Unión Africana (UA), obtendrá mejores resultados, pero es alentador que se haya elegido como presidente a Alpha Omar Konaré, adalid de la democracia y los derechos humanos cuando fue presidente de Mali. Igualmente prometedora es la creación de la Nueva Sociedad para el Desarrollo de África (NEPAD, por sus siglas en inglés), promovida por los dirigentes de Sudáfrica, Nigeria, Senegal y Argelia, que se interesa en concretar una mejor administración.[26] Aún no ha iniciado la revisión del desempeño de los países que se presten a este mecanismo, ni tampoco se ha resuelto la relación entre la UA y la NEPAD. Pero en términos de una política de declaraciones, las organizaciones regionales africanas están saltando al primer plano de los derechos humanos.[27]

---

[24] William G. O'Neil, "Human Rights Monitoring *vs.* Political Expediency: The Experience of the OAS/UN, Mission in Haiti", *Harvard Human Rights Journal*, núm. VIII, 1995, pp. 101-28; y United Nations/OAS, *Haiti: Learning the Hard Way: The UN/OAS Human Rights Monitoring Operation in Haiti, 1993-94*, Nueva York, United Nations, 1995.

[25] Para una descripción de primera mano sobre este proceso véase Salim Ahmed Salim, "The OAU Role in Conflict Management", en Olara A. Otunnu y Michael W. Doyle, *Peacemaking and Peacekeeping for the New Century*, Lanham, Rowman and Littlefield Publishers, 1996, pp. 245-253; también en el mismo tomo, Ali A. Mazrui. "The Failed State and Political Collapse in Africa", pp. 233-243.

[26] Véase <www.nepad.org>.

[27] Algunos de estos temas se examinan en Mwesiga Baregu y Christopher Landsberg (comps.), *From Cape to Congo: Southern Africa's Evolving Security Challenges*, Boulder y Lon-

Aparte, el personal del Consejo y de la ONU compitió con actores regionales en la antigua Yugoslavia, entre ellos, observadores de la comunidad europea, administradores civiles de la Unión Europea (UE) en Mostar, negociadores de la OSCE y unidades de vigilancia de la OTAN, tanto de aire como de tierra. La ONU, con el apoyo del Consejo y de la Comunidad Europea, encabezó las negociaciones con algunas de las partes en conflicto en la ex Yugoslavia (la más memorable, la configuración Vance-Owen), interesándose principalmente por los derechos de las minorías. En los conflictos de Georgia[28] y varios de África occidental,[29] las misiones de la ONU, comandadas por el Consejo, tenían que supervisar las actividades de las organizaciones regionales que debían mantener o promover la paz, y a menudo señalaban acciones que transgredían los derechos humanos. Esto fue particularmente delicado en el caso de Georgia, pues en opinión de muchas potencias occidentales las fuerzas de paz de la Comunidad de Estados Independientes no eran imparciales ni merecían recibir un trato que implicara o le confiriera el reconocimiento como una organización regional respetable.

A mediados de los años noventa, frenado el Consejo por varios conflictos y varios dilemas internacionales, algunos consideraron a las organizaciones regionales como posibles sustitutos de la ONU. Sin embargo, a excepción de la OTAN, los órganos regionales contaban con recursos escasos y capacidades limitadas. Un sistema de seguridad internacional de organizaciones regionales remitía a la pregunta de quién arbitraría las diferencias entre ellos y cómo se haría esto.

Los cambios en las decisiones del Consejo, muchas de las cuales sentaron precedentes, aunque aquél afirmara lo contrario, se debieron a la for-

---

dres, Lynne Rienner, 2002 (en prensa); y en Adekeye Adebajo e Ismail Rashid (comps.), *Toward a Pax West Africana: Building Peace in a Troubled Sub-region*, Boulder y Londres, Lynne Rienner, 2003 (en prensa).

[28] La Misión de Observación en Georgia de la ONU (UNOMIG) se creó de acuerdo con la resolución 853 del Consejo de Seguridad, en 1993, con el propósito de que observara la operación de las fuerzas de paz de la Comunidad de Estados Independientes (CEI), entre otras.

[29] La Misión de Observación en Liberia de la ONU (UNOMIL) es un ejemplo pertinente de la colaboración estrecha entre la ONU y las organizaciones regionales. Creada en septiembre de 1993 por disposición de la resolución 866 del Consejo de Seguridad, tenía por mandato ejercer sus "buenos oficios" para apoyar los esfuerzos de ECOWAS y del Gobierno Liberiano de Transición.

ma de interpretar la Carta y afectaron la concepción internacional de la soberanía, lo cual ocurrió bajo la influencia del Consejo e influyó en él.

ASPECTOS QUE CONSIDERA EL CONSEJO PARA TOMAR DECISIONES

La misión militar de la UE, conducida por Francia a mediados de 2003 para proteger a los civiles de Bunia, en la provincia de Ituri de la República Democrática del Congo –misión que el Consejo de Seguridad aprobó por unanimidad–, revela lo que han evolucionado estos valores y prácticas en años recientes adaptándose a un afán humanitario como al interés por los derechos humanos básicos de los civiles atrapados en conflictos internos.[30] Aunque los cuatro "elementos rectores" de las decisiones del Consejo, que examinamos como novedosos en el periodo posterior a la Guerra Fría no son los únicos que ha tomado en cuenta para sus resoluciones, resulta sorprendente cómo éstos responden al sufrimiento de una persona atrapada en sucesos que están fuera de su control y a la soberanía individual. (El hecho de que el terrorismo viola los derechos de las víctimas elegidas al azar es algo que olvidan algunos miembros de la comunidad de derechos humanos, quienes sólo miran las deplorables violaciones a los derechos que ocurren en la lucha contra el terrorismo. Ésta es una especie de miopía analítica que ha causado problemas, como los causó la negativa inicial del Consejo a considerar proteger los derechos humanos cuando se combate el terrorismo.)[31]

Un rasgo innovador en las prácticas del Consejo respecto a varias crisis fue su *preocupación por las desgracias que sufren las víctimas civiles en los conflictos*, en particular, los refugiados. Estos últimos no eran una preocupación nueva para el Consejo.[32] En efecto, la suerte que sufrieron

---

[30] Resolución 1493 (2003) del Consejo de Seguridad. Sobre el "afán humanitario" en la toma de decisiones del Consejo de Seguridad véase Tom Weiss, "The Humanitarian Impulse", en Malone, *The UN Security Council, op. cit.*, pp. 37-54.

[31] William O'Neil, "Human Rights, the United Nations and the Struggle Against Terrorism", IPA Conference Report, Nueva York, IPA, 7 de noviembre de 2003.

[32] Weiss, Forsythe y Coate, *op. cit.*; Francis Kofi Abiew, *The Evolution of the Doctrine and Practice of Humanitarian Intervention*, La Haya y Boston, Kluwer Law International, 1999; Stephen A. Garrett, *Doing Good and Doing Well: An Examination of Humanitarian Intervention*, Westport, Praeger, 1999.

los refugiados palestinos fue detonante (cuando menos nominalmente) en la disputa árabe-israelí que siguió a la guerra de independencia de Israel, en 1947-1948, y dio lugar a la creación de un organismo dentro de la ONU –la Agencia de Naciones Unidas para la Ayuda a los Refugiados Palestinos (UNRWA, por sus siglas en inglés)– dedicado a darles asistencia. Se había visto la necesidad de que los desplazados por una guerra, sobre todo cuando ocurrían éxodos masivos de población, recibieran atención de la comunidad internacional, tanto de grupos como la Cruz Roja (el Comité Internacional de la Cruz Roja y la Federación Internacional de Sociedades de la Cruz Roja y de la Media Luna Roja) como del Alto Comisionado de las Naciones Unidas para los Refugiados. Sin embargo, en los años noventa el Consejo de Seguridad señaló las penurias de los refugiados y su efecto desestabilizador en los Estados vecinos como un motivo para intervenir en los conflictos. Las primeras resoluciones del Consejo sobre la antigua Yugoslavia[33] y Somalia[34] son ejemplos. La crisis democrática de 1991-1994 en Haití habría representado un peligro para la paz y seguridad internacionales si la avalancha de balseros haitianos, que podría haber inundado varios países caribeños, no hubiera tenido como destino la Florida. (Sin embargo, tampoco fue menor la carga de haitianos para varios países y dependencias del Caribe.) La idea de que los flujos de refugiados pueden catalizar un conflicto, y no ser sólo el resultado de éste, era nueva.

Más aún, el escrutinio intenso y en ocasiones selectivo de los medios de comunicación (el llamado "efecto CNN") de los horrores que sufrían las víctimas de las guerras empujaron a las poblaciones de todo el mundo a presionar a sus gobiernos para que aliviaran el sufrimiento que dejaban los conflictos. Varios factores se conjuntaron para que todas las miradas vieran a la ONU como el órgano que debía actuar a nombre de la

---

[33] Véanse el informe del Secretario General (S/23069, 1991) y la Resolución 713 (1991) del Consejo de Seguridad, en donde se declaraba que "las aceleradas pérdidas de vidas humanas y la amplitud de los daños materiales" representaban una amenaza a la paz y seguridad internacionales, debido en gran medida a la dispersión de refugiados hacia los países vecinos.

[34] Véase el informe del Secretario General en el que solicita al Consejo de Seguridad que se haga cargo del caso de Somalia (S/23445, 1991) y la Resolución 733 (1992) del Consejo de Seguridad, donde también se expresa la preocupación por la dispersión de refugiados para la seguridad de los países colindantes.

comunidad internacional: los escasos efectos que ejercía la asistencia bilateral en esas situaciones; la existencia de organismos especializados de la ONU que tenían las capacidades requeridas, y las posibilidades de la ONU para desplegar diversas misiones de paz cuyo mandato fuera la asistencia humanitaria o la incluyera. Al delegar a las Naciones Unidas la responsabilidad de actuar en situaciones en las que no estaban en juego los intereses de ningún país, se reducía el costo y riesgo de que cada nación actuara por cuenta propia. En el apogeo del fervor público y mediático por la iniciativa humanitaria, a principios de los años noventa, se inició un debate en torno de si el derecho internacional podía y debía intervenir en los asuntos internos de un país para salvar vidas civiles.[35] En el ocaso de la década, cuando millones de personas, sobre todo en África, sufrían horrores; sin recibir ayuda de los gobiernos que tenían posibilidades de intervenir este debate sonaba hueco. Los esfuerzos de la ONU para manejar el caso de Kosovo (junto con el despliegue militar KFOR, comandando por la OTAN) mostraron, una vez más, lo difíciles que pueden resultar las acciones humanitarias ambiciosas.

Los derechos humanos, que se mantuvieron escondidos tras la maquinaria intergubernamental y la burocracia del Secretariado, diseñadas en parte para mantener el tema a distancia de los responsables de la paz y la seguridad internacional en la ONU, saltaron a la agenda del Consejo de Seguridad cuando se comprendió que la lucha civil no podía admitir una solución negociada mientras los derechos humanos siguieran siendo violados. Por esta razón, la protección, promoción y vigilancia de los derechos humanos fueron importantes e incuestionables de los mandatos de varias operaciones de paz de la ONU, sobre todo en El Salvador y en Guatemala.[36] Cuando esto no fue así, como en Ruanda y Haití, la Asamblea General, como estrategia general del organismo, envió misiones paralelas de derechos humanos. Esta tendencia a presentar temas sobre derechos humanos en los debates y resoluciones del Consejo se

---

[35] Una colección interesante de trabajos que abordan este debate se encuentra en Jonathan Moore (comp.), *Hard Choices: Moral Dilemmas in Humanitarian Intervention*, Lanham, Rowman and Littlefield Publishers, 1998.

[36] Sobre El Salvador, véase en particular Michael W. Doyle, Ian Johnstone y Robert C. Orr (comps.), *Keeping the Peace: Multidimensional UN Operations in Cambodia and El Salvador*, Cambridge, Cambridge University Press, 1997.

reforzó con el nombramiento, a partir de 1994, del Alto Comisionado de las Naciones Unidas para los Derechos Humanos. Aunque el primero en ocupar este cargo –un connotado político y diplomático ecuatoriano– tuvo un papel muy deslucido, su sucesora, Mary Robinson, ex presidenta de Irlanda, adoptó un estilo enérgico en sus funciones, presionando al Consejo, aunque su desempeño mostró falta de coordinación e identidad de visión con el sistema de la ONU. Sergio Vieira de Mello, nombrado para el puesto a mediados de 2002, tuvo menos enfrentamientos que Robinson, sin abandonar la férrea defensa de los derechos humanos.[37] Los dilemas que enfrentó el Consejo al incluir los derechos humanos en sus decisiones fueron evidentes cuando las partes en conflicto en la guerra civil de Sierra Leona llegaron a un acuerdo de paz, a mediados de 1999, que contenía cláusulas de amnistía radicales, contra las cuales la señora Robinson protestó enérgicamente (mientras que el representante del Secretario General de la ONU mostró una reserva formal durante la ceremonia para la firma de la paz). No había duda alguna de que la población de Sierra Leona ansiaba la paz casi a cualquier precio; pero las cláusulas de amnistía del acuerdo iban en contra de los derechos humanos. Al parecer, quienes requerían de la amnistía y se beneficiarían con ella no debían esperar que fuera así también allende las fronteras de Sierra Leona.

Tras el desastre en Srebrenica y otros episodios ignominiosos en los que la ONU pudo haber salvado más vidas, una de las dos ideas clave planteadas en el Informe Brahimi sobre la reforma de las operaciones de paz fue que, frente a la violación masiva de los derechos humanos, los elementos de paz de la ONU debían proteger a los civiles como parte de la ejecución de su mandato.[38] Estos sucesos como los comentarios del panel Brahimi produjeron un cambio en la postura de la ONU de suma importancia para la comunidad de derechos humanos, que olvidó las ideas sobre la neutralidad de la ONU.

El Consejo promovía la *democracia* disponiendo la organización y observación de elecciones, lo que hubiera sido tan impensable durante la

---

[37] Vieira de Mello fue asesinado durante un bombardeo contra la sede de la ONU en Bagdad, en agosto de 2003, cuando se desempeñaba temporalmente como representante especial de la ONU en Iraq.

[38] Asamblea General y Consejo General de la ONU, *Report of the Panel on United Nations Peace Operations*, A/55/305-S/2000/809, 21 de agosto de 2000.

Guerra Fría como lo sería la fuerza que adquirieron los aspectos humanitarios y el papel del Consejo respecto a los derechos humanos en los años noventa.[39] Sin embargo, el Consejo apoyaba los procesos electorales, no como un fin, sino como medio para que en las naciones que surgían de una guerra civil el poder fuera compartido entre los antiguos combatientes, en proporción a los resultados electorales. Pero esos comicios no eran un indicador confiable del grado en que una cultura genuinamente democrática habría de arraigar. En Camboya, por ejemplo, los pactos entre coaliciones en las elecciones vigiladas por la ONU (1993 y 1998) resultaron inestables, artificiosos e impuestos, lo cual contrasta con los ritmos electorales más naturales que se consiguieron en El Salvador, en donde parece posible que, en el largo plazo, se produzca una alternancia del poder entre los partidos.

La multiplicación de las actividades electorales de la ONU, que obedecía más a la demanda que a la oferta de personal y de otros recursos necesarios, presentó peligros a la Organización. Los países que una vez habían necesitado asistencia electoral probablemente volverían a necesitarla, debido a la gran tensión política y la escasa capacidad administrativa y de seguridad. Además, muchas de las elecciones que observaban los equipos de la ONU sucedían en situaciones adversas, lo que hacía difícil asegurar que los resultados se lograran con plena libertad y equidad. Las misiones electorales de la ONU querían evitar que se detonara o reavivara una lucha civil mediante la impugnación de los resultados de encuestas y, por tanto, la gente las veía como dispuestas a pactar y como árbitros no imparciales como esperaban los partidos locales. Los perdedores rara vez se conformaban y a la ONU no se le agradecía el papel desempeñado a menudo junto con organizaciones regionales y grupos no gubernamentales de personas, como los que están vinculados con el ex presidente de Estados Unidos, Jimmy Carter.[40] Y, como se vio en el caso de Timor del Este, donde un referéndum organizado por la ONU sobre la independencia resultó en una serie de atracos y asesinatos por parte de las milicias, en 1999, la Organización no debe promover elec-

---

[39] Ratner, *op. cit.*

[40] Un excelente trabajo sobre elecciones tras un conflicto es el que ofrece Krishna Kumar (comp.), *Postconflict Elections, Democratization and International Assistance*, Boulder, Lynne Rienner Publishers, 1998.

ciones a menos que existan los medios para proteger a la población civil de la furia de los perdedores.[41] El papel de la ONU en el proceso político de Afganistán, que culminó con el acuerdo tomado en un *loya jirga* ("gran consejo"), en enero de 2004, sobre una nueva Constitución, es muestra de que la Organización asimiló ésta y otras lecciones de los años noventa.[42]

En lo que se refiere al *terrorismo*, el Consejo fue más activo durante este periodo de lo que se piensa.[43] En su primera Reunión Cumbre, el 31 de enero de 1992, los dirigentes del Consejo de Seguridad "expresaron su profunda preocupación por el terrorismo internacional y destacaron la necesidad de que la comunidad internacional responda con eficacia".[44] Poco después, el Consejo impuso sanciones a Libia por no colaborar para investigar dos casos de aviones que explotaron por la detonación de bombas, iniciativa que llevó a juicio a un tribunal escocés a dos sospechosos libios, en los Países Bajos, y en su momento propició la aparente reorientación de la política exterior Libia, cuando el país renunció a sus programas para construir armas de destrucción masiva, en diciembre de 2003.[45] Las sanciones del Consejo a Sudán, tras el intento de asesinato del presidente Mubarak, fueron de carácter diplomático, pero lo suficientemente eficaces como para persuadir al régimen de Jartum de expulsar a numerosos extranjeros e imponer requisitos rigurosos para la expedición de visas. En cambio, las sanciones que impuso el Consejo al régimen talibán, a partir de 1999, luego de los ataques con bombas a las embajadas de Estados Unidos en Kenia y Tanzania, fueron ineficaces contra un régimen casi al margen de la comunidad internacional, pese a que las medidas se endurecieron en 2000. Los ataques del 11 de septiembre de 2001 contra los blancos estadounidenses mostraron al Consejo cuán graves

---

[41] Ian Martin, *Self-Determination in East Timor: The United Nations, the Ballot, and International Intervention*, Boulder, Lynne Rienner Publishers, 2001.

[42] Ahmed Rashid, "Afghanistan Election Schedule Creates Rift Between U.S.-U.N.", *The Wall Street Journal*, 9 de enero de 2004.

[43] Sobre la participación del Consejo en la lucha contra el terrorismo véase Chantal de Jonge Oudraat, "The UN and Terrorism: The Role of the UN Security Council", en Jane Boulden y Thomas G. Weiss (comps.), *Terrorism and the UN: Before and After September 11th*, Bloomington, Indiana University Press, 2004.

[44] Véase el Documento S/23500 de la ONU, del 31 de enero de 1992.

[45] En enero de 2001, el tribunal halló culpable a uno de los acusados y absolvió al otro. Ian Traynor, "UN Watchdof to Scrap Libya's Nuclear Project", *The Guardian*, 23 de diciembre de 2003.

podían ser las amenazas terroristas. El Consejo procedió al combate activo contra las redes financieras que apoyaban al terrorismo y los refugios para terroristas, de acuerdo con su resolución 1373, del 18 de septiembre de 2001. El Consejo creó el Comité contra el Terrorismo para vigilar que los Estados cumplieran con la resolución, aunque casi todos consideraron que su actuación decayó luego que su primer presidente, Sir Jeremy Greenstock, embajador del Reino Unido ante la ONU, partió de Nueva York, en 2003.[46] A principios de 2004, se tomaron acciones correctivas para que el Consejo estuviera orientado a los resultados y no los procesos como estipulaba la resolución 1373.

TRANSFORMACIONES INSTITUCIONALES

Varias transformaciones institucionales son relevantes para nuestro tema: la relación de los tres secretarios generales con el Consejo cambió en los años noventa. Javier Pérez de Cuellar, de Perú, concluyó en 1991 su administración distinguida, creativa y un tanto subestimada. Él impulsó al Consejo para que tuviera un papel más activo y fue muy estimado por la mayoría de sus miembros. Boutros Boutros-Ghali, de Egipto, quien asumió el cargo a principios de 1992, fue un promotor apasionado y razonable de una ONU que participara con audacia en resolver conflictos y la pacificación subsecuente, para esto lanzó su documento trascendental, *Agenda para la paz*, a mediados de 1992, luego de la única Cumbre del Consejo de Seguridad para mandatarios. Sin embargo, su imagen se vio ensombrecida por los reveses de la ONU en la ex Yugoslavia y en Somalia, así como por su actuación, poco brillante, al no apremiar al Consejo para que se anticipase al genocidio en Ruanda. Su frágil personalidad le hizo ver menos preocupado por los temas humanitarios y de derechos humanos de lo que revelan sus escritos. Pese al apoyo que dieron el resto de los miembros de la ONU para la reelección de Boutros-Ghali, Estados Unidos la vetó y respaldó a Kofi Annan, de Ghana, a finales de 1995. Annan, el primer funcionario de carrera de la ONU, destacó como temas importantes los derechos humanos y el cuidado de los civiles durante las guerras. Su postura a

---

[46] Véase William O'Neill, "Human Rights, the United Nations" y "Fighting Terrorism for Humanity", IPA Conference Report, Nueva York, IPA, 22 de septiembre de 2003.

favor de la intervención humanitaria se expresó claramente en un discurso ante la Asamblea General de la ONU, el 20 de septiembre de 1999.[47] En 2001 le fue otorgado el Premio Nobel de la Paz del Milenio y ese mismo año lo reeligieron, sin oposición, como Secretario General. Para muchos observadores de la ONU, Annan es el único Secretario General que se ganó la estima que tuvo el legendario Dag Hammarskjold (aún más admirado tras su fallecimiento prematuro en 1961), por su compromiso con los derechos humanos y la acción humanitaria.[48]

El Consejo de los años noventa podría ser recordado por su contribución a la innovación radical del derecho penal internacional, con la creación de los Tribunales Penales Internacionales ad hoc para la ex Yugoslavia (1993) y Ruanda (1994), cuyo propósito era llevar ante la justicia a los responsables de crímenes de guerra, crímenes de lesa humanidad y genocidio.[49] El promotor de estos tribunales fue Estados Unidos, quizá debido a no haber podido influir en los acontecimientos de la antigua Yugoslavia, por las diferencias políticas con los aliados europeos y por la culpa que le dejó haberse negado a evitar el genocidio en Ruanda. La creación de los tribunales presionó para que se instituyera una Corte Penal Internacional con jurisdicción universal, pero cuando se adoptó en Roma el estatuto para ésta, en 1998, Estados Unidos y otros seis países

[47] Este discurso se publicó con el título "Two Concepts of Sovereignty", en *The Economist*, el 18 de septiembre de 1999.

[48] El hecho de que Kofi Annan haya admitido tener responsabilidad personal (siendo subsecretario general de la ONU para Operaciones de Paz) por el asesinato de civiles en Srebrenica, en 1995, y por la reacción deplorablemente inadecuada de la ONU ante el genocidio en Ruanda, en 1994, luego de que se publicaron en el otoño de 1999 unos informes detallados sobre la lamentable actuación de la ONU en esas dos ocasiones, hizo que algunos observadores tuvieran una opinión aún mejor de él, y otros, una más negativa. Véase, Barbara Crosette, "Kofi Annan Unsettles People, As He Believes He Should", *The New York Times*, 31 de diciembre de 1999, p. 1.

[49] Véase las resoluciones 808 y 827 (1993) del Consejo de Seguridad sobre el Tribunal para la ex Yugoslavia, y la resolución 955 (1994) sobre Ruanda. En 2000, el Consejo solicitó al Secretario General que negociara un acuerdo con el gobierno de Sierra Leona para establecer un tribunal especial que persiguiera los crímenes de guerra cometidos durante la guerra en curso. Sin embargo, el tribunal así creado –y que a la fecha en que escribo este trabajo aún no había empezado a funcionar– no es un órgano de las Naciones Unidas, semejante a los tribunales para Yugoslavia y Ruanda (ICTY e ICTR), y será dirigido de manera conjunta por la ONU y por el gobierno de Sierra Leona.

de diferente respetabilidad votaron en contra, por temor a las repercusiones para los ciudadanos estadounidenses, y en particular, para las tropas que servían en el extranjero. Prosiguieron las negociaciones sobre diversas modalidades institucionales para la Corte, las cuales entraron en operación en 2003. Por desgracia, la posición de Estados Unidos se endureció durante el gobierno de Bush y se retiró la firma estadounidense del estatuto, que el gobierno de Clinton otorgó como uno de sus últimos actos oficiales. A mediados de 2002, Washington lanzó una campaña para debilitar a la Corte con el pretexto de proteger de un juicio al personal de servicio estadounidense (y a otros ciudadanos). Por tanto, aún es muy pronto para determinar cuál es el impacto de la Corte, aunque podemos estar seguros que repercutirá en las relaciones internacionales.[50]

La interacción de las organizaciones no gubernamentales con el Consejo de Seguridad se incrementaron y evolucionaron en el curso del decenio de 1990. Durante muchos años, el Consejo Económico y Social de la ONU atribuyó a las ONG observar y contribuir en las actividades de la ONU en varios campos. El carácter del órgano revela que siempre se consideró que las ONG estaban dedicadas a temas económicos y sociales: derechos humanos, cuestiones humanitarias, salud, trabajo, educación, población y medio ambiente. En los años noventa se vio que tanto las causas como los efectos de los conflictos eran económicos y sociales. Por esta razón, las ONG clamaban por tener acceso al Consejo, algo no previsto ni en la Carta ni en los métodos de trabajo del Consejo. La participación de las principales ONG en las operaciones humanitarias de la ONU, el éxito de muchos de sus programas, el mandato de que el Departamento de Asuntos Humanitarios del Secretariado ofreciera servicios de coordinación a las ONG y a las entidades oficiales, la naturaleza mediática de algunas de las actividades de las ONG y la moda –que se propagaba rápidamente a finales de la década– de interactuar con la "sociedad civil" (término que nunca ha sido definido satisfactoriamente), se conjuntó para propiciar que el Consejo mostrara más apertura a las opiniones de las ONG y reconocimiento de sus logros.[51] En el Consejo, varios gobiernos,

---

[50] Véase Philippe Kirsch, John T. Holmes y Mora Johnson, "International Tribunals and Courts", en Malone, *The UN Security Council, op. cit.*, pp. 281-294.

[51] Véase Francis Kofi Abiew y Tom Keating, "NGO's and UN Peacekeeping Operations: Strange Bedfellows", *International Peacekeeping*, vol. 6, núm. 2, verano de 1999, pp. 89-111.

entre ellos los de México, Argentina, Países Bajos, Alemania y Canadá, propusieron que se permitiera mayor participación a las ONG (a la vez que el Secretario General las encomiaba). Esto se logró de dos formas: en una reunión informal sin precedentes, el Consejo se reunió con un pequeño grupo de ONG en 1998, cosa que ha seguido haciendo con frecuencia de acuerdo con la llamada Fórmula Arria;[52] significativo, aunque menos visible, fue que los miembros del Consejo se reunieran con más frecuencia con las ONG, solos o en grupos, para informarles sobre los hechos recientes y los temas que se debatirían en las futuras reuniones informales, y para pedir su opinión en las decisiones del Consejo.[53] Aunque la sinceridad con la que algunos de los miembros del Consejo participan podría ser cuestionable, que las ONG hayan conseguido un acceso genuino y se les reconozca cada vez más como colaboradoras importantes y positivas para la paz y seguridad internacionales marcó un inicio para el Consejo en sus relaciones con el mundo.

EFECTO ACUMULATIVO DE LAS RESOLUCIONES DEL CONSEJO

Como se mencionó antes, la consecuencia más importante –aunque una de las menos notadas– de las resoluciones del Consejo en los años noventa, fue debilitar y modificar la noción de *soberanía* nacional. En 1999, se aceptaba de manera general, aunque no universal, que los tiranos no podían seguir refugiándose tras los muros de la soberanía por las violaciones masivas a los derechos humanos y las catástrofes humanitarias. Al intervenir para paliar las consecuencias humanitarias de las guerras civiles, a menudo autorizando medidas coercitivas y elaborando manda-

---

[52] El formato de estas reuniones lo diseñó, a principios de los noventa, el embajador Diego Arria, representante permanente de Venezuela, para que el Consejo pudiera escuchar, en sesiones informales, no oficiales y cerradas, la opinión de expertos sobre diversos temas de su agenda.

[53] Estas consultas, que organiza el Foro de Políticas Mundiales que involucra a alrededor de 30 ONG (en los campos de la ayuda humanitaria, los derechos humanos, el desarme, la gobernanza mundial y el desarrollo), se conducen por medio de un Grupo de Trabajo fundado en 1995. Este grupo recibe información notablemente abierta, aunque no oficial, de la presidencia del Consejo de Seguridad y otras delegaciones individuales sobre las deliberaciones del órgano.

tos cada vez más complejos y con mayor grado de intrusión para los actores internacionales dentro de los países miembros, a veces sin su consentimiento, el Consejo no derogó propiamente el artículo 2(7) de la Carta (que exenta a las resoluciones tomadas según el capítulo VII de las cláusulas de no intervención), sino que redefinió en la práctica la concepción de lo que puede constituir una amenaza contra la paz y seguridad internacional y un motivo para la intervención internacional. El grado de intromisión que el Consejo autorizó con sus resoluciones a lo largo de los años noventa resulta sorprendente, aunque sus miembros no siempre contribuyeron a que se concretaran aquellas decisiones que implicaban riesgo para sus ciudadanos como, por ejemplo, el arresto de los acusados por los Tribunales Penales Internacionales.

La Carta de las Naciones Unidas, pese a las fallas de los Estados miembros para mantenerse a su altura, continuó sirviendo, y la autoridad del Consejo, pese a que se le infrinja, es valiosa, e incluso indispensable, aunque no en todas las circunstancias y para todos los Estados miembros. Éste ha sido el caso aun para Estados Unidos, la potencia militar de nuestra era, que hoy enfrenta la ocupación militar posterior al conflicto en Iraq, en la cual le fue difícil hallar socios dispuestos a compartir los costos, cargas y riesgos de la ocupación iraquí, por no contar con la autorización del Consejo de Seguridad para atacar a ese país.

Los derechos humanos no son la primera preocupación de la mayoría de los miembros del Consejo. Ninguno de los Cinco Permanentes considera los derechos humanos sin pensar en la seguridad, el poder y los intereses. Empero, el enfoque pragmático del Consejo sobre la importancia de los derechos humanos para mantener la paz y la resolución de conflictos representa un enorme salto normativo. En los años por venir, mediante resoluciones adoptadas examinando caso por caso, el Consejo seguirá marcando el rumbo de las relaciones internacionales en temas tan delicados y relevantes como el de la intervención humanitaria. Ésta es una de las razones por las que el Consejo es un foro importante para países como Canadá y México, y por las que también es importante que se estudie este órgano en conferencias académicas.

Traducción de Lorena Murillo S.

HISTORIA Y ACCIÓN: EL SISTEMA INTERAMERICANO DE DERECHOS HUMANOS Y EL PAPEL DE LA COMISIÓN INTERAMERICANA DE DERECHOS HUMANOS

Robert K. Goldman
American University

INTRODUCCIÓN

Este año (2003) se celebra el 45 aniversario de la creación de la Comisión Interamericana de Derechos Humanos (en adelante la Comisión o la CIDH) y el 25 aniversario de la entrada en vigor de la Convención Americana sobre Derechos Humanos y la creación de la Corte Interamericana de Derechos Humanos (en adelante la Corte). Ni la Comisión ni la Corte son tan antiguas ni, tal vez, tan conocidas por sus logros, como la Corte Europea de Derechos Humanos y la antigua Comisión Europea de Derechos Humanos. Sin embargo, no es exagerado afirmar que ningún otro órgano regional dedicado a proteger los derechos humanos ha tenido que enfrentar tantas crisis y problemas endémicos de manera tan continua y en tantos países como la Comisión y, en cierta medida, la Corte. En efecto, si el número de vidas salvadas y la entrega de indemnizaciones a las víctimas de los actos ilícitos de los Estados son formas apropiadas de medir la eficacia de un órgano de supervisión, entonces puede argumentarse que ningún sistema, ni regional ni universal, ha sido más exitoso que el interamericano.

En este trabajo se exponen los orígenes históricos y algunas de las políticas antagónicas que contribuyeron a diseñar el sistema de derechos humanos de la región. También se examinan varios temas clave y giros en la política exterior de Estados Unidos hacia la región y sus repercusiones en la protección de los derechos humanos y las labores de la Comisión. Asimismo, el artículo presta especial atención a algunas de las actividades y logros más notables de la CIDH a lo largo de los tres periodos en los que se pueden dividir los últimos 45 años, y se identifican algunos de los retos y obstáculos que enfrentan actualmente la Comisión y la Corte para llevar a cabo sus respectivos mandatos.

ORÍGENES DEL SISTEMA INTERAMERICANO DE DERECHOS HUMANOS

La intervención constante de Estados Unidos en los asuntos internos de sus vecinos latinoamericanos durante la primera parte del siglo XX estimuló a éstos a crear un sistema regional de orden público, basado en los principios de la no intervención y la igualdad soberana de los Estados. Las primeras iniciativas regionales tendientes a proteger los derechos humanos se encaminaron principalmente hacia ese objetivo y, en especial, a fortalecer la doctrina de la no intervención. Un analista ha observado que "la aparente disposición a hacer caso omiso de la contradicción que implican la protección internacional de los derechos humanos y la doctrina regional de la no intervención ha sido un rasgo característico y notable tanto de las conferencias interamericanas como del producto del trabajo de los órganos jurídicos regionales. Cuando dicha contradicción llegó a percibirse, se favoreció la doctrina de la no intervención".[1]

Las expresiones de compromiso con la protección de los derechos humanos fueron recurrentes en las primeras conferencias interamericanas y en ocasiones se plasmaron en acuerdos relativos a los derechos civiles y políticos. Así, por ejemplo, la Tercera Conferencia Internacional Americana de 1906 aprobó una convención sobre La Condición de los Ciudadanos Naturalizados que Renuevan su Residencia en el País de Origen. Asimismo, durante la Sexta Conferencia Internacional Americana, celebrada en La Habana en 1928, se aprobaron las convenciones: Las Condiciones de los Extranjeros y El Asilo.

La Política del Buen Vecino, que proclamó el presidente Franklin D. Roosevelt en su discurso inaugural de 1933, hizo saber a América Latina que la intervención unilateral dejaría de ser el principio operativo de la diplomacia estadounidense en el continente americano. En ocasión de

---

[1] José Cabranes, "The Protection of Human Rights by the Organization of American States", en *American Journal of International Law*, vol. 64, núm. 4, octubre de 1968, pp. 889-893.

la Séptima Conferencia Internacional Americana, realizada más tarde
ese mismo año, Estados Unidos y las repúblicas latinoamericanas ratificaron la Convención sobre Derechos y Deberes de los Estados, cuyo
artículo 8 estipula: "Ningún Estado tiene derecho de intervenir en los
asuntos internos ni en los externos de otro".[2] Durante esa conferencia
también se aprobaron las convenciones sobre Asilo Político y Extradición.
En 1936, durante la Conferencia Interamericana de Consolidación de la
Paz, los Estados americanos reafirmaron su compromiso colectivo con
el principio de la no intervención, adoptando un Protocolo en el que se
declaraba la inadmisibilidad de cualquier forma de intervención, cualquiera
[que] fuese el motivo.[3] En esa misma conferencia también se aprobó la
resolución sobre Deberes y Derechos de la Mujer ante los Problemas de
la Paz. Más tarde, en 1938, los Estados americanos se congregaron en
Lima y adoptaron dos resoluciones muy importantes: Libertad de
Asociación y Libertad de Expresión para los Trabajadores y la Defensa
de sus Derechos Humanos. Sin embargo, no fue sino hasta el fin de la
Segunda Guerra Mundial cuando el tema de los derechos humanos
adquirió relevancia en los ámbitos regional y mundial.

Los Estados americanos empezaron a diseñar un programa regional
incipiente para la protección de los derechos humanos durante la Conferencia Interamericana sobre Problemas de la Guerra y de la Paz, la llamada Conferencia de Chapultepec. Esta conferencia, que tuvo lugar en
1945, tuvo el propósito de reflexionar en torno de la dirección que
habría de tomar el sistema interamericano al término de la guerra. En
ella, los participantes adoptaron una resolución sobre la Protección Internacional de los Derechos Esenciales del Hombre, que tenía como
propósito fortalecer la doctrina de la no intervención absoluta. La
resolución disponía en parte lo siguiente:

---

[2] "Convención Sobre Derechos y Deberes de los Estados, Séptima Conferencia
Internacional Americana, Montevideo, Uruguay", 26 de diciembre de 1933, OEA,
Serie sobre Derecho y Tratados, núm. 24, A-40. La versión bilingüe del texto se encuentra
en: < http://www.oas.org/juridico/spanish/tratados/a-40.htm>.

[3] "Protocolo Adicional Relativo a la No Intervención, Conferencia Interamericana
de Consolidación de la Paz, Buenos Aires", 23 de diciembre de 1936, OEA, *Serie sobre
Tratados,* núm. 16, B-15. La versión en español se encuentra en: < http://www.oas.org/
juridico/spanish/Tratados/b-15.html>.

La protección internacional de los derechos esenciales del hombre pondría fin al mal uso que se ha hecho de la protección diplomática de los ciudadanos en el extranjero, cuyo ejercicio ha conducido en más de una ocasión a que se violen los principios de no-intervención y de igualdad entre nacionales y extranjeros con respecto a los derechos esenciales del hombre.[4]

La conferencia también asignó al Comité Jurídico Interamericano la tarea de preparar el borrador de una convención sobre los Derechos y Deberes Internacionales del Hombre para que lo sometiera ante la Conferencia Internacional de Juristas Americanos.

El objetivo de las repúblicas latinoamericanas de establecer la no intervención como un principio de autoridad del derecho internacional público de la región se concretó finalmente con la firma de la Carta de la Organización de los Estados Americanos en la Novena Conferencia Internacional Americana, realizada en Bogotá en 1948. Los artículos 15 y 17 de la Carta reformulan las declaraciones de 1933 y 1936 de la siguiente manera:

> *Artículo 15*: Ningún Estado o grupo de Estados tiene derecho de intervenir, directa o indirectamente, y sea cual fuere el motivo, en los asuntos internos o externos de cualquier otro. El principio anterior excluye no solamente la fuerza armada, sino también cualquier otra forma de injerencia o de tendencia atentatoria de la personalidad del Estado, de los elementos políticos, económicos y culturales que lo constituyen.
>
> *Artículo 17*: El territorio de un Estado es inviolable; no puede ser objeto de ocupación militar ni de otras medidas de fuerza tomadas por otro Estado, directa o indirectamente, cualquiera que fuere el motivo, aun de manera temporal. No se reconocerán las adquisiciones territoriales o las ventajas especiales que se obtengan por la fuerza o por cualquier otro medio de coacción.

---

[4] "Conferencia Interamericana sobre Problemas de la Guerra y de la Paz, Res. XL-Protección Internacional de los Derechos Esenciales del Hombre", en *Informe de la Delegación de los Estados Unidos de América a la Conferencia Interamericana sobre Problemas de la Guerra y de la Paz*, 1946, p. 108.

Otro principio fundamental del nuevo sistema interamericano se expresó en el Preámbulo de la Carta, según el cual "el sentido genuino de la solidaridad americana y de la buena vecindad no puede ser otro que el de consolidar en este continente, dentro del marco de las instituciones democráticas, un régimen de libertad individual y de justicia social, fundado en el respeto de los derechos esenciales del hombre".[5]

La Declaración Americana de los Derechos y Deberes del Hombre

Consistente con el Preámbulo de la Carta de la OEA y las declaraciones de la Conferencia de Chapultepec, el 2 de mayo de 1948 los Estados americanos firmaron el primer gran documento internacional en materia de derechos humanos que se haya celebrado en el mundo: la Resolución XXX o Declaración Americana de los Derechos y Deberes del Hombre,[6] que antecedió por siete meses a la Declaración Universal de los Derechos Humanos de la Organización de Naciones Unidas.

Con base en la teoría del derecho natural, la declaración afirma que las garantías fundamentales del hombre "no nacen del hecho de ser nacional de determinado Estado sino que tienen como fundamento los atributos de la persona humana".[7] Asimismo, el texto sostiene que la protección internacional de los derechos humanos "debe ser guía principalísima del derecho americano en evolución", y que éstos habrán de fortalecerse "a medida que esas circunstancias vayan siendo más propicias".[8]

El documento enumera los derechos tanto civiles y políticos como los económicos y sociales. En lo que se refiere a los derechos civiles y políticos, la Declaración no hace sino reformular aquellos ya garantizados por las constituciones de la mayoría de los Estados americanos. Entre

---

[5] *Idem.*

[6] "Declaración Americana de los Derechos y Deberes del Hombre", aprobada en la Novena Conferencia Internacional Americana, Bogotá, Colombia, 2 de mayo de 1948. La versión electrónica se encuentra en: <http://www.cidh.org/Basicos/Basicos1.htm>.

[7] *Idem.*

[8] *Idem.*

ellos se encuentran el derecho de igualdad ante la ley; de debido proceso; de petición y asociación; de libertad religiosa y de culto; de protección contra la detención arbitraria y de la inviolabilidad del domicilio. En cambio, los derechos económicos y sociales que proclama la Declaración no habían sido objeto de prescripción legislativa o de protección judicial en Estados Unidos ni en la mayoría de las otras repúblicas americanas. Entre los derechos más importantes de ese tipo destacan: el derecho a la preservación de la salud y al bienestar; a los beneficios de la cultura; al trabajo y a una justa retribución; al descanso, a la honesta recreación y a la oportunidad de emplear útilmente el tiempo libre en beneficio del mejoramiento espiritual, cultural y físico. Asimismo, la Declaración incluye deberes afirmativos o normas de conducta cuyo propósito es guiar a los individuos en sus relaciones sociales. Entre éstos se encuentran el deber de recibir instrucción, de votar, de obedecer la ley, de servir a la comunidad y a la nación, de trabajar y de pagar impuestos.

Pese a manifestar sus importantes propósitos, los Estados americanos optaron por no hacer de la Declaración una convención formal que obligara a sus signatarios, ni crearon una maquinaria que promoviera, ni mucho menos protegiera, los derechos que acababan de promulgar. En lugar de ello, la Conferencia aprobó una resolución en la que se reconocía la necesidad de crear un órgano judicial que salvaguardara esos derechos y después solicitó al Comité Jurídico Interamericano que elaborara un estatuto para la Corte Interamericana, que habría de encargarse de esa función. El Comité declinó la invitación con el argumento de que era prematuro hacerlo y que ello "implicaría una transformación radical de los sistemas constitucionales de todos los países americanos". Asimismo, el Comité aconsejó al Consejo Interamericano de Juristas (en adelante el CIJ) que, antes de elaborar el estatuto de la Corte propuesta, tendría que prepararse un acuerdo vinculante en materia de derechos humanos. Así, el asunto del estatuto se pospuso hasta 1953, cuando el Consejo de Juristas consultó al Consejo de la OEA si sería pertinente incluir el tema en el orden del día de la Décima Conferencia. Haciendo eco a la opinión del Comité Jurídico, el Consejo consideró que todavía no había llegado el momento para discutir dicho estatuto. Entre tanto, los Ministros de Relaciones Exteriores congregados en 1951 en la Cuarta Reunión de Consulta, aprobaron dos nuevas resoluciones sobre el Mejoramiento del Nivel Social, Económico y Cultural de los Pueblos de América y Fortalecimiento y Ejercicio Efectivo de la Democracia.

Durante la Décima Conferencia Interamericana, celebrada en Caracas en 1954, no se hizo nada respecto de la implementación de la Declaración de 1948, pero se examinaron las Medidas tendientes a promover los derechos humanos, sin menoscabar la soberanía nacional y el principio de no intervención (Measures tending to promote Human Rights, without detriment to national sovereignty and the principle of non-intervention). De igual forma, los Estados americanos aprobaron resoluciones sobre Discriminación Racial, Sufragio Universal y Fortalecimiento del Sistema de Protección de los Derechos Humanos. Reafirmando el compromiso de los Estados americanos para con los derechos enunciados en la Declaración Americana, la Conferencia instó a sus miembros a que "[adoptaran] progresivamente medidas para adecuar sus legislaciones internas a la Declaración" y a que tomaran medidas apropiadas para "[garantizar] el estricto respeto de esos derechos".[9] La Conferencia solicitó al Consejo de la OEA que siguiera estudiando los aspectos jurídicos de la protección regional de los derechos humanos y la viabilidad de crear una Corte Interamericana que los salvaguardara. El Consejo transmitió el asunto a la consideración del Comité Jurídico y el Subcomité sobre Derechos Humanos, donde quedó congelado hasta que se realizaron la Quinta Reunión de Consulta de Ministros de Relaciones Exteriores, convocada en Santiago de Chile en 1959 para examinar la inestabilidad política en el Caribe, y la Sexta Reunión de Consulta de Ministros de Relaciones Exteriores en 1960, para atender la acusación de Venezuela de que el dictador de República Dominicana, Rafael Trujillo, había intentado asesinar al presidente venezolano.

Fue en el curso de estas Conferencias cuando las naciones americanas despertaron de su apatía frente a los problemas relacionados con los derechos humanos y empezaron a formular un programa regional para protegerlos. Como señala José Cabranes:

> Las presuntas actividades terroristas externas del régimen de Trujillo hicieron ver a la OEA que las violaciones a los derechos humanos y la nega-

---

[9] *Idem.*

ción de las libertades democráticas dentro de los Estados miembros podrían amenazar la paz del Continente Americano y convertirse, entonces, en una preocupación propia de la Organización. Sin embargo, es importante subrayar que lo primero que instigó a la OEA a que examinara el papel que ella desempeñaba en la promoción del respeto de los derechos humanos fue la presunta violación por parte del régimen dominicano de la doctrina de la no intervención.[10]

Al darse cuenta de la negación absoluta de las libertades individuales en el país de Trujillo, la Conferencia de 1959 hizo hincapié en la interrelación existente entre la privación de los derechos humanos y la presencia de regímenes antidemocráticos. Los Ministros de Relaciones Exteriores expresaron esa preocupación en la Declaración de Santiago, la cual estipula que "la armonía entre las Repúblicas Americanas no podrá ser efectiva sino hasta en tanto el respeto de los derechos humanos y de las libertades fundamentales y el ejercicio de la democracia representativa sean una realidad en el ámbito interno de cada una de ellas".[11] Con base en esta reflexión, los Ministros aprobaron la Resolución VIII, titulada Derechos Humanos, compuesta de dos secciones: en la parte I se encomendaba al Consejo Interamericano de Juristas la tarea de preparar una(s) convención(es) para crear una corte regional y otros mecanismos de protección de esos derechos; la parte II exhortaba al establecimiento de una Comisión Interamericana de Derechos Humanos, "responsable de promover el respeto por esos derechos y con las funciones específicas que el Consejo [de la OEA] le asigne".[12] Entre mayo y junio de 1960, el Consejo de la OEA aprobó el Estatuto de la Comisión Interamericana de Derechos Humanos, según el cual ésta es "una entidad autónoma" de la OEA con la función de promover el respeto a los derechos humanos, conforme lo establece la Declaración de los Derechos y Deberes del Hombre. La Comisión fue encomendada en el artículo 9 de su Estatuto con las siguientes funciones y facultades:

---

[10] José Cabranes, "Human Rights and Non-Intervention in the Inter-American System", en *Military Law Review*, vol. 65, 1967, pp. 1147, 1164.

[11] "Acta Final", Quinta Reunión de Consulta de Ministros de Relaciones, Santiago, Chile, 12-18 de agosto de 1959, OEA/Ser. C/11.5, 1960, p. 3.

[12] *Ibid.*, pp. 10-11.

a. Estimular la conciencia de los derechos humanos en los pueblos de América.

b. Formular recomendaciones a los gobiernos de los Estados miembros, de considerarse apropiado, para que adopten medidas progresivas en favor de los derechos humanos, dentro del marco de sus legislaciones, de sus preceptos constitucionales y de sus compromisos internacionales, así como disposiciones apropiadas para fomentar el respeto a esos derechos.

c. Preparar los estudios o informes que considere convenientes para el desempeño de sus funciones.

d. Solicitar que los gobiernos de los Estados miembros le proporcionen información sobre las medidas que adopten en materia de derechos humanos.

e. Servir a la OEA como órgano asesor en materia de derechos humanos.

La Comisión estaría compuesta por siete miembros, todos ellos nacionales de alguno de los países miembros, que habrían de ser "personas de alta autoridad moral y de reconocida versación en materia de derechos humanos". Los miembros serían elegidos por los gobiernos de los Estados miembros por periodos de cuatro años, pudiendo ser reelegidos para un periodo adicional.

ANTECEDENTES DE LA CONVENCIÓN AMERICANA SOBRE DERECHOS HUMANOS

Como fue mencionado previamente, la Declaración Americana de los Derechos y Deberes del Hombre de 1948 fue tan sólo una manifestación sobre las obligaciones morales de los miembros y no tenía carácter obligatorio. Sin embargo, al constatar la ausencia generalizada de libertades fundamentales en muchos países americanos, la OEA advirtió que las obligaciones morales se acatan mejor cuando se les da obligatoriedad legal. En 1959, los Ministros de Relaciones Exteriores congregados en la Quinta Reunión de Consulta, encargaron al Consejo Interamericano de Juristas que elaborara una convención sobre derechos humanos que tuviese carácter obligatorio y que contuviese los instrumentos necesarios para su protección. A pesar de ello y a diferencia del acelerado desarrollo de la Comisión Interamericana, la elaboración de la Convención Americana sobre Derechos Humanos (en adelante la Convención Americana o la Convención)[13] avanzó lentamente.

El CIJ aceptó la encomienda y aprobó, durante su Cuarta Reunión, en Santiago el 8 de septiembre de 1959, el borrador de la Convención, a fin de que se adoptara en la Undécima Conferencia Interamericana. En este documento se enumeraban diversos derechos sustantivos en materia económica, social y cultural, así como los derechos civiles y políticos. Debido al fracaso de Bahía de Cochinos, la Conferencia Interamericana no se celebró en 1961 y la revisión del borrador de la Convención se pospuso hasta la Segunda Conferencia Especializada Interamericana, celebrada en noviembre de 1965 en Río de Janeiro. En esa ocasión se decidió enviar el borrador de la Convención y otros bocetos alternativos presentados por Chile y Uruguay al Consejo de la OEA. El Consejo recibió la instrucción de escuchar las opiniones de la Comisión Interamericana y otros órganos interesados en el documento y de presentar una versión final en 1966 para someterla ante una conferencia especializada en derechos humanos en marzo de 1967.

Luego de revisar el borrador del CIJ, la Comisión sugirió al Consejo de la OEA que se eliminaran los derechos económicos, culturales y sociales, salvo los concernientes a los sindicatos. La Comisión también recomendó eliminar las disposiciones relativas a la soberanía permanente sobre los recursos naturales y la autodeterminación. En relación con estos derechos y principios, la Comisión declaró que era inapropiado ratificarlos e incluirlos en una convención sobre derechos humanos; en lugar de ellos, sugirió que se incluyeran disposiciones generales que exhortaran a los Estados miembros a adoptar medidas internas para promover y hacer respetar esos derechos.

La revisión del nuevo borrador de la Convención se pospuso una vez más en 1967 debido a un nuevo acontecimiento, el 16 de diciembre de 1966: la Asamblea General de la ONU aprobó el Pacto Internacional de Derechos Económicos, Sociales y Culturales, el Pacto Internacional de Derechos Civiles y Políticos, y un Protocolo Opcional para este último. El primer pacto fue firmado por Costa Rica, Colombia, Honduras, El

---

[13] "Convención Americana sobre Derechos Humanos", OEA *Serie sobre Tratados*, núm. 36, B-32, suscrita el 22 de noviembre de 1969, en vigor desde el 18 de julio de 1978; ONU, registro núm. 17955, 27 de agosto de 1979.

Salvador y Uruguay y, el segundo, por estos mismos países más Ecuador. Al observar la acción que tomaron estos países, así como las semejanzas en los derechos sustantivos que proponían tanto el borrador del CIJ como el Pacto de la ONU, aunque con maquinarias institucionales diferentes para protegerlos, el Comité de Asuntos Legales y Políticos de la OEA advirtió al Consejo de la Organización, en mayo de 1967, sobre la posibilidad de que se presentaran conflictos entre los sistemas mundiales y regionales en la materia. Por tanto, sugirió, y el Consejo estuvo de acuerdo, que la consideración del borrador del CIJ se pospusiera hasta que se hiciera una consulta entre los Estados miembros sobre esta situación. En consecuencia, el Consejo planteó las siguientes dos preguntas a los Estados miembros:

1. si, al aprobar durante la 21 Sesión de la Asamblea General de Naciones Unidas, las resoluciones A, B y C, concernientes a los convenios internacionales sobre derechos humanos, los gobiernos de los Estados americanos deseaban establecer un sistema universal único para la regulación de esos derechos, o si, por el contrario, consideraban la posibilidad de una coexistencia y coordinación entre las convenciones mundial y regionales en esa materia;

2. si, en este último caso, esos gobiernos consideraban que la Convención Interamericana sobre Derechos Humanos que preveía el artículo 112 del Protocolo de Enmienda de la Carta de la Organización de Estados Americanos debía limitarse a crear un sistema interamericano institucional y procesal para la protección de esos derechos, que comprendiera a la Comisión Interamericana de Derechos Humanos y, con el tiempo, a la Corte Interamericana de Derechos Humanos.[14]

De los doce Estados que respondieron a la primera pregunta, diez de ellos –Bolivia, Chile, Colombia, Costa Rica, Ecuador, Guatemala, México, Estados Unidos, Uruguay y Venezuela– expresaron su opinión a favor de la "coexistencia y coordinación" de los Pactos de la ONU y de la Convención Interamericana. Sólo dos países, Argentina y Brasil, juzgaron poco

---

[14] Consejo de la OEA, "Report on a Consultation with the Member States Regarding the Draft Convention on Human Rights", presentado por la Comisión de Asuntos Jurídicos y Políticos, OEA/Ser.G/IV, 1967, Rev. 3, p. 4.

recomendable que se siguiera elaborando una Convención interamericana a la luz de las acciones de la ONU. Sin embargo, en su respuesta a la segunda pregunta, sólo cinco Estados –Ecuador, Guatemala, Venezuela, Colombia y Costa Rica– abogaron porque la Convención propuesta incluyera tanto reglas procesales como principios sustantivos. Chile y Uruguay, por otra parte, plantearon que la Convención sólo debía prever la creación de un sistema institucional y procesal. Chile adoptó la postura de que, para evitar conflictos entre ambos sistemas, la maquinaria interamericana sólo debía aplicar el derecho sustantivo aprobado por la ONU. Estados Unidos y México no expresaron una posición definitiva al respecto. El primero, respondiendo de manera ambigua, declaró que la Convención interamericana no debía estar necesariamente limitada a artículos institucionales y procesales, aunque tal vez era ésa una medida apropiada.[15] Ante la posibilidad de que se presentara un conflicto entre los pactos de la ONU y el borrador del CIJ, Estados Unidos señaló que para formarse una opinión informada del asunto sería necesario que se pusiera a disposición de los Estados miembros un estudio que comparara las disposiciones de los pactos de la ONU y de las varias convenciones interamericanas. La Secretaría de la Comisión Interamericana se hizo cargo de esos estudios[16] y concluyó que ambos sistemas podían coexistir. En particular, señaló:

> La necesidad y conveniencia de una convención regional para el continente americano se basan en la existencia de un cuerpo de derecho internacional americano, construido de acuerdo con los requerimientos específicos de los países de este hemisferio. Asimismo, la necesidad y conveniencia se desprenden de la estrecha relación que existe entre los derechos humanos y el desarrollo e integración económica de la región de conformidad con las declaraciones hechas por los jefes de Estado durante la reunión en Punta del Este.

[15] Comisión Interamericana de Derechos Humanos, *Comparative Study of the United Nations Covenants on Civil and Political Rights and on Economic, Social and Cultural Rights and of the Draft, Inter-American Conventions on Human Rights*, OEA/Ser.L/V/II.19, Doc. 18, 1968, p. 10.

[16] *Idem*. Véase también, Comisión Interamericana de Derechos Humanos, *Comparative Study of the United Nations Covenants on Civil and Political Rights and on Economic, Social and Cultural Rights and the Draft, Inter-American Convention on Human Rights*, OEA/Ser.L/II.19, Doc. 26, 1968.

En consecuencia, la Convención Interamericana para la Protección de los Derechos Humanos debe ser autónoma, más que complementaria a los convenios de las Naciones Unidas, aunque debe, en efecto, actuar en coordinación con estos últimos.[17]

Pese a que muchos Estados no respondieron a ninguna de las preguntas y a la obvia renuencia de muchos de los que sí lo hicieron en cuanto a apoyar la existencia de un sistema regional independiente para que protegiera los derechos sustantivos, el Consejo de la OEA pidió en 1968 al CIJ que redactara el texto final del borrador de la Convención para someterlo ante los Estados miembros y adoptarlo en una Conferencia Especializada Interamericana a celebrarse en San José, Costa Rica, en noviembre de 1969. Dicha Conferencia Especializada finalmente aprobó durante ese noviembre la Convención Americana sobre Derechos Humanos, también llamada el Pacto de San José.[18] La Convención entró en vigor en 1978 con la ratificación de once Estados.

La Convención Americana sobre Derechos Humanos

La Convención Americana sobre Derechos Humanos,[19] con sus garantías sustantivas y su maquinaria institucional, es quizá el instrumento de su tipo más ambicioso y de mayor alcance que nunca antes haya elaborado un organismo internacional. La Convención incrementó en gran medida el alcance y contenido de la Declaración Americana de 1948, al incluir derechos civiles y políticos mucho más elaborados y específicos. Por su parte, los órganos previstos por la Convención para proteger esos derechos son, en gran medida, muy semejantes a la maquinaria institucional de la Convención Europea. La Convención Americana prevé la creación de una Comisión Interamericana de Derechos Humanos, la cual es idéntica a la entidad ya existente, así como un órgano puramente jurisdiccional, la Corte Interamericana de Derechos

---

[17] *Ibid.*, Doc. 26, p. 3.
[18] "Convención Americana sobre Derechos Humanos", OEA *Serie sobre Tratados*, núm. 36, suscrita el 22 de noviembre de 1969, en vigor desde el 18 de julio de 1978; ONU, registro núm. 17955, 27 de agosto de 1979.
[19] *Idem.*

Humanos. Ahora bien, a diferencia de sus contrapartes de Europa y la ONU, la Convención incorporó en un solo instrumento tanto los derechos garantizados como los medios para protegerlos.

La entrada en vigor de la Convención Americana creó, efectivamente, un sistema doble de protección de los derechos humanos a lo largo del continente. La Convención se convirtió en la fuente primaria para determinar las normas a las que estaban obligados los Estados parte, en tanto que la Declaración Americana y la Carta de la OEA siguieron definiendo las obligaciones de aquellos Estados miembros de la Organización que no formaban parte de la Convención. De acuerdo con su Estatuto y su Reglamento, la Comisión está facultada para atender demandas y resolver los casos presentados contra ambos tipos de Estados. Sin embargo, sólo puede referir a la Corte aquellos casos que conciernan a Estados que ratificaron la Convención y que aceptaron expresamente la jurisdicción de la Corte.

Lo que da a la Convención sus fortalezas y debilidades es la amplitud de su alcance. El hecho de crear una maquinaria regional para supervisar el acatamiento por parte de todas las naciones de los derechos previstos en ella se vio en su momento como un signo de bienvenida al aparente ocaso de la doctrina de la no intervención en el ámbito de los derechos humanos. Por otro lado, al reconocerse el derecho de las personas a denunciar la violación de sus derechos humanos, se daba sin duda un paso adelante hacia la meta de conferir a los individuos personalidad jurídica bajo el derecho internacional. La existencia de este tipo de acuerdos ha contribuido a promover la conciencia regional y mundial sobre los esfuerzos realizados para proteger los derechos humanos y, por ende, ha fortalecido los esfuerzos de los defensores nacionales que impulsan esas medidas.

No obstante, es claro que la Convención, en el momento de su redacción, garantizó muchos derechos civiles y políticos que, aunque engarzados en las legislaciones nacionales, no eran operativos o eran ignorados por muchos gobiernos del continente. En este sentido, la Convención establecía básicamente niveles máximos, no mínimos, de derechos humanos. Más aún, los artífices de ese instrumento trasladaron o proyectaron hacia el derecho muchos valores y actitudes que no estaban muy arraigados en América Latina. La Convención, tal como se la concibió y presentó, era indudablemente más apta para ser adoptada por países con instituciones legales estables y bien desarrolladas, y con una cultura política que apreciara y promoviera el estado de derecho. Por ejemplo, las naciones que redactaron y aprobaron la Convención Europea eran, en su mayoría, democracias liberales genuinas con un poder judicial fuerte e independiente. Su propósito al elaborar la Convención fue fortalecer y preservar los derechos existentes, más que crear nuevos. La experiencia de América Latina contrasta radicalmente con eso.

Pese a su compromiso nominal con la democracia constitucional, muchos Estados latinoamericanos tenían un historial de oscilaciones entre el autoritarismo y experimentos democráticos fallidos. Asimismo, la ley del hombre y la fuerza bruta, en lugar del derecho, eran con demasiada frecuencia el vehículo del cambio político y legal a lo largo de la región. Al respecto, los profesores Henry Steiner y Phillip Austin han observado lo siguiente:

El desarrollo del sistema interamericano siguió un camino distinto del de su contraparte europea. Aunque, la estructura institucional es superficialmente muy similar y las disposiciones normativas son en muchos aspectos semejantes, las condiciones en las que ambos sistemas evolucionaron fueron radicalmente diferentes. En el Consejo de Europa, los gobiernos militares y otros tipos de autoritarismos han sido escasos y breves, mientras que en América Latina casi fueron la norma, hasta los cambios que se iniciaron en los años ochenta.

Los mayores retos que enfrenta el sistema europeo se resumen en asuntos tales como la duración de una detención antes del juicio o qué implicaciones tiene el derecho a la privacidad. En cambio, casos que impliquen estados de emergencia han sido relativamente pocos. La Comisión y la Corte europeas rara vez han tenido que tratar con gobiernos o sistemas legales nacionales que sean indiferentes o del todo antagónicos y que presenten problemas estructurales muy profundos que den lugar a violaciones sistemáticas y graves de los derechos humanos [...] Por el contrario, los estados de emergencia han sido comunes en América Latina, el poder judicial de las naciones a menudo ha sido sumamente débil o corrupto, y las prácticas a gran escala de la tortura, la desaparición de personas y las ejecuciones no han sido infrecuentes. Muchos de los gobiernos con los que la Comisión y la Corte Interamericanas han debido tratar muestran, en el mejor de los casos, una postura ambivalente respecto de esas instituciones, y en el peor, son francamente hostiles a ellas.[20]

---

[20] Henry J. Steiner y Phillip Austin, *International Human Rights in Context: Law, Politics, Morals,* 2a ed., Oxford, Oxford University Press, 2000, pp. 768-801.

La creación de la Comisión Interamericana de Derechos Humanos: sus principales actividades de 1960 a 1973

Desde sus primeros años, la Comisión intentó vigorosamente promover y proteger los derechos humanos en el continente americano, examinando las denuncias individuales, haciendo recomendaciones y elaborando informes sobre las violaciones flagrantes de esos derechos en los Estados partes. Como lo señalara uno de los primeros miembros de la Comisión, el profesor Durward V. Sandifer: "[S]in aplicar otra sanción que la divulgación, la Comisión ha efectivamente establecido su rol de guardiana y crítica, lo que constituye un golpe considerable a la doctrina de la no intervención, tan celosamente preservada."[21]

Por ejemplo, durante su primera sesión en 1960, la Comisión interpretó de manera amplia las facultades establecidas en su Estatuto, en el sentido de que podría hacer recomendaciones generales tanto a cada país miembro, en lo individual, como a todos en conjunto respecto de la adopción de medidas progresivas en materia de derechos humanos, dentro del marco de su legislación interna.[22] En un asunto relacionado, su capacidad para actuar a partir de las comunicaciones de individuos o grupos que denunciaran la violación de sus derechos humanos en los Estados miembros, la Comisión resolvió que no estaba facultada para emitir decisiones individuales relativas a esas quejas. Sin embargo, determinó que sí podía tomar conocimiento de las denuncias individuales a manera de información y, en poco tiempo, empezó a recibir y a actuar con base en ellas. Sin embargo, la ambigüedad inherente a esa interpretación de sus facultades la llevó a solicitar al Consejo de la OEA que hiciera explícitos esos poderes que ella misma se había atribuido implícitamente.

En 1965, la OEA aprobó la Resolución XXII, que exhortaba a que se ampliaran las funciones y facultades de la Comisión. En tal virtud, se enmendó el Estatuto de la Comisión en 1966 para incluir el artículo 9(bis) que la autorizaba formalmente para:

---

[21] Durward V. Sandifer, "Human Rights in the Inter-American System", *Howard Law Journal*, vol. 2, núm. 508, 1965, pp. 521 y 522.

[22] Comisión Interamericana de Derechos Humanos, *Informe sobre la Labor Desarrollada Durante su Primer Periodo de Sesiones*, 3-28 de octubre de 1960, OEA/Ser.L/V/II.1, Doc.32, 14 de marzo de 1961, pp. 9-10.

Examinar las comunicaciones que le sean dirigidas y cualquier información disponible; dirigirse al gobierno de cualquiera de los Estados americanos con el fin de obtener información que considere pertinente; y formular recomendaciones, cuando lo considere apropiado, para hacer más efectiva la observancia de los derechos humanos fundamentales.

Asimismo, en su artículo 9(bis)(a), el Estatuto modificado solicitaba a la Comisión que prestara "particular atención" a la observancia de los siguientes derechos humanos previstos en la Declaración Americana de 1948: el derecho a la vida, a la libertad y a la seguridad personales; la igualdad ante la ley; la libertad religiosa; la libertad de investigación, opinión, expresión y divulgación; el derecho a un juicio justo; la protección contra la detención arbitraria; y el derecho al debido proceso legal.

Además, el artículo 9(bis)(c) solicitaba a la Comisión:

Enviar un informe anual a la Conferencia Interamericana o a la Reunión de Consulta de Ministros de Relaciones Exteriores que incluya (i) una exposición sobre el progreso alcanzado en la consecución de los objetivos señalados por la Declaración Americana; (ii) una relación sobre los campos en los cuales han de tomarse más medidas para dar mayor vigencia a los derechos humanos conforme lo prescribe la Declaración Americana, y (iii) formular las observaciones que la Comisión considere apropiadas respecto de las comunicaciones que haya recibido y sobre cualquiera otra información que la Comisión tenga a su alcance.

Ciertamente, algunas de las prioridades y actividades iniciales de la Comisión habían estado determinadas en parte por las realidades de la Guerra Fría y por la agenda que Estados Unidos estaba promoviendo en los órganos políticos de la OEA, que en ese entonces dominaba en forma efectiva. Con el advenimiento de la Guerra Fría, la política de Estados Unidos hacia América Latina sufrió un cambio significativo. La Política del Buen Vecino del gobierno de Roosevelt, con su declarado respaldo al principio de la no intervención, fue sustituida en los años cincuenta por una política que buscó contener la propagación del comunismo en el continente. De esta forma, Estados Unidos empezó a brindar apoyo diplomático y de otros tipos a muchos regímenes autoritarios, cuyas prácticas en materia de derechos humanos eran sumamente cuestionables, con el argumento de que dichos gobiernos eran un baluarte contra la expansión comunista. Así, pese a su postura formal a favor del principio de no intervención y de los derechos humanos, Estados Unidos empezó a intervenir, militarmente y de otras formas, en los asuntos internos de aquellos países latinoamericanos que en su opinión simpatizaban con las ideologías comunistas.

Por ejemplo, en 1954 la CIA orquestó el derrocamiento de Jacobo Árbenz Guzmán, el presidente izquierdista de Guatemala y lo sustituyó con un régimen pro estadounidense y de derecha. Asimismo, en 1962, luego del episodio de Bahía de Cochinos, la Octava Reunión de Consulta, a instancias de Estados Unidos y sus seguidores, declaró que los principios del marxismo-leninismo eran incompatibles con el sistema interamericano y que "la alineación de [...] un gobierno con el bloque comunista rompe la unidad y solidaridad del hemisferio".[23] Poco después, se expulsó al gobierno de Castro de la OEA. En 1965, sin consultarlo previamente con la OEA, el presidente Lyndon B. Johnson envió tropas estadounidenses a la República Dominicana con el supuesto propósito de rescatar a los nacionales estadounidenses amenazados por los conflictos civiles en la isla. Más tarde, Johnson confesaría que el verdadero objetivo de la intervención de Estados Unidos había sido ayudar a evitar que se instalara otro gobierno comunista en el continente.[24]

Por lo tanto, no es de sorprender que la situación de los derechos humanos en Cuba fuera de las primeras prioridades para la Comisión y que haya seguido siendo objeto de su atención desde 1961. En aquel entonces, la Comisión empezó a recibir muchas peticiones en las que se denunciaba el trato inhumano que las autoridades cubanas daban a los presos políticos. En 1962, la Comisión solicitó al gobierno cubano autorización para visitar la isla, así como información relevante respecto de esas denuncias. Las autoridades cubanas no respondieron a ninguna de las dos peticiones. A partir de ese momento, la Comisión presentó una relación detallada de las violaciones a los derechos

---

[23] "Parte Primera. Resolución II, Octava Reunión de Consulta de Ministros de Relaciones Exteriores, Punta del Este, Uruguay, 22-31 de enero de 1962, OEA/Ser.C/II.8 (1962)", en *II Inter-American Treaty of Reciprocal Assistance Applications*, 1964, p. 69.

[24] "Statement by President Johnson", *Department of State Bulletin*, núm. 740, 1962, p. 747.

humanos cometidas en Cuba, en tres informes publicados en los años 1962, 1963 y 1967.[25] La Comisión también publicó tres informes sobre las denuncias de violaciones reiteradas a los derechos humanos en Haití en 1963, 1967 y 1969.[26] En 1962 y 1964 envió comunicados al gobierno haitiano en los que le solicitaba información relativa a esas acusaciones y le pedía permiso para sesionar en su país. El gobierno se rehusó a cooperar con la Comisión, esgrimiendo que tales solicitudes de información constituían una intervención en sus asuntos internos.

Durante este mismo periodo, la Comisión también investigó y publicó informes sobre violaciones de derechos humanos en Guatemala, República Dominicana, Paraguay y Nicaragua, para su propio uso.[27] Sin duda, el éxito más notable de la Comisión en este periodo ocurrió durante su misión extraordinaria en la República Dominicana en 1965.[28]

Tras la intervención de Estados Unidos en los disturbios civiles de 1965 en República Dominicana, los ministros de Relaciones Exteriores de los Estados americanos decidieron crear y enviar a ese país una Fuerza Interamericana de Paz cuyo propósito fue restaurar las condiciones normales de vida y garantizar los derechos humanos de la ciudadanía. Poco después, el Secretario General de la OEA pidió a la Comisión que visitara Santo Domingo para investigar las numerosas denuncias de violación de los derechos humanos que habían interpuesto las facciones rivales en su lucha por el poder. Desde su llegada, la Comisión tuvo un papel muy activo e importante en las operaciones de paz: ayudó a proteger la vida de las personas ajenas al conflicto, negoció la liberación de prisioneros

---

[25] Comisión Interamericana de Derechos Humanos, *Informe sobre la Situación de Derechos Humanos en la República de Cuba*, OEA/Ser.L/V/II.4 Doc. 2, 20 de marzo de 1962; *Informe sobre la Situación de los Presos Políticos y su Familiares en Cuba*, OEA/Ser.L/V/II.7 Doc. 4, 17 de mayo de 1963; *Informe sobre la Situación de Derechos Humanos en Cuba*, OEA/Ser. L/V/II.17 Doc. 4, 7 de abril de 1967.

[26] Comisión Interamericana de Derechos Humanos, *Informe sobre la Situación de los Derechos Humanos en Haití*, OEA/Ser.L/V/II.21 Doc. 6 (español), rev., 21 de mayo de 1969.

[27] Véase <http://www.cidh.org/pais.esp.htm>.

[28] Comisión Interamericana de Derechos Humanos, *Informe sobre la Actuación de la Comisión Interamericana de Derechos Humanos en la República Dominicana*, OEA/Ser.L/V/II.13 Doc. 14 Rev. (español), 15 de octubre 1965.

de ambos bandos y logró que varios líderes políticos fueran liberados y pudieran salir a salvo del país. A instancias del Gobierno Provisional de la República Dominicana, la Comisión permaneció en el país para observar e informar sobre las elecciones presidenciales realizadas en junio de 1966. Esta misión histórica marcó el punto de inicio de las visitas de observación *in loco* de la Comisión a los Estados miembros de la OEA.

En reconocimiento de estas y otras acciones encaminadas a proteger los derechos humanos, la OEA designó a la Comisión un "órgano principal" de la Organización, con la firma del Protocolo de Reformas a la Carta de la OEA en la Tercera Conferencia Interamericana Extraordinaria celebrada en Buenos Aires en 1967. Dos años más tarde, la Comisión volvió a participar activamente en la protección de los derechos humanos en circunstancias muy difíciles.

Antes de que estallaran las hostilidades entre Honduras y El Salvador, en julio de 1969, ambos Estados habían solicitado a la Comisión que enviara una misión a investigar las denuncias de una serie de atrocidades cometidas contra sus nacionales en el territorio del otro país. La Comisión nombró de inmediato un Subcomité para que visitara ambos países e investigara los actos denunciados. Del 4 al 10 de julio de 1969, el Subcomité se entrevistó con funcionarios y particulares, y recibió quejas de ambos gobiernos. Cuando estalló el conflicto entre los dos Estados, el 14 de julio, a petición de El Salvador y de otras naciones americanas, la Comisión envió el Informe Preliminar del Subcomité a la Decimotercera Reunión de Consulta de Ministros de Relaciones Exteriores convocada para analizar la crisis. La Comisión siguió estudiando la situación en ambas naciones y recomendó que los dos gobiernos adoptaran las medidas apropiadas para garantizar que se socorriera debidamente a las víctimas y se impidieran futuras violaciones a los derechos humanos.[29]

A principios de los años setenta, la Comisión empezó a expresar su preocupación frente a los actos de violencia cada vez más frecuentes y desestabilizadores que cometían actores no estatales. En particular, en su Informe Anual de 1971, la Comisión denunció los actos terroristas perpetrados en los Estados miembros como "un crimen masivo que crea

---

[29] Comisión Interamericana de Derechos Humanos, *Informe Especial El Salvador y Honduras,* OEA/Ser.L/V/II.23 Doc. 9 (español), rev. 29 de abril de 1970.

un clima de inseguridad y ansiedad con el pretexto de querer llevar más justicia social a las clases menos favorecidas".[30]

La Comisión también empezó a urgir a los Estados miembros a que agilizaran los procesos judiciales, de tal suerte que las personas acusadas pudieran ser enjuiciadas sin demoras indebidas. Además, abogaba que los sistemas penales fueran mejorados a fin de que las prisiones cumplieran su propósito de rehabilitación y que los reclusos no fueran sometidos a un trato inhumano y degradante. De igual manera, la Comisión exhortó a que se adoptaran las medidas necesarias para garantizar que todos tuvieran acceso a la educación, al notar que el analfabetismo había aumentado en el continente en el curso de los últimos años.

Más importante aún, la Comisión empezó a hacer hincapié en el vínculo existente entre el ejercicio efectivo de la democracia y el respeto de los derechos humanos, asunto en el que ha seguido insistiendo de manera continua hasta la fecha. Al observar la inestabilidad política que imperaba en el hemisferio a principios de los setenta, la CIDH advertía que a menos que las naciones empezaran a solucionar dicho problema desde sus raíces, toda acción tendiente a salvaguardar los derechos humanos sería en gran medida infructuosa.

LAS ACTIVIDADES DE LA COMISIÓN DE 1973
A PRINCIPIOS DE LOS AÑOS NOVENTA

Cabe recordar que cuando la Convención Americana estaba siendo negociada, a mediados de los sesenta, la mayor parte de los países miembros de la OEA, pese a su acentuada debilidad institucional, contaba con gobiernos nominalmente democráticos y elegidos libremente. En cambio, en 1978, cuando la Convención entró en vigor, Argentina, Brasil, Bolivia, Chile, Perú y Uruguay, así como varios países centroamericanos, eran regidos por regímenes militares golpistas o por gobiernos civiles débiles bajo la tutela del ejército. Muchos de estos regímenes, que enfrentaban la insurgencia izquierdista o de otros grupos violentos, instituyeron políticas que violaban los derechos humanos básicos y las normas del derecho

---

[30] Comisión Interamericana de Derechos Humanos, *Informe Anual a la Asamblea General*, OAS/Ser.L/V/II/.27 Doc. 11, rev. 6 de marzo de 1972, p. 15.

internacional humanitario. Los asesinatos sistemáticos, la tortura y las desapariciones, así como la proscripción de los partidos políticos, los sindicatos y los grupos estudiantiles, y la censura de los medios de comunicación, figuraban entre sus prácticas más emblemáticas. Más aún, muchos de estos regímenes, sobre todo en América del Sur, eran partidarios particularmente fervientes de la doctrina de la seguridad nacional y justificaban sus acciones (que equivalían a un terror patrocinado por el Estado) como necesarias para ganar la así llamada Tercera Guerra Mundial contra el comunismo internacional, dentro o fuera de casa.

Estos regímenes solían calificar a las organizaciones no gubernamentales (ONG), locales y extranjeras, que denunciaban sus excesos ante la Comisión, como apologistas de la subversión. De ahí que desde los años setenta hasta finales de los ochenta, muchas élites en todo el continente llegaran a considerar la promoción de los derechos humanos como una especie de ideología de izquierda, lo cual, a su vez, tuvo el desafortunado efecto de oscurecer y politizar el tema. En efecto, muchos de estos gobiernos consideraban que las indagaciones que hacía la Comisión sobre sus prácticas ilícitas y la divulgación posterior de las mismas eran prácticas que favorecían y agradaban a sus enemigos internos.

Por su parte, las políticas que aplicó Estados Unidos a lo largo del hemisferio durante los setenta y ochenta, con la notable excepción del gobierno de James Carter, propiciaron aún más que se politizaran los esfuerzos encauzados a promover el respeto de los derechos humanos. Esto fue especialmente cierto durante el gobierno de Ronald Reagan. Viendo los derechos humanos con el cristal de la Guerra Fría, ese gobierno apoyó a muchos de los peores violadores de los derechos humanos del continente, dadas sus declaradas credenciales anticomunistas. Siguiendo su política de enfrentar y "desangrar" a la Unión Soviética y a sus aliados putativos en todo el mundo, Reagan armó, financió y apoyó las acciones contrainsurgentes de los gobiernos de El Salvador, Guatemala y Honduras, así como a los insurgentes nicaragüenses, pese a las violaciones que éstos cometían a los derechos humanos. Por ello, no es de sorprender que muchos en el hemisferio llegaran a identificar los derechos humanos, no como un cuerpo de reglas y procedimientos legales de protección, sino más bien como una herramienta de la política exterior estadounidense que era aplicada de manera selectiva y, a menudo, incongruente. Al mismo tiempo, mientras que cada vez más países se inclinaban por ratificar la

Convención Americana, Estados Unidos se rehusó a hacerlo. Estas realidades deben ser comprendidas para poder apreciar el complejo entorno en el que operó la Comisión durante ese periodo.

Su logro más destacado a lo largo de esta difícil etapa de gobiernos autoritarios fue quizá la publicación de los informes por país, sobre todo del Cono Sur, que evaluaban las prácticas de los gobiernos de la región en materia de derechos humanos. A este respecto, son dignos de mención los informes de 1974, 1976 y 1977 sobre Chile,[31] los de 1978 sobre Paraguay y Uruguay,[32] y el de 1980 sobre Argentina.[33] Varios de estos informes fueron el resultado de las visitas de observación *in loco* que realizó la Comisión, mientras que otros, dado que el gobierno concernido no la autorizaba a ello, fueron redactados por iniciativa propia de la Comisión. Estos informes y las visitas de observación elevaron considerablemente la credibilidad, notoriedad y prestigio de la CIDH en toda la región. Sin duda, la visita de la Comisión a Argentina en 1979 fue la más exitosa en término de resultados.[34]

A su llegada a Buenos Aires, en el momento más álgido de la "guerra sucia" del régimen de facto contra la subversión, la Comisión recibió los testimonios de miles de personas; entre ellas, los de parientes de los desaparecidos y de otras víctimas de los excesos del régimen. El informe de 1980 de la Comisión presenta una crónica detallada del carácter sistemático de las violaciones de los derechos humanos que perpetraba el gobierno militar de ese país.[35] En Argentina, muchos afirman que la publicación de ese informe contribuyó a que disminuyera notablemente

---

[31] Comisión Interamericana de Derechos Humanos, *Informe sobre la Situación de los Derechos Humanos Humanos en Chile*, OEA/Ser.L/V/II.34 Doc. 21, 25 de octubre de 1974; *Segundo Informe sobre la Situación de los Derechos Humanos en Chile*, OEA/Ser.L/V/II.37 Doc. 19, Corr. 1, 28 de junio de 1976; *Tercer Informe sobre la Situación de los Derechos Humanos en Chile*, OEA/Ser.L/V/II.40 Doc. 10, 11 de febrero de 1977.

[32] Comisión Interamericana de Derechos Humanos, *Informe sobre la Situación de los Derechos Humanos en Paraguay*, OEA/Ser.L/V/II.43 Doc. 13 Corr. 1, 31 de enero de 1978; *Informe sobre la Situación de los Derechos Humanos en Uruguay*, OEA/Ser.L/V/II.43 Doc. 19, corr. 1, 31 de enero de 1978.

[33] Comisión Interamericana de Derechos Humanos, *Informe sobre la Situación de los Derechos Humanos en Argentina*, OEA/Ser.L/V/II.49 Doc. 19, 11 de abril de 1980.

[34] *Idem.*

[35] *Idem.*

el número de desapariciones reportadas. Sin embargo, además de la repercusión que tuvo en el continente, varios gobiernos y órganos intergubernamentales de Europa tomaron como base ese informe para definir sus políticas hacia Argentina.

Durante ese periodo, el sistema de denuncias individuales no era muy conocido fuera de la región del Cono Sur y, por tanto, no era muy utilizado por las víctimas de abusos de los derechos humanos, o sus representantes, en otras partes del hemisferio. Más aún, cuando la Comisión llegaba efectivamente a abrir un caso, muchos gobiernos simplemente se rehusaban a cooperar con ella y hacían caso omiso de sus requerimientos de información. En consecuencia, no fue sino hasta fines de los años ochenta que la determinación de violaciones a los derechos humanos, según los términos de la Declaración Americana y la Convención Americana (luego de que el tratado entrara en vigor en 1978), llegó a ser una parte significativa de las labores de la Comisión. Sin embargo, esto no significa que la CIDH no haya emitido varias resoluciones de fondo muy importantes e innovadoras. Por ejemplo, sus decisiones, debatidas a finales de los ochenta y finalmente emitidas en 1992, en las que se determinaba que las medidas de amnistía aplicadas en Argentina y Uruguay eran violatorias de la Convención Americana, realmente marcaron un hito y dieron ímpetu al movimiento mundial contra la impunidad.[36] Asimismo, a principios de 1986, la Comisión rompió, por fortuna, con sus prácticas pasadas y empezó a remitir casos a la Corte Interamericana.

LAS ACTIVIDADES DE LA COMISIÓN DESDE PRINCIPIOS DE LOS NOVENTA HASTA LA FECHA

A finales de los años ochenta, la mayoría de los regímenes autoritarios en la región habían desaparecido y, a principios de los noventa, todos los

---

[36] Comisión Interamericana de Derechos Humanos, Herrera y otros, *Informe Nº 28/92*, Argentina, casos 10.147, 10.181, 10.240, 10.262, 10.309 y 10.311, 2 de octubre de 1992; *Informe Anual 1992-1993*, OEA/Ser.L/V/II.83 Doc. 14, 12 de marzo de 1993; De los Santos Mendoza y otros, *Informe Nº 29/92*, Uruguay, casos 10.029, 10.036, 10.145, 10.305, 10.372, 10.373, 10.374 y 10.375, 2 de octubre de 1992, *Informe Anual 1992-1993*, OEA/Ser.L/V/II.83 Doc. 14, 12 de marzo de 1993.

gobiernos de los Estados miembros de la OEA habían sido libremente elegidos, con la excepción de Cuba. La caída de la Unión Soviética, el fin de la Guerra Fría y de los conflictos armados en Centroamérica, así como el nacimiento y fortalecimiento de las instituciones de la sociedad civil a lo largo del continente, parecían ser buena señal para incrementar el respeto de los derechos humanos, en los ámbitos nacional y regional. Al mismo tiempo, las políticas del gobierno de Clinton hacia la región tenían un enfoque menos ideológico y más multilateral que las de los dos gobiernos previos. Aunque continuó apoyando las políticas anteriores de aislar a Castro y erradicar la producción de coca en la región andina, el presidente estadounidense lanzó nuevas iniciativas para mejorar el estado de derecho y las instituciones democráticas en América Latina, al promover reformas judiciales y varias medidas contra la corrupción. También adoptó una postura más agresiva para alcanzar los intereses económicos de Estados Unidos en toda la región, insistiendo en la apertura de los mercados como una condición para que los países recibieran ayuda financiera del exterior. El gobierno de Clinton también apoyó con fuerza el quehacer de la Comisión y de la Corte en los órganos políticos de la OEA.

En América Latina, varios Estados que estaban saliendo de años de gobierno autoritario dieron algunos pasos simbólicos e importantes para romper con el pasado. Se instalaron Comisiones de la Verdad en Argentina, Chile, El Salvador y, más tarde, en Guatemala. Más aún, entre los primeros actos de los gobiernos recientemente elegidos de Argentina, Chile y Uruguay destacan la ratificación de la Convención Americana y la aceptación de la jurisdicción contenciosa de la Corte. A mediados de los años noventa, los gobiernos de México y Brasil invitaron por primera vez a la Comisión para que realizara visitas in situ con el fin de evaluar la situación de los derechos humanos en ambos países. Asimismo, en 1998 las dos naciones aceptaron la competencia de la Corte Interamericana. Durante este periodo, diversos Estados, entre ellos Argentina, Brasil, Colombia y México, empezaron por primera vez a diseñar planes nacionales en materia de derechos humanos, los cuales se definieron en parte con base en la jurisprudencia de la Comisión y de la Corte.

Otra consecuencia inmediata de las nuevas condiciones políticas en la región latinoamericana fue el incremento sustancial del número de peticiones a la Comisión que exigían resarcimiento por las violaciones cometidas en el pasado por regímenes autoritarios. Aunque los gobiernos recientemente elegidos ya no violaban los derechos humanos como parte de una política estatal, la naturaleza de las nuevas denuncias pronto hizo evidente que muchos países padecían profundas deficiencias estructurales y problemas endémicos, como la violencia policiaca, la discriminación racial y de otros tipos, la exclusión de los grupos vulnerables de una participación significativa en la política y la ineficiencia, corrupción o debilidad del poder judicial. Y lo más inquietante de todo era que muchas de las nuevas denuncias que hacían eco del pasado se referían a la violación de derechos fundamentales, como el derecho a la vida y la prohibición de la tortura.

Al comprender que esos problemas y deficiencias podrían socavar las instituciones democráticas y el respeto a los derechos humanos, a menos que se les proveyera un remedio, a principios de los noventa la Comisión empezó a vigilar muy de cerca la situación de los derechos humanos en aquellos países que presentaban las instituciones democráticas más frágiles y que seguían padeciendo de violencia política. Las situaciones en Guatemala y Haití eran especialmente preocupantes a este respecto. Además de las visitas periódicas a esos países, la CIDH publicó cuatro informes sobre la situación de los derechos humanos en Haití entre 1990 y 1995,[37] y tres sobre Guatemala entre 1993 y 2001.[38] También se prestó especial atención, aunque por motivos ligeramente diferentes, a los casos de Colombia y Perú, que en ese momento eran los únicos países del continente en los que seguía habiendo conflictos internos armados.[39]

[37] Comisión Interamericana de Derechos Humanos, *Informe sobre la Situación de los Derechos Humanos en Haití*, OEA/Ser.L/V/II.77, rev.1 Doc. 18, 8 de mayo de 1990; *Informe sobre la Situación de los Derechos Humanos en Haití*, OEA/Ser.L/V/II.85 Doc. 9, rev., 11 de febrero de 1994; *Informe sobre la Situación de los Derechos Humanos en Haití*, 1994; *Informe sobre la Situación de los Derechos Humanos en Haití*, OEA/Ser.L/V.88 Doc. 10, rev., 9 de febrero de 1995.

[38] Comisión Interamericana de Derechos Humanos, *Cuarto Informe sobre la Situación de los Derechos Humanos en Guatemala*, OEA/Ser.L/V/II.83 Doc., 16, rev. 1 de junio de 1993; *Informe Especial sobre la Situación de los Derechos Humanos de las Llamadas "Comunidades de Población en Resistencia" de Guatemala*, OEA/Ser.L/V/II.86 Doc. 5, rev. 1, 16 de junio de 1994; *Quinto Informe sobre la Situación de los Derechos Humanos en Guatemala*, OEA/Ser.L/V/II.111 Doc. 21, rev. 6 de abril de 2001.

[39] Comisión Interamericana de Derechos Humanos, *Informe sobre la Situación de los Derechos Humanos en Perú*, OEA/Ser.L/V/II.83 Doc. 31, 12 de marzo de 1993; *Segundo*

Pese a las prolongadas hostilidades y al fracaso de las negociaciones con los grupos guerrilleros que controlan grandes porciones del territorio nacional, Colombia siempre ha tenido instituciones democráticas relativamente fuertes, elecciones regulares, una prensa libre y gobiernos que han buscado la asesoría de la Comisión y otros órganos intergubernamentales. Los aspectos que principalmente han preocupado a la Comisión incluyen los lazos estrechos que mantienen las fuerzas de seguridad colombianas con varios grupos paramilitares; las violaciones al derecho internacional humanitario que han cometido todas las partes en el conflicto; el recurso a cortes militares para eximir a los miembros de las fuerzas de seguridad de su responsabilidad por infringir los derechos humanos; los ataques contra los defensores de los derechos humanos; y el imperio de la cultura de la impunidad, que refleja la incapacidad de las autoridades de seguridad y del poder judicial civil para investigar y castigar prácticamente cualquier tipo de conducta criminal. Al destacar éstos y otros problemas relacionados con los derechos humanos, la Comisión como tal o algunos de sus miembros han visitado regularmente el país. En 1999, la CIDH publicó un informe de enorme importancia sobre la situación de los derechos humanos y el conflicto armado en Colombia,[40] y a la fecha está preparando una actualización basada en su visita *in loco* más reciente. Cabe hacer notar que tanto la legislación promovida por el gobierno, como las resoluciones de la Corte Constitucional de Colombia tendientes a implementar las resoluciones de la Comisión, la Corte y otros órganos de derechos humanos, son las más ambiciosas e innovadoras en la región.

La naturaleza y el tenor de las relaciones de la Comisión con el gobierno de Alberto Fujimori en Perú fueron muy distintas. Luego de su "autogolpe de Estado" en abril de 1992, con el que abolió al Congreso e hizo una purga del personal judicial participante en cada uno de los

Informe sobre la Situación de los Derechos Humanos en el Perú, OEA/Ser.L/V/II.106 Doc. 59, rev. 2 de junio de 2000; *Segundo Informe sobre la Situación de los Derechos Humanos en Colombia*, OEA/Ser.L/V/II.84 Doc. 39, rev., 14 de octubre de 1993; *Tercer Informe sobre la Situación de los Derechos Humanos en Colombia*, OEA/Ser.L/V/II.102 Doc. 9, rev. 1, 26 de febrero de 1999.

[40] Comisión Interamericana de Derechos Humanos, *Tercer Informe sobre la Situación de los Derechos Humanos en Colombia*, OEA/Ser.L/V/II.102 Doc. 9, Rev. 1, 26 de febrero de 1999.

aspectos de la administración de la justicia, el presidente Fujimori adquirió varios compromisos con la OEA relativos a la pronta restauración de la democracia. Por desgracia, los órganos políticos de la Organización no se esforzaron mucho por hacer que Fujimori los cumpliera. La Comisión pronto empezó a recibir verdaderas oleadas de quejas en las que se denunciaban las violaciones al derecho de recibir un juicio justo en relación con la aplicación de las leyes antiterroristas de Perú. Otras peticiones revelaban infracciones sistemáticas del derecho a la vida, incluidas desapariciones, el derecho a un trato humano, el derecho a la libertad personal y la libertad de expresión. Dado que el gobierno se negaba a atender los casos en los que la Comisión había determinado que se había perpetrado una violación, ésta empezó a remitir a la Corte Interamericana aquellos casos que eran más representativos de las prácticas ilícitas del gobierno de Fujimori. En respuesta, Perú promovió –sin éxito– varias iniciativas entre los órganos políticos de la OEA que tenían el supuesto propósito de "fortalecer" el sistema de derechos humanos regional, pero cuya finalidad real era limitar, o incluso eliminar, las facultades supervisoras de la Comisión. Más aún, en 1999 Perú trató de retirar su aceptación de la jurisdicción de la Corte con el fin de evitar que se litigaran varios casos muy notorios. Aunque la Corte determinó que el supuesto retiro de Perú no tenía efecto y, por ende, procedió a emitir su fallo en ésos y otros casos contra el país, el gobierno de Fujimori siguió desafiando a la Corte al ignorar sus órdenes y resoluciones. Frente a ese desafío, la OEA se mantuvo en gran medida pasiva, pese al papel que debía desempeñar como garante último de la integridad del sistema de derechos humanos que sus miembros habían creado. En 1998, la Comisión entera visitó Perú y el 4 de junio de 2000, en vísperas de la Asamblea General de la OEA que tendría lugar en Windsor, Canadá, publicó su informe sobre la situación de los derechos humanos en ese país.[41]

El documento detallaba meticulosamente la destrucción progresiva del estado de derecho y de la democracia durante el mandato de Fujimori, y retaba a la OEA a que actuara como convenía pues los recientes comicios

---

[41] Comisión Interamericana de Derechos Humanos, *Segundo Informe sobre la Situacion de los Derechos Humanos en el Perú*, OEA/Ser.L/V/II.106 Doc. 59, rev. 2 de junio de 2000.

presidenciales, en donde Fujimori había resultado electo para un tercer periodo, constituían una "interrupción irregular del proceso democrático".

Así fue como los órganos políticos de la OEA se pusieron a la altura de las circunstancias y pidieron al gobierno de Fujimori que adoptara una serie de medidas, las cuales sin duda influyeron en la decisión que tomó este último, varios meses más tarde, de renunciar vergonzosamente a la presidencia. La labor que realizó la Comisión en Perú la mostró en todo su esplendor. Al utilizar todos los medios a su alcance, que incluían el ejercicio de su función diplomático-política dentro de la OEA, la CIDH, junto con la Corte, no sólo fue capaz de lograr que se hiciera justicia en los casos individuales, sino que también, mediante la divulgación pública de éstos, pudo actuar como un mecanismo de "advertencia temprana", que mantuvo a la región informada de las cosas terribles que estaban ocurriendo en un importante Estado del continente.

Durante este mismo periodo, las ONG de derechos humanos, que florecían y proliferaban a lo largo de la región, empezaron a interponer muchos recursos en los que planteaban nuevas y novedosas denuncias legales concernientes, entre otros, a los derechos de la mujer, la libertad de expresión, los derechos de los pueblos indígenas, los derechos ambientales, los derechos laborales, el VIH-SIDA y otros derechos económicos, sociales y culturales. Sin duda, sus acciones se vieron estimuladas por la entrada en vigor del Protocolo Adicional a la Convención Americana sobre Derechos Humanos en Materia de Derechos Económicos, Sociales y Culturales (Protocolo de San Salvador)[42] y la Convención Interamericana para Prevenir, Sancionar y Erradicar la Violencia contra la Mujer (Convención de Belém Do Pará),[43] en 1999 y 1995, respectivamente.

A mediados de los noventa, pese a la realización de elecciones regulares y a la existencia de sociedades más libres y abiertas, muchos países, en particular de América del Sur, empezaron a experimentar graves problemas económicos y un deterioro marcado de las instituciones demo-

[42] "Protocolo Adicional a la Convención Americana sobre Derechos Humanos en Materia de Derechos Económicos, Sociales y Culturales", "Protocolo de San Salvador", OEA *Serie de Tratados* núm. 69, A-52, adoptado el 17 de noviembre de 1988, en vigor desde el 16 de noviembre de 1999.

[43] "Convención Interamericana para Prevenir, Sancionar y Erradicar la Violencia contra la Mujer", "Convención de Belém Do Pará", OEA *Serie de Tratados,* A-61, adoptada el 6 de septiembre de 1994, en vigor desde el 3 de mayo de 1995.

cráticas, que contribuyeron a alentar los intentos de golpe de Estado y otras vías para lograr un cambio de régimen. Si bien estos ataques al orden constitucional no son del todo cosa del pasado, la OEA al fin empezó a tomar ciertas acciones para repudiarlos. La Resolución 1080,[44] que estipula la expulsión de la OEA de los regímenes golpistas, y la Carta Democrática Interamericana[45] de 2001 dejan en claro que la Organización y sus países miembros no aceptan ya los golpes de Estado. De acuerdo con estos avances positivos, en fecha reciente la Comisión ha estado muy atenta a la situación de conflicto político en Venezuela, sobre todo desde el intento de golpe contra el presidente Chávez, en abril de 2002, así como a las situaciones de Bolivia, Ecuador, Guatemala y Haití. En marzo de 2003, la CIDH publicó un amplio informe sobre Venezuela, en el que se analizan las razones del clima altamente polarizado de ese país y sus efectos negativos sobre la protección de los derechos humanos.[46]

El sistema de derechos humanos sufrió cierto revés en 1998, cuando Trinidad y Tobago denunció formalmente violaciones a la Convención Americana. Esta acción sin precedentes se debió en gran medida al hecho de que la Comisión examinara numerosas demandas en las que se alegaba que la imposición de la pena de muerte obligatoria en todos los casos capitales violaba numerosas disposiciones de la Convención Americana. La Comisión, en sus informes preliminares de 1999,[47] y la Corte Interamericana, tras un juicio de méritos en 2002,[48] confirmaron dichas violaciones. En 1999, el gobierno de Trinidad también ejecutó a varias personas, contraviniendo directamente las órdenes de carácter obligatorio que había emitido la Corte Interamericana. Pero, a pesar de estar al tanto de esa patente infracción de la Convención Americana, los órganos políticos

---

[44] OEA, AG/RES. 1080, XXI-O/91.

[45] OEA, AG/RES. 1838, XXI-O/01.

[46] Comisión Interamericana de Derechos Humanos, *Informe sobre la Situación de los Derechos Humanos en Venezuela*, OEA/Ser.L/V/II.118 Doc. 4, rev. 1, 24 de octubre de 2003.

[47] Véase por ejemplo, Comisión Interamericana de Derechos Humanos, *Haniff Hilaire*, Informe núm. 43/98, Trinidad y Tobago, caso 11.816, 25 de septiembre de 1998; *Informe Anual de la Comisión Interamericana de Derechos Humanos 1998*, OEA/Ser.L/V/II.102 Doc. 6, rev. 16 de abril de 1999.

[48] Corte Interamericana de Derechos Humanos, *Caso Hilaire, Constantine y Benjamin y otros vs. Trinidad y Tobago*, sentencia de 21 de junio de 2002, serie C núm. 94.

de la OEA decidieron no hacer absolutamente nada. Aunque la Comisión ha emitido resoluciones semejantes sobre el uso de la pena de muerte obligatoria en otros países caribeños, ninguno de ellos ha seguido el ejemplo de Trinidad y Tobago. Por fortuna, el nuevo gobierno de esta nación ha declarado su intención de reingresar a la Convención en su debido momento.

Como resultado del aumento en el número de peticiones recibidas durante la pasada década, la Comisión hizo de la resolución de esos casos su prioridad. Por ejemplo, en 1996 publicó 31 decisiones: 14 sobre admisibilidad o inadmisibilidad; 16 en cuanto al mérito y una solución amistosa.[49] En 2000, la CIDH emitió 153 decisiones, cinco veces más que en 1996, que incluyeron 35 de admisibilidad; 21 de inadmisibilidad; 23 resoluciones en cuanto al mérito; 13 soluciones amistosas y 61 decisiones ordenando el archivo del caso.[50] Muchas de las decisiones adoptadas por la Comisión durante los noventa consolidaron la jurisprudencia existente o abrieron nuevas rutas en campos tan diversos como las leyes sobre amnistía, la pena de muerte, la justicia militar, las medidas antiterroristas, las garantías de un juicio justo, los derechos indígenas, los derechos de las personas discapacitadas y los derechos laborales. Además, el número de soluciones amistosas por mediación de la Comisión ha aumentado enormemente en los años recientes. Estos acuerdos de soluciones amistosas, que la Comisión suele ofrecer a los litigantes por lo general después de haber declarado admisible una petición y haber abierto el caso, brindan una alternativa atractiva frente a la posibilidad de un prolongado litigio ante la Comisión y la Corte. Sobre todo, estos acuerdos han dado por resultado acciones de resarcimiento sumamente creativas y generosas para amplias categorías de víctimas de violaciones a los derechos humanos. Por tanto, han llegado a constituir una actividad muy relevante de la Comisión, aunque también sumamente costosa en términos de tiempo.

[49] Comisión Interamericana de Derechos Humanos, *Informe Anual de la Comisión Interamericana de Derechos Humanos 1996*, OEA/Ser.L/V/II.95 Doc. 7, rev., 14 de marzo de 1997.

[50] Comisión Interamericana de Derechos Humanos, *Informe Anual de la Comisión Interamericana de Derechos Humanos 2000*, OEA/Ser./L/V/II.111 Doc. 20, rev., 16 de abril de 2001.

Ahora bien, la insistencia en la resolución de casos no ha ido en detrimento de las visitas de observación *in loco* y la elaboración de informes por país. Éstos siguen representando una parte vital del quehacer de la Comisión, sobre todo en lo que respecta a aquellos países que padecen conflictos armados o problemas institucionales de gravedad, como Colombia, Guatemala, Haití y Venezuela. Sin embargo, las visitas de trabajo que han realizado en años recientes el Comisionado y los funcionarios de la Comisión responsables del país en cuestión, al término de las cuales se elaboran comunicados de prensa, han reemplazado en cierta medida a las visitas *in situ* que hacía la Comisión en pleno y que, por ende, resultaban más engorrosas y costosas. Cabe esperar que en futuras visitas y en los informes de ahí derivados, en lugar de examinar la situación global de los derechos humanos en el país en cuestión, la Comisión se enfoque mucho más en identificar y elaborar recomendaciones que conciernan a prácticas muy específicas en esa materia. Los informes más recientes sobre Guatemala y Venezuela, publicados en marzo de 2004, son indicativos de esa tendencia.[51]

A lo largo de los años noventa, la Comisión amplió considerablemente el número de sus Relatorías Especiales Temáticas, ya fuera por iniciativa propia o en respuesta a alguna solicitud expresa de las ONG y de los órganos políticos de la OEA. Estas relatorías no sólo hicieron que la opinión pública conociera las dificultades que enfrentan ciertos grupos vulnerables o los obstáculos que se presentan al libre ejercicio de algunos derechos fundamentales, sino que también dieron lugar a que se sentaran nuevos estándares en esta materia. La labor de estos mecanismos también enriqueció y fortaleció la actividad más general de la CIDH consistente en supervisar las prácticas de derechos humanos en los países visitados. A la fecha, la Comisión cuenta con Relatores Especiales para los derechos de los niños, las mujeres, los pueblos indígenas, los desplazados internos, los trabajadores migrantes, las condiciones carcelarias y la libertad de expresión. Asimismo, en respuesta a su preocupación por el incremento en los ataques a aquellos que trabajan en favor de los

---

[51] Comisión Interamericana de Derechos Humanos, *Justicia e Inclusión Social: Los Desafíos de la Democracia en Guatemala*, OEA/Ser.L/V/II.118 Doc. 5, rev. 1, 29 de diciembre de 2003; *Informe sobre la Situación de los Derechos Humanos en Venezuela*, OEA/Ser.L/V/II.118 Doc. 4, rev. 1, 24 de octubre de 2003.

derechos humanos en la región, a finales de 2001 la Comisión creó, dentro de su Secretaría Ejecutiva, la Unidad Funcional de Defensores de Derechos Humanos, la cual evalúa regularmente la situación de los trabajadores y organizaciones de derechos humanos en riesgo y recomienda a la Comisión que emita medidas precautorias para resguardar a esas personas y grupos de un daño irreparable. Muchos de esos mecanismos temáticos están apoyados por contribuciones económicas voluntarias de los Estados miembros de la OEA, el Banco Interamericano de Desarrollo y varios organismos de asistencia europeos. Asumiendo que haya más recursos para apoyar esas relatorías, lo más probable es que las visitas de trabajo a los Estados miembros por parte de dichos mecanismos temáticos aumenten drásticamente.

Al cierre de los años noventa ya había concluido la así llamada década de transición a la democracia en la región. Sin embargo, es claro que las esperanzas que en un inicio se tuvieron de consolidar las instituciones democráticas y el estado de derecho, que son indispensables para proteger los derechos humanos de forma local, no fueron satisfechas en muchas naciones del hemisferio. A pesar de esto, sí se han hecho algunos progresos en ciertas áreas. Los pueblos de la región conocen más sus derechos humanos básicos y saben cómo acudir a la Comisión para exigir una reparación legal cuando éstos no son respetados. Más aún, han mostrado ser mucho menos tolerantes a la corrupción oficial y, por lo general, reclaman mucha más transparencia y rendición de cuentas de sus representantes elegidos que en el pasado. Asimismo, varios gobiernos, entre los que destacan Argentina, Chile y México, adoptaron recientemente nuevas medidas para combatir la impunidad y enfrentar los conflictivos legados del pasado. Como se sugiere en este trabajo, los cambios en los gobiernos y sus políticas, así como en las condiciones políticas y económicas de la región, han planteado nuevos retos a la Comisión a lo largo de los años. A este respecto, la Comisión y la Corte enfrentan ciertos desafíos y obstáculos que merecen especial atención y análisis.

Sin duda alguna, el mayor obstáculo para el funcionamiento eficaz de ambas instancias es la falta de recursos humanos y financieros. Dicho en pocas palabras, el sistema de peticiones y casos está en peligro inminente de derrumbarse. Los 17 abogados que trabajan para la Comisión y que a la fecha atienden casi mil casos abiertos no se dan abasto para hacer frente al incremento anual de peticiones y, por tanto, no pueden responder a las expectativas razonables que tienen los Estados y las víctimas de obtener una pronta resolución. El promedio anual de peticiones recibidas entre 1997 y 2001 fue de 609.[52] En 2002, la Comisión recibió 4 656 peticiones individuales, 3 635 de las cuales concernían al llamado "corralito" (el congelamiento de las cuentas de la banca privada) en Argentina.[53] Al margen de las peticiones del "corralito", la CIDH recibió 1 021 quejas en 2002, o 40% más que el promedio de los cinco años anteriores.[54] Esta tendencia continuó en 2003, con un total de 1 080 nuevas quejas.[55]

La situación de la Corte es aún más precaria. Como resultado de la reforma del Reglamento de la Comisión en 2001, por la que presuntamente todos los casos ahora han de ser remitidos a la Corte, los seis abogados que la conforman son del todo insuficientes para atender los 50 casos adicionales en curso y las más de 60 medidas provisionales que tiene en sus registros, y mucho menos con los 15 a 20 casos nuevos por año que se prevé le remitirá la Comisión.

Aunque la CIDH es el órgano principal de la OEA en el área de los derechos humanos, su presupuesto representa menos de 3.5% del presupuesto total de la Organización. Cabe señalar que los miembros tanto de la Comisión como de la Corte no son empleados asalariados de la OEA, sino que se les paga honorarios y viáticos cuando sesionan o realizan alguna otra actividad oficial. Cerca de dos terceras partes del presupuesto total de la Comisión se gasta en salarios y prestaciones; el resto apenas cubre los costos de dos sesiones regulares, la publicación de los informes anuales y especiales, y el costo de los contratos por resultado. Esto significa que el presupuesto no prevé ni la realización de una sola visita de observación a un Estado miembro (de las que suelen hacerse dos por año, en promedio), ni el litigio de un solo caso ante la Corte. Para llevar a cabo éstas y otras actividades de su mandato, la Comisión ha tenido que depender de las contribuciones voluntarias de Estados Unidos y

---

[52] Comisión Interamericana de Derechos Humanos, *Informe Anual de la Comisión Interamericana de Derechos Humanos 2002*, OEA/Ser.L/V/II.117 Doc. 1, rev. 1, 7 de marzo de 2003, capítulo III.B.

[53] *Idem.*

[54] *Idem.*

[55] *Idem.*

otros países europeos. Por su parte, la Corte ha recibido fondos de la Unión Europea que la ayudan a sufragar el costo de sus publicaciones. Es claro que, de no obtener recursos adicionales, ninguno de los dos órganos podrá seguir realizando en el futuro próximo las tareas que le han sido encomendadas. Y, dado que la OEA es un organismo en crisis financiera permanente, las probabilidades de que el financiamiento aumente son bastantes escasas.

Por otra parte, el hecho de que los miembros de la Convención Americana no hayan cumplido con incorporar debidamente los derechos y garantías de ese instrumento en sus leyes nacionales, ni hayan acatado las órdenes y fallos de la Comisión y la Corte, también afecta negativamente el funcionamiento del sistema. Algo que a menudo se pasa por alto es el hecho de que la responsabilidad de implementar la Convención Americana descansa primordialmente en los Estados parte de la misma. De acuerdo con la Convención Americana, los países signatarios no sólo se comprometen a garantizar que todas las personas bajo su jurisdicción gocen del libre ejercicio de los derechos y libertades reconocidos por ese instrumento, sino también a dar efecto legal y armonizar las interpretaciones de sus leyes internas con esos derechos y libertades. Como corolario, en ocasiones, quizá deban modificar o incluso derogar alguna norma legal nacional, si ésta es incompatible con las obligaciones asumidas en la Convención. Asimismo, se exige a los Estados parte que otorguen remedios judiciales efectivos a toda persona que denuncie la violación de esos derechos y libertades. La regla de la Convención que prevé el agotamiento previo de las instancias nacionales está basada en el principio de que debe darse a todo Estado la oportunidad de que provea por sí mismo una reparación dentro del marco de su sistema legal, antes de que las víctimas de violaciones puedan invocar la protección de los órganos de supervisión de la Convención. Por ende, la protección internacional que brindan la Comisión y la Corte es esencialmente de carácter subsidiario. Esto lo confirma el Preámbulo de la Convención, cuando señala que la protección internacional refuerza o complementa aquella que brindan las leyes nacionales de los Estados signatarios.

Por ello, resulta muy inquietante que, en casos concretos, la Comisión a menudo ha encontrado situaciones en las que los Estados signatarios de la Convención no habían hecho operativos los derechos previstos por ésta en sus legislaciones, o casos en los que ciertos jueces habían aplicado normas de la legislación nacional que contravenían los compromisos adquiridos por el país al ser parte de la Convención. Es obvio que si las leyes nacionales no reconocen esos derechos, no pueden entonces existir remedios internos para reparar la violación de los mismos. Afortunadamente, durante la década pasada, algunas naciones adoptaron ciertas medidas para corregir esa situación. Por ejemplo, algunos Estados incorporaron directamente en su legislación nacional ciertas disposiciones de la Convención, mientras que otros tienen constituciones que otorgan supremacía a la Convención y a otros tratados de derechos humanos por sobre el derecho interno. Más aún, el registro de los países signatarios que han cumplido con las decisiones de la Comisión y la Corte en cuanto al pago de indemnizaciones monetarias a las víctimas de violaciones de derechos humanos ha mejorado en comparación con el periodo de los regímenes autoritarios. Sin embargo, ningún Estado ha incorporado mecanismos y procedimientos legales que impongan el cumplimiento *íntegro* de los fallos y órdenes de la Comisión y de la Corte. La gran mayoría de los Estados parte, por lo general apela a la *res judicata* (cosa juzgada) o a la prescripción según las leyes internas como excusa para no cumplir con las órdenes y fallos que les exigen identificar, juzgar y castigar a los agentes estatales que fueron responsables de violar los derechos humanos. En consecuencia, la impunidad por esas violaciones sigue siendo la norma en toda la región. El hecho de que muchos países firmantes incumplan de manera habitual y generalizada numerosos aspectos de las decisiones de los órganos supervisores de la Convención resta credibilidad y eficacia al sistema.

Para que el sistema de derechos humanos de la región sea plenamente efectivo, los Estados miembros de la OEA deben tomar en serio su papel como garantes solidarios y últimos de la integridad del sistema. Es muy revelador que los órganos políticos de la OEA por lo general se mostraran más dispuestos a adoptar medidas en apoyo a las decisiones de la Comisión cuando las dictaduras predominaban en la región, que durante la última década de gobiernos libremente elegidos. Como se mencionó antes, estos órganos no hicieron absolutamente nada cuando los gobiernos de Perú y Trinidad y Tobago estaban desafiando abiertamente a la Comisión y a la Corte. No fue sino hasta después de la caída de Fujimori, en 2002, cuando varios Estados miembros empezaron a presentar propuestas para crear un procedimiento de revisión anual por la Asamblea General y el Consejo Permanente de la OEA a fin de evaluar el cumplimiento de las resoluciones de la Comisión y la Corte. Sin embargo, pese al debate que se está llevando a cabo, la Organización no ha creado todavía un tipo de mecanismo para ese fin. Por ende, en 2000, cuando la Comisión revisó su Reglamento, incluyó una nueva cláusula por la cual ahora puede adoptar las medidas de seguimiento que juzgue convenientes, como por ejemplo requerir información de los litigantes y realizar audiencias a fin de verificar que se esté dando cumplimiento a sus decisiones. Más aún, en su Informe Anual de 2001, la CIDH introdujo un nuevo capítulo en el que describe el grado de acatamiento de sus recomendaciones en los casos dictaminados y publicados en el curso de los dos años previos.[56] Cabe señalar que, en el Consejo de Europa, el incumplimiento de las decisiones de la Corte Europea de Derechos Humanos trae aparejado la imposición de sanciones; entre ellas, la expulsión del sistema regional. La voluntad política de la OEA muy probablemente volverá a ponerse a prueba ante la abierta negativa de Venezuela de cumplir con las decisiones de la Comisión y la Corte, y los ataques particularmente estridentes y vulgares del presidente Chávez contra los miembros y personal de la Comisión.

Un reto muy claro que enfrenta la Comisión es la necesidad de elaborar una estrategia coherente para manejar los derechos económicos, sociales y culturales. Aunque el Protocolo de San Salvador entró en vigor en 1999 y la Comisión se ha ocupado de esos derechos en sus informes sobre países y en varios casos, aún no ha articulado plenamente sus opiniones relativas a cómo hacer justiciables esos derechos según los términos de la Declaración Americana y la Convención Americana, como lo informa el texto del Protocolo de San Salvador.[57] Los retrocesos en la protección de los derechos civiles y políticos básicos que se han presen-

---

[56] Véase, Comisión Interamericana de Derechos Humanos, *Informe Anual de la Comisión Interamericana de Derechos Humanos 2001*, OEA/Ser./L/V/II.114 Doc. 5, rev. 16 de abril de 2002, capítulo III.

[57] "Protocolo Adicional a la Convención Americana sobre Derechos Humanos en Materia de Derechos Económicos, Sociales y Culturales", "Protocolo de San Salvador", OEA *Serie de Tratados,* núm. 69, A-52, adoptado el 17 de noviembre de 1988, en vigor desde el 16 de noviembre de 1999.

ciado en toda la región y que han requerido de laboriosos escrutinios y acciones por parte de la Comisión dan cuenta de ello. Sin embargo, los considerables recortes que han hecho muchos países en su gasto social, combinados con la creciente concientización por los derechos económicos, sociales y culturales, han dado por resultado nuevos y complejos casos que la Comisión tendrá que abordar desde una perspectiva más amplia que en el pasado.

El terrorismo ha sido un rasgo bastante común en Latinoamérica y ha planteado problemas importantes a la Comisión a lo largo de los últimos 45 años. En consecuencia, la Comisión ha adquirido considerable experiencia lidiando con el tema. Por ejemplo, en los años setenta y ochenta, la Comisión analizaba y denunciaba en sus informes el terrorismo patrocinado por el Estado que perpetraban los regímenes militares de Sudamérica. Más tarde, en los ochenta y noventa, las leyes antiterroristas y otras medidas contrainsurgentes en Guatemala y Perú fueron las preocupaciones prioritarias de la Comisión. Y, desde los años noventa, la CIDH ha vigilado muy de cerca algunas leyes y prácticas semejantes en Colombia. Aunque los Estados constituyen el objeto primario del mandato y actividades de la Comisión, ésta también ha condenado a lo largo de los años los actos terroristas cometidos por individuos o grupos armados disidentes. Al reconocer la amenaza que representa el terrorismo para la democracia y la protección de los derechos humanos, la Comisión ha afirmado en reiteradas oportunidades el derecho y deber de los Estados de proteger a sus ciudadanos de la violencia terrorista. A la vez, con base en las experiencias del pasado, ha reconocido que los pueblos de la región deben ser protegidos contra las respuestas desproporcionadas de los Estados a esa violencia.

Como resultado de las iniciativas legislativas y de otros tipos que adoptó el gobierno de George W. Bush tras los ataques terroristas del 11 de septiembre de 2001, la Comisión se dio cuenta de que debía asesorar a los países miembros de la OEA sobre cómo elaborar medidas antiterroristas y otras relacionadas, de tal manera que cumplieran con sus obligaciones legales internacionales. De esta manera, a finales de 2002, la Comisión publicó un amplio Informe sobre Terrorismo y Derechos Humanos,[58] cuyos varios cientos de páginas fueron el resultado de doce meses de intensos estudios

---

[58] Comisión Interamericana de Derechos Humanos, *Informe sobre Terrorismo y Derechos Humanos*, OEA/Ser.L/V/ll.116 Doc. 5, rev. 1, corr., 22 de octubre de 2002.

y deliberaciones dentro de la Comisión y se basaron en parte en las opiniones de expertos, mundialmente reconocidos, en derechos humanos y terrorismo, así como en las observaciones escritas de los Estados miembros y de varias ONG. Como parte de su metodología, el informe reconoce que la violencia terrorista puede ocurrir en tiempos de paz, en situaciones de emergencia y en situaciones de conflicto armado, por lo que examina las obligaciones de los Estados miembros de acuerdo con las leyes internacionales en materia de derechos humanos y del derecho internacional humanitario; es decir, las leyes sobre la guerra. El informe considera los estándares de protección bajo estos regímenes legales en seis áreas principales: el derecho a la vida, el derecho a un trato humano, el derecho a la libertad y la seguridad personales, el derecho al debido proceso y a un juicio justo, la libertad de expresión, el derecho a la protección judicial y la no discriminación, y la protección de los trabajadores migratorios, personas que buscan asilo, refugiados y otros no nacionales.

El informe deja en claro que, al tomar medidas para prevenir, sancionar y erradicar la violencia terrorista, los Estados continúan vinculados a sus obligaciones en materia de derechos humanos, bajo cualquier circunstancia, sujetos únicamente a las suspensiones y restricciones expresamente autorizadas por los instrumentos correspondientes. La Comisión hizo hincapié en que los ataques terroristas del 11 de septiembre, pese a su magnitud sin precedentes, no alteraron este precepto básico. También dejó en claro que ese informe sería su guía para evaluar las prácticas antiterroristas de los Estados miembros de la OEA. A este respecto, mientras elaboraba el informe, la Comisión juzgó necesario adoptar medidas precautorias por las cuales solicitaba a Estados Unidos que tomara acciones urgentes para que la situación legal de los detenidos en la Bahía de Guantánamo, Cuba, fuera determinada por un tribunal competente. Es muy probable que en el futuro cercano la Comisión se encuentre frente a peticiones que denuncien el juicio de algunas de estas personas detenidas por las comisiones militares de Estados Unidos, así como otras concernientes a la detención indefinida, sin acusación ni juicio, de varios de los así llamados combatientes enemigos en Estados Unidos.

La OEA recibió con beneplácito el informe de la Comisión, el cual fue ampliamente divulgado y citado dentro de las Naciones Unidas y el Consejo de Europa. A la luz de la amenaza constante de la violencia terrorista y la proliferación de medidas antiterroristas en la región, es claro que el tema seguirá ocupando un lugar prominente en la agenda de la Comisión.

Por último, la meta de que todos los Estados miembros de la OEA ratifiquen la Convención Americana sigue siendo difícil de alcanzar y un reto para el sistema. En virtud del carácter particular de los acuerdos que en materia de derechos humanos se han adoptado en la región, los países miembros no están obligados a ratificar la Convención Americana u otros tratados en la materia elaborados por la Organización. Estados Unidos, Canadá y varias islas del Caribe son a la fecha los únicos miembros que no han ratificado ese instrumento. Esto significa que el sistema que se creó bajo la Convención Americana, incluida la supervisión de la Corte Interamericana, se aplica básicamente a los Estados latinoamericanos. Esta situación dista mucho de ser la ideal por varios motivos. Desde el punto de vista de los derechos humanos, implica una desventaja para los ciudadanos de los países que no han ratificado la Convención, pues les niega la posibilidad de denunciar ante la Corte a sus respectivos Estados. Desde la perspectiva política, también tiene consecuencias negativas, particularmente para los no signatarios. Al mantenerse fuera de la estructura de la Convención, Estados Unidos y Canadá han visto su influencia y credibilidad cada vez más reducidas en los órganos políticos de la Organización cuando han presionado a varios Estados latinoamericanos para que cumplan con las obligaciones que asumieron en materia de derechos humanos bajo la Convención. Esto fue muy evidente durante las discusiones de 1999 en torno de la posible reforma de la Convención Americana, cuando varios gobiernos de América Latina, encabezados por Brasil, México y Perú, intentaron en un principio excluir a Estados Unidos y Canadá de las deliberaciones, aduciendo que no eran signatarios de ese tratado. Más aún, desde el punto de vista de las políticas públicas, sería muy conveniente para una región que avanza cada vez más hacia la integración en otras áreas, que todos sus miembros estuvieran vinculados por las mismas obligaciones legales y que sus pueblos tuvieran los mismos derechos, así como la misma posibilidad de obtener la protección que brindan los dos órganos de supervisión de la Convención. A este respecto, cabe destacar que, si bien existen muchas probabilidades de que Canadá ratifique la Convención en el futuro próximo, por desgracia no puede decirse lo mismo del caso de Estados Unidos.

INTERNACIONALIZACIÓN DE LA JUSTICIA
Y USO LEGÍTIMO DE LA FUERZA
POR RAZONES HUMANITARIAS

*José Miguel Vivanco**
Human Rights Watch Americas

Durante casi medio siglo –tanto como la existencia misma de las Naciones Unidas– la Asamblea General ha reconocido la necesidad de establecer dicho tribunal –la Corte Penal Internacional– para procesar y sancionar a las personas responsables de crímenes tales como el genocidio. Muchos pensaban [...] que los horrores de la Segunda Guerra Mundial [...] no se podrían repetir. Y sin embargo se han repetido –en Camboya, en Bosnia y Herzegovina, en Ruanda. Nuestra época [...] nos ha demostrado que la capacidad del hombre para la maldad no conoce límites. El genocidio es ahora una palabra de nuestro tiempo, también una realidad atroz que reclama una respuesta histórica.[1]

EL PRINCIPIO DE LA JURISDICCIÓN UNIVERSAL

La jurisdicción universal es un principio jurídico en virtud del cual cada Estado posee un interés directo en juzgar a los responsables de ciertos crímenes graves que preocupan a toda la humanidad, independientemente del lugar donde se hayan cometido y de la nacionalidad de los responsables y las víctimas. La regla general es que la competencia sobre un delito depende de la conexión, habitualmente territorial, entre el Es-

---

* El presente documento está basado en la experiencia de Human Rights Watch en la promoción de la protección y el respeto de los derechos humanos en el mundo.
[1] Kofi Annan, Secretario General de las Naciones Unidas. Una versión amplia de este texto puede ser consultada en: <http://www.un.org/law/icc/general/overview.htm>.

tado que lo juzga y el hecho delictivo. Pero, en el caso de gravísimas atrocidades, dicha conexión se funda en valores jurídicos y éticos universales. La razón es muy simple: a la comunidad internacional le interesa que no exista refugio para los responsables de crímenes atroces.

Para determinar qué crímenes suscitan la jurisdicción universal conforme al derecho internacional, es necesario examinar algunos tratados internacionales –como la Convención contra la Tortura y Otros Tratos o Penas Crueles, Inhumanos o Degradantes (en adelante, Convención contra la Tortura), o los Convenios de Ginebra sobre crímenes de guerra[2]– y la costumbre general de los Estados (derecho internacional consuetudinário) según los cuales el genocidio y los «crímenes contra la humanidad» se consideran sujetos a la jurisdicción universal. La Resolución 260 de la Asamblea General de LA ONU del 9 de diciembre de 1948,[3] que expidió la Convención para la Prevención y Sanción del Delito de Genocidio, estableció lo siguiente: "…en todos los periodos de la historia el genocidio ha infligido grandes pérdidas a la humanidad; y convencidas de que para liberar a la humanidad de un flagelo tan odioso se necesita la cooperación internacional...". El artículo I de esta Convención califica el genocidio como "delito de derecho internacional", y el artículo VI señala que las personas acusadas de genocidio "serán juzgadas por un tribunal competente del Estado en cuyo territorio el acto fue cometido, o ante la corte penal internacional que sea competente respecto a las partes contratantes que hayan reconocido su jurisdicción". En la misma Resolución, la Asamblea General también invitó a la Comisión de Derecho Internacional a estudiar si era deseable y posible el establecimiento de un órgano judicial internacional para procesar a las personas acusadas de genocidio.

Poco a poco la soberanía deja de ser un obstáculo para detener o sancionar crímenes contra la humanidad y hay mayores probabilidades de que los dictadores que cometen estos delitos se enfrenten al procesamiento o, como veremos más adelante, a la intervención militar humani-

---

[2] Los instrumentos internacionales de derechos humanos de la Organización de las Naciones Unidas pueden ser consultados en: <http://www.unhchr.ch/spanish/html/intlinst_sp.htm>.

[3] El texto completo de la Resolución 260 de la ONU que crea la Convención para la Prevención y Sanción del Delito de Genocidio puede ser consultado en: <http://www.unhchr.ch/spanish/html/menu3/b/p_genoci_sp.htm>.

taria en casos extremos. La lección aprendida es que estos líderes corren el riesgo de perder la libertad y el control del territorio si cometen violaciones graves y masivas a los derechos humanos.

El caso Pinochet

El 16 de octubre de 1998, agentes de la Policía Metropolitana de Londres, actuando a petición del magistrado español Baltasar Garzón, detuvieron al ex dictador chileno general Augusto Pinochet, cuando se estaba recuperando de una operación en una clínica londinense. El 11 de septiembre de 1973, Pinochet dirigió un golpe militar violento contra el presidente Salvador Allende y se mantuvo en el poder hasta 1990. Encabezó un régimen militar que desmanteló las instituciones democráticas de Chile, y gobernó sobre la base del terror que culminó en la pérdida de más de 3 000 vidas, torturas contra decenas de miles de personas y el exilio forzado de aproximadamente un cuarto de millón de chilenos. Pinochet estuvo bajo arresto domiciliario en Inglaterra, sometido a procedimientos de extradición a solicitud del juez Garzón que lo acusó de tortura y conspiración para cometer tortura.

La Cámara de los Lores –el más alto tribunal británico– concluyó en dos decisiones sucesivas que la detención de Pinochet era legítima y que no gozaba de inmunidad como ex jefe de Estado frente a la extradición que por estos crímenes solicitaba el juez español. Dicha Cámara basó su dictamen en la Convención contra la Tortura que Chile, España y el Reino Unido habían ratificado e incorporado a sus legislaciones nacionales a finales de los ochenta. Esa decisión histórica evidenció el creciente consenso en la comunidad internacional de que los derechos humanos trascienden las fronteras nacionales, limitando así la inmunidad de ex jefes de Estado e incluso las prerrogativas de la soberanía nacional. Este hecho se sumó a una lista de precedentes históricos que se iniciaron con los juicios de Nuremberg tras la Segunda Guerra Mundial, que establecieron el principio de que no debe existir inmunidad para los responsables de atrocidades, independientemente de quiénes sean y dónde se hayan cometido los crímenes. Este principio fue ratificado por la Asamblea General de las Naciones Unidas en 1946 e incorporado en los estatutos para el establecimiento de los tribunales para la ex Yugoslavia y Ruanda, y en el Estatuto de la nueva Corte Penal Internacional (CPI), adoptado en Roma en julio de 1998. Sin embargo, muy pocos Estados han tenido el valor de poner en práctica estos principios.

La investigación española por los crímenes de Pinochet se inició con una querella criminal presentada en julio de 1996 por la Asociación de Fiscales Progresistas que denunciaron la desaparición en Chile de siete ciudadanos españoles. A partir de esta primera acusación, los cargos se ampliaron a un auto de procesamiento masivo por genocidio, asesinato y tortura de miles de ciudadanos chilenos, tanto dentro como fuera de las fronteras de Chile, cometidos durante el régimen de Pinochet. Sujeto a las exigencias de la ley de extradición británica, tratándose de hábeas corpus ante la Cámara de los Lores, el caso se restringió finalmente al crimen de tortura. Además, los jueces lores limitaron al último año del gobierno de Pinochet como plazo para admitir casos de tortura; es decir, después de diciembre de 1988, cuando las disposiciones de la Convención contra la Tortura estaban en vigor en los tres países.

Tras su detención, Suiza, Bélgica y Francia se sumaron a la petición española de extradición de Pinochet por crímenes cometidos contra sus ciudadanos, en tanto que Alemania y Suecia abrieron investigaciones por hechos similares. En Estados Unidos, el Departamento de Justicia reactivó una investigación para determinar la presunta participación de Pinochet en el asesinato de Orlando Letelier del Solar, ex ministro de Defensa de Allende ocurrido en la ciudad de Washington en 1976 con un carro bomba, y de la ciudadana estadounidense Ronni Karpen Moffitt, cuyos responsables –agentes de la policía secreta de Pinochet, la Dirección de Inteligencia Nacional, Dina, y exiliados cubanos contratados en Estados Unidos– habían sido juzgados y condenados en Estados Unidos y Chile.

En marzo de 2000 Pinochet regresó a Chile, después de que el secretario del Interior de Gran Bretaña, Jack Straw, ordenara levantar su arresto domiciliario alegando razones de salud. El gobierno chileno abogó por su retorno argumentando que no existían obstáculos jurídicos o políticos para que Pinochet enfrentara juicios en Chile por violaciones a los derechos humanos. Efectivamente, a su regreso se enfrentó a más de 60 demandas penales presentadas desde enero de 1998 por familiares de víctimas de ejecuciones extrajudiciales, desapariciones y torturas. En mayo de 2000, la Corte de Apelaciones de Santiago ordenó el levantamiento de su inmunidad parlamentaria y concluyó que existían razones suficientes para su procesamiento. El 8 de agosto del mismo año la Corte Suprema de Chile confirmó la decisión. Este veredicto fue considerado una victoria histórica para la justicia chilena e internacional.

Aunque en enero de 2002 el juez Juan Guzmán dictó un auto de procesamiento contra Pinochet por 18 cargos de secuestro agravado y 57 por homicidio, el caso conocido como La Caravana de la Muerte fue suspendido en julio de ese año por la Corte de Apelaciones de Santiago al considerar que Pinochet estaba muy enfermo para ser sometido a juicio. Esta decisión fue confirmada por la Corte Suprema al año siguiente. Desde esta fecha, los tribunales han desechado tres solicitudes de desafuero en distintos casos recurriendo a argumentos similares. Sin embargo, en junio de 2003, otra sala de la misma Corte de Apelaciones de Santiago sorpresivamente levantó su inmunidad para enfrentar cargos por su responsabilidad en la Operación Cóndor, un plan secreto de las dictaduras del Cono Sur para secuestrar y desaparecer a disidentes políticos puesto en marcha en la década de los setenta.

En los últimos cuatro años, más de 200 militares han sido procesados en Chile por violaciones a los derechos humanos cometidas durante los primeros cinco años de la dictadura militar (1973-1978), el periodo más brutal de la represión política. De los militares procesados 15 han sido condenados en primera instancia. Es difícil evitar la conclusión de que estos importantes avances de la justicia chilena se deben en gran parte al efecto que, tanto nacional como internacionalmente, produjo la detención de Pinochet en Londres y la opinión de los tribunales internacionales en el sentido de que el ex dictador era plenamente imputable por los crímenes cometidos durante su gobierno.[4]

---

[4] Un caso similar al de Pinochet ocurrió con el general chileno Luis Ramírez Pineda quien, a petición de la justicia francesa, fue detenido en Buenos Aires en septiembre de 2002 acusado de la desaparición de cinco ciudadanos franceses en septiembre de 1973. Sin embargo, en septiembre de 2003 Argentina accedió a la petición de extradición que por los mismos cargos presentó Chile y actualmente es investigado junto con otros dos ex generales en este país.

La justicia fuera de las fronteras

En 1999 se produjeron avances significativos hacia un sistema internacional de justicia para procesar a los responsables de los abusos más
graves contra los derechos humanos. El caso Pinochet fue el primer proceso internacional contra un ex jefe de Estado desde Nuremberg. El
Tribunal Penal Internacional para la ex Yugoslavia expidió su primer
auto de procesamiento contra un jefe de Estado en funciones, el presidente
yugoslavo Slobodan Milosevic. Por su parte, el Tribunal Penal Internacional
para Ruanda continuaba con éxito el procesamiento contra las autoridades
responsables de genocidio en ese país.

No sólo los tribunales internacionales, sino también las cortes nacionales han demostrado mayor disposición para procesar los graves crímenes de derechos humanos cometidos fuera de las fronteras nacionales.
Además del caso Pinochet, un tribunal militar suizo halló culpable de
crímenes de guerra a un oficial ruandés por su participación en el genocidio de 1994. Alemania y Dinamarca condenaron a dos serbio-bosnios y
a un bosnio musulmán por las atrocidades cometidas durante el conflicto en Bosnia. Un oficial superior iraquí tuvo que regresar rápidamente a
su país cuando se hicieron llamamientos públicos a los gobiernos de
Austria y Jordania para su detención por su participación en la brutal
represión iraquí.

Estos avances marcaron el comienzo de una nueva era para la causa
de los derechos humanos. Hasta 1999, la inexistencia de algo parecido
a un sistema de justicia penal internacional limitó las opciones disponibles para la defensa de los derechos humanos. Las organizaciones de
derechos humanos podían estigmatizar a los gobiernos abusivos, incrementar la presión diplomática y económica e invocar las normas internacionales de derechos humanos, pero rara vez lograron impulsar el
procesamiento de tiranos o que los gobiernos emplearan sus poderes
policiales para poner en práctica el derecho internacional de los derechos humanos. Los Estados han conservado la responsabilidad principal de preservar el orden, mantener el estado de derecho y proteger
los derechos humanos. Este deber es importante para prevenir a tiempo que violaciones menores a los derechos humanos se conviertan en
prácticas generalizadas de abusos. Si los Estados incumplen estas responsabilidades, las organizaciones de derechos humanos pueden recu-

rrir a sus técnicas habituales: denuncia, aislamiento internacional, y otros más. Sin embargo, los acontecimientos de 1999 demostraron que, en casos extremos, también se podría contar con nuevas y mejores opciones.

El procesamiento de criminales de derechos humanos mediante la jurisdicción universal requiere un compromiso sólido de voluntad política. Algunos Estados carecen de legislación interna apropiada para procesar estos casos, mientras que otros se han mostrado reticentes a invocar la jurisdicción universal aun en los casos más atroces. Aunque los dos tribunales ad hoc existentes, con un mandato geográfico limitado, han continuado desarrollando la jurisprudencia y la práctica humanitaria internacional, su misión se ha complicado por el apoyo insuficiente que han recibido para lograr la detención de los inculpados.

México coopera con la justicia universal

El 24 de agosto de 2000, las autoridades mexicanas detuvieron a Ricardo Miguel Cavallo, ex oficial argentino acusado de torturar en la Escuela de Mecánica de la Armada durante la dictadura militar de 1976 a 1983. Al parecer, Cavallo está implicado en cientos de casos de secuestro, desaparición y tortura. El mismo juez español que había intentado obtener la extradición de Pinochet, Baltasar Garzón, dictó una orden de detención contra Cavallo y posteriormente una petición oficial de extradición.

El caso Cavallo extendió el "precedente Pinochet" a México, que en el pasado había sido considerado paraíso de impunidad. Además, por tratarse de un oficial de bajo rango, su arresto demostró que no sólo los cabecillas podían ser detenidos en cualquier país, sino también los agentes regulares y soldados que hubiesen participado en atrocidades similares. La extradición de Cavallo fue concedida por el secretario de Relaciones Exteriores de México y, luego de una larga espera, en junio de 2003 finalmente fue enviado a España para ser procesado por los delitos de genocidio y terrorismo.

LA CORTE PENAL INTERNACIONAL[5]

Al final de uno de los siglos más sangrientos de la historia de la humanidad, la comunidad internacional acordó la creación de la primera Corte Penal Internacional independiente y permanente del mundo. La CPI puede investigar y procesar a las personas acusadas de crímenes contra la humanidad, genocidio y crímenes de guerra; complementa los sistemas de justicia nacionales y sólo interviene si los tribunales nacionales no quieren o no pueden investigar y procesar dichos crímenes.

El 17 de julio de 1998, después de tres años de debates, los Estados reunidos en Roma votaron a favor del establecimiento de una Corte Penal Internacional de carácter permanente. En una decisión que transformaría el panorama de los derechos humanos, la comunidad internacional acordó, con un resultado abrumador de 120 votos a favor, 21 abstenciones y sólo siete en contra, aceptar esta institución fundamental para llevar ante la justicia a los peores violadores de los derechos humanos. El 1 de julio de 2002 entró en vigor el Estatuto de Roma de la Corte Penal Internacional, luego de haber logrado la 60ª ratificación necesaria, lo cual se produjo en menos de cuatro años, antes de lo esperado. La CPI es la piedra angular del nuevo sistema de justicia internacional con grandes posibilidades de convertirse en instrumento de disuasión de atrocidades en el futuro. Además, la sola presencia de la CPI estimulará el fortalecimiento de instancias judiciales nacionales eficaces y sólo como *ultima ratio* este nuevo tribunal reclamará la competencia para juzgar a los responsables de graves abusos impunes.

Las funciones de la CPI

La CPI juzgará a las personas acusadas de genocidio, crímenes de guerra y crímenes contra la humanidad, definidos expresamente en el Estatuto de Roma. Así, la CPI permitirá garantizar que estos crímenes, ampliamente repudiados por la comunidad internacional, ya no queden sin castigo por la falta de voluntad o de capacidad de los países para proce-

---

[5] El Estatuto de Roma y los textos básicos de la Corte Penal Internacional pueden ser consultados en: <http://www.un.org/spanish/law/icc/>.

sarlos individualmente. La Corte tiene competencia sobre los crímenes cometidos por ciudadanos de países que hayan ratificado el Estatuto, o en los territorios de los Estados parte; puede investigar y juzgar a cualquier persona responsable de dichos crímenes, independientemente de su estatus civil o militar o su posición oficial.[6]

El Estatuto de la CPI contiene una lista detallada de los derechos que disfrutará cualquier acusado; entre ellos la presunción de inocencia, el derecho a la representación legal, a presentar y controvertir pruebas, a guardar silencio y a que los cargos se prueben más allá de toda duda razonable. El Consejo de Seguridad puede someter casos a la Corte para su investigación y juicio. También puede solicitarle que suspenda investigaciones durante un plazo máximo de 12 meses si considera que los procedimientos podrían interferir con la responsabilidad del Consejo de mantener la paz y la seguridad. Este mecanismo pretende impedir que un miembro del Consejo manipule a la Corte y le permite resolver cualquier conflicto real de intereses con esta última.

Estados Unidos exige acuerdos bilaterales de impunidad

Aunque Estados Unidos ha sido un fuerte defensor de la justicia internacional, continúa demostrando hostilidad hacia cualquier tipo de tribunal que —como la CPI— pudiera aplicar su competencia, aunque sea en teoría, a ciudadanos estadunidenses. El Estatuto de la Corte contiene numerosas salvaguardas, muchas de ellas propuestas por Estados Unidos, para evitar los procesos frívolos o injustificados. Sin embargo, parece que el gobierno del presidente Bush no se conforma con nada menos que una excepción absoluta para sus ciudadanos —excepción que el resto del mundo considera una violación del ideal de justicia universal sobre el que descansa la CPI. En este sentido, es pertinente mencionar la ley de protección de militares estadunidenses, conocida por sus siglas en inglés como ASPA[7] (American Servicemembers' Protection Act), que entró en vigor el 2 de agosto de

---

[6] Sobre Cuestiones de Admisibilidad véase el artículo 17 del Estatuto de Roma de la Corte Penal Internacional en: <http://www.derechos.net/doc/tpi.html>.

[7] El texto completo de la Ley de Protección de Militares Americanos (ASPA) puede ser consultado en: <www.amicc.org/docs/ASPA2002v3.pdf>.

2002. Aspa constituye un esfuerzo para intimidar a los países que apoyan a la Corte, aunque contiene excepciones que podrían minimizar sus disposiciones punitivas.[8] Específicamente, la ley prohíbe la asistencia militar a países que ratifiquen la CPI, pero esta prohibición no se aplica a los miembros de la OTAN y otros países no miembros de la alianza tales como Australia, Egipto, Israel, Japón, Jordania, Corea del Sur y Nueva Zelanda.

Los Estados parte de la CPI y los países signatarios han contraído la obligación legal de abstenerse de realizar acciones que vayan en contra del objeto y fin del tratado, lo cual, evidentemente, incluye las medidas que generen impunidad frente a delitos atroces. Este principio se aplica entre Estados parte y, con mayor razón, con un Estado que no haya ratificado el Estatuto como Estados Unidos. El artículo 98 del Estatuto de Roma no es más que un mecanismo para resolver eventuales contiendas de competencia entre Estados parte. La intención de esta norma no fue permitir que un Estado que no es parte y que se ha negado a cooperar con la Corte negocie acuerdos con quienes se han obligado por el tratado para asegurar la exención de sus ciudadanos. En este sentido, la firma de un acuerdo con Estados Unidos viola las obligaciones contraídas por los Estados parte. Cabe recordar que el artículo 98 se insertó en el Estatuto de Roma ante la insistencia de Estados Unidos durante la Conferencia de Plenipotenciarios de Roma. Los negociadores estadunidenses alegaron que dicho artículo aumentaría el "nivel de tranquilidad" de Washington respecto a la Corte y mantendría la participación de Estados Unidos en este esfuerzo. Esta norma tenía cierto sentido dada la prioridad que el Estatuto de Roma concede a las investigaciones y los procesamientos nacionales de buena fe: los gobiernos podrían ser los primeros en actuar cuando alguno de sus ciudadanos fuera sospechoso, entendiendo que éste sería entregado a la CPI si la Corte llegara a determinar que los procedimientos nacionales no se realizaron de buena fe.

La exención de cierto grupo de personas –los ciudadanos de Estados Unidos– de la jurisdicción de la Corte provoca una grave perturbación del régimen de responsabilidad internacional previsto por el Estatuto

---

[8] Véase discurso de Kenneth Roth, director ejecutivo de Human Rights Watch, ante la Asamblea de Estados Partes de la Corte Penal Internacional el 9 de septiembre de 2002, en: <http://www.hrw.org/campaigns/icc/docs/ken-icc0909-sp.htm>.

de Roma, que por esencia debe ser universal. La exención también constituye un precedente peligroso que fomenta que otros Estados intenten obtener un tipo de inmunidad similar para sus ciudadanos; lo cual, desde luego, afecta la credibilidad de la Corte. Por otra parte, a petición de Estados Unidos el Consejo de Seguridad ha eximido por dos años de la competencia de la CPI al personal estadunidense que participa en misiones de pacificación de la ONU. Cuando en 2003 venció el plazo de la exención Estados Unidos decidió no insistir en su renovación, probablemente por no contar con los votos necesarios en el Consejo de Seguridad.

Colombia y la exclusión de crímenes de guerra

El gobierno de Colombia tomó la decisión de no aceptar la jurisdicción de la Corte Penal Internacional sobre crímenes de guerra por un periodo de siete años,[9] medida contenida en una declaración que presentó a las Naciones Unidas el 5 de agosto de 2002. De acuerdo con la disposición del Estatuto invocada por Colombia, un Estado parte puede rechazar la competencia de la CPI durante un periodo máximo de siete años sobre crímenes de guerra de uno de sus ciudadanos o en su territorio nacional. Dichos crímenes son cometidos habitualmente en Colombia tanto por la guerrilla como por los grupos paramilitares.

Resulta inexplicable que Colombia haya decidido —a espaldas de la opinión pública— excluir los crímenes de guerra de la jurisdicción de la CPI dada la degradación a que ha llegado el conflicto armado colombiano. Si hay un país en el mundo que se beneficiaría con creces de la creación de este nuevo tribunal, es precisamente Colombia. En efecto, los grupos irregulares armados, tanto paramilitares como guerrillas, cometen a diario sistemáticas y gravísimas violaciones al derecho internacional humanitario (DIH toma de rehenes, ejecuciones extrajudiciales, ataques contra la población civil, reclutamiento de menores de quince años y ataques contra edificios dedicados al culto religioso u hospitales) y gozan de total

---

[9] Las exclusiones de Colombia en la ratificación del Estatuto de Roma de la Corte Penal Internacional pueden ser consultadas en: <http://untreaty.un.org/ENGLISH/bible/englishinternetbible/partI/chapterXVIII/treaty10.asp>.

impunidad. Francia invocó la misma exclusión al ratificar el tratado pero, a diferencia de Colombia, ese país no se encuentra actualmente enfrentando un conflicto armado. En el caso colombiano, el Estado no sólo está renunciando a priori a su obligación de combatir la impunidad valiéndose de todos los recursos jurídicos disponibles tanto en el ámbito nacional como internacional, sino que también, dada la extrema debilidad e ineficacia de las instancias judiciales internas, está otorgando en los hechos carta blanca para graves abusos sin ofrecer ningún poder disuasivo real. Todo esto, válido para guerrillas y paramilitares, también lo es para los agentes del Estado. Justamente cuando el gobierno del presidente Álvaro Uribe ha iniciado una estrategia militar contra las Fuerzas Armadas Revolucionarias de Colombia, FARC, no cabe duda alguna acerca de su voluntad política de ejercer la autoridad sin tolerancia, la complicidad y el encubrimiento de las violaciones a los derechos humanos o al derecho internacional humanitario en que incurren agentes de la fuerza pública o grupos paramilitares.

LA INTERVENCIÓN HUMANITARIA FRENTE A CRÍMENES ATROCES[10]

Criterios generales

Normalmente Human Rights Watch (HRW), no adopta una posición sobre la decisión de un país de ir o no a la guerra. Los asuntos por considerar suelen exceder nuestro mandato y una posición de neutralidad maximiza nuestra capacidad para presionar a todas las partes en conflicto para que respeten los derechos de la población civil. Sin embargo, consideramos que cabe una excepción en situaciones extremas que requieran intervención humanitaria. A diferencia de muchas organizaciones de derechos humanos, Human Rights Watch cuenta con una política sobre intervenciones humanitarias. La guerra conlleva enormes costos humanos pero el imperativo de detener o prevenir el genocidio u otras masacres similares puede justificar, excepcionalmente, el uso de la fuerza militar. Por esa

---

[10] Para un conocimiento más detallado sobre el tema, consultar Informe Anual 2004 de Human Rights Watch. Disponible en línea <http://www.hrw.org/spanish/inf_anual/2004/>.

razón, en algunas ocasiones HRW ha defendido la intervención humanitaria –por ejemplo, para detener el genocidio en curso en Ruanda y los crímenes de lesa humanidad en Bosnia. Sin embargo, la acción militar no debe tomarse a la ligera, ni siquiera con fines humanitarios. Se podría utilizar la fuerza militar con más celeridad cuando un gobierno enfrentado a graves abusos en su territorio que no esté en condiciones de detener solicite la asistencia militar extranjera. Pero la intervención militar por demostradas razones humanitarias sin el consentimiento del gobierno debería utilizarse con extrema precaución. Para establecer los criterios que, según creemos, deben regir dicha acción militar no consentida, partimos de los principios fundamentales de nuestra propia política sobre intervenciones humanitarias y nuestras experiencias con su aplicación. También tenemos en cuenta otros documentos relevantes, como el informe de la Comisión Internacional sobre Intervención y Soberanía Estatal, patrocinada por el gobierno de Canadá.[11]

En nuestra opinión, la intervención militar sin el consentimiento del gobierno afectado sólo puede justificarse por la existencia de un genocidio en curso o inminente, o masacres o pérdidas de vidas en circunstancias similares. En teoría, la guerra puede ser quirúrgica pero, en realidad, suele ser altamente destructiva y conlleva el riesgo de un enorme derramamiento de sangre. Creemos que sólo ejecuciones extrajudiciales a gran escala pueden justificar los graves efectos de la guerra y la posguerra. Otras formas de tiranía son deplorables y vale la pena esforzarse por acabar con ellas pero, en nuestra opinión, no alcanzan el nivel que justificaría el uso de la fuerza.

Entendemos que "ejecuciones masivas" son términos subjetivos que permiten distintas interpretaciones y no proponemos una medida cuantita-

---

[11] El mandato de la Comisión Internacional sobre Intervención y Soberanía Estatal consistió en "promover un profundo debate mundial sobre la relación entre la intervención y la soberanía de los Estados. El compatibilizar la responsabilidad de la comunidad internacional para actuar ante violaciones masivas de las normas humanitarias y al mismo tiempo respetar los derechos soberanos de los Estados constituye un desafío singular. La Comisión fue una entidad internacional independiente diseñada para servir como puente entre los dos conceptos. Su objetivo fue lograr una mayor comprensión de estos temas y fomentar un consenso político mundial sobre cómo encontrar un medio de acción dentro del sistema de la ONU". La creación de esta Comisión fue anunciada por el gobierno canadiense en la Cumbre del Milenio de las Naciones Unidas en septiembre de 2000.

tiva única. Por cierto, el número de ejecuciones que una organización de derechos humanos considera suficiente para justificar una intervención humanitaria puede ser muy diferente del nivel que pueda exigir un Estado. Sin embargo, en cualquier circunstancia y dados los importantes riesgos que conlleva el uso de la fuerza, la intervención militar debe ser la excepción. Si se cumple especialmente este último criterio, podemos considerar cinco factores para determinar si el uso de la fuerza militar puede calificarse de humanitario. Primero, la acción militar tiene que ser la última opción razonable para detener o prevenir la pérdida de vidas a gran escala; la fuerza militar no debe usarse con fines humanitarios si se dispone de alternativas efectivas. Segundo, la intervención debe estar regida principalmente por un objetivo humanitario. Tercero, se deben hacer todos los esfuerzos posibles para garantizar que los medios utilizados para intervenir respeten los derechos humanos y el derecho humanitario. Cuarto, tiene que ser razonablemente probable que la acción militar cause más bien que mal; no debe intentarse la intervención militar si parece probable que va a aumentar la conflagración o incrementar significativamente el sufrimiento de la población civil. Finalmente, preferimos que la intervención militar haya sido aprobada por el Consejo de Seguridad de la ONU u otros organismos multilaterales con una autoridad significativa. Sin embargo, en vista de la imperfecta estructura y composición de ese órgano, no creemos que sea imprescindible la aprobación multilateral en un contexto de emergencia.

La invasión a Iraq: ¿intervención humanitaria?

Teniendo en cuenta que la administración del presidente Bush ha intentado justificar *ex post facto* la invasión a Iraq con razones humanitarias, a continuación examinaremos cada uno de los criterios antes mencionados para verificar si la invasión de Estados Unidos a Iraq se ajustó a esos estándares.

a) La gravedad de la situación interna

Al considerar los criterios que justificarían una intervención humanitaria, el más importante, como señalamos anteriormente, es determinar la gravedad de la situación interna. ¿Estaba produciéndose o era inminente un genocidio o una atrocidad semejante en Iraq? A pesar de la brutalidad del régimen de Saddam Hussein, la gravedad de los abusos al momento de la invasión no revestía la excepcional y alarmante magnitud que justificaría una intervención humanitaria. Nadie podría discutir la falta de humanidad de Saddam Hussein; después de haber dedicado tiempo y esfuerzos a documentar sus atrocidades, calculamos que, en los últimos 25 años del régimen del partido Baath, el gobierno iraquí ejecutó o "desapareció" a un cuarto de millón de ciudadanos, además de que usó armas químicas contra soldados iraníes. Sin embargo, cuando se produjo la invasión estadunidense en marzo de 2003, el nivel de abusos del régimen de Hussein había decaído.

En el pasado, hubo momentos en que las masacres fueron tan intensas que se habría justificado una intervención humanitaria –por ejemplo, durante el genocidio de Anfal de 1988, en el que el gobierno iraquí ejecutó a unos 100 000 kurdos, o la represión de los levantamientos de 1991, inmediatamente después de la guerra del Golfo. Algunos intentarán justificar la invasión señalando que de todos modos valía la pena y que "más vale tarde que nunca", pero esto no puede justificar una intervención humanitaria que, como se ha dicho, debe reservarse para situaciones excepcionales de ejecuciones masivas. Si Saddam Hussein había cometido atrocidades en el pasado, ¿evitar la reanudación de esas atrocidades no justificaba acaso la intervención internacional? No. Human Rights Watch acepta que la intervención militar puede ser necesaria no sólo para detener una masacre en curso, sino también para prevenir su ocurrencia futura, siempre y cuando se trate de una cuestión inminente. Para aceptar el uso de la fuerza militar con fines humanitarios preventivos, tienen que existir pruebas que demuestren que se está fraguando una masacre de gran escala. En el caso de Iraq nadie afirmó seriamente antes de la invasión que el gobierno de Saddam Hussein estaba planeando ejecuciones masivas, como tampoco han aparecido evidencias en este sentido. Se alegó que Saddam Hussein, por sus antecedentes contra los iraníes y los kurdos iraquíes, estaba planeando la entrega de armas de destrucción masiva a las redes terroristas, pero estas acusaciones no han sido probadas. También se alegó que el gobierno iraquí podía responder a una invasión con el uso de armas químicas o biológicas, quizá incluso contra su propio pueblo, pero nadie sugirió seriamente que dicho uso era una posibilidad inminente.

Esto no implica que deban olvidarse las atrocidades cometidas en el pasado; por el contrario, sus responsables deben ser enjuiciados. Human Rights Watch ha dedicado enormes esfuerzos a documentar las atrocidades cometidas por el gobierno iraquí. Hemos entrevistado a testigos y supervivientes, localizado fosas comunes, tomado muestras del terreno para demostrar el uso de armas químicas y examinado literalmente toneladas de documentos secretos de la policía iraquí. Intentamos convencer oportunamente a la comunidad internacional sobre la necesidad de poner en marcha procedimientos legales contra Iraq por genocidio, pero ningún país atendió nuestro llamado. A mediados de los noventa, cuando nuestros esfuerzos eran más intensos, muchos gobiernos temieron que acusar a Iraq de genocidio sería tan provocador que pondría en peligro futuros acuerdos comerciales o generaría represalias terroristas.

Al declarar que las ejecuciones extrajudiciales en Iraq no alcanzaron un nivel que justificara la intervención humanitaria, no somos insensibles a la terrible represión que ha sufrido el pueblo iraquí. No puede desconocerse que en Iraq se produjeron ejecuciones sumarias, torturas y otros actos de brutalidad hasta el final del régimen de Saddam Hussein. Dichas atrocidades deberían enfrentarse mediante la presión pública, diplomática y económica, además del enjuiciamiento de los responsables, pero no militarmente.

b) La última opción razonable

La ausencia de crímenes atroces, sistemáticos y masivos, en curso o inminentes, es suficiente para descalificar la invasión de Iraq como una intervención humanitaria. No obstante, particularmente en vista del carácter despiadado del régimen de Saddam Hussein, es necesario examinar los restantes criterios para una intervención humanitaria que, por lo demás, tampoco se cumplieron.

Como se señaló anteriormente, debido a los considerables riesgos implícitos, una invasión sólo califica como intervención humanitaria si se trata de la última opción razonable para detener ejecuciones masivas, lo cual no ocurría en Iraq a principios de 2003. Pero vale la pena examinar si la intervención militar fue la última opción razonable para detener los abusos que estaban ocurriendo en Iraq. Si el propósito de la intervención era principalmente humanitario, se tendría que haber intentado al menos otra opción —el enjuiciamiento penal— mucho antes de recurrir a la medida extrema de la invasión militar. Nadie puede garantizar que el intento de procesamiento de los líderes iraquíes hubiera tenido éxito pero, dado que los abusos del gobierno iraquí fueron muy graves (aunque no masivos) en esa época, se debió intentar esta vía antes de la acción militar.

Los casos del ex presidente yugoslavo Slobodan Milosevic y del ex dictador liberiano Charles Taylor demuestran que una acusación judicial internacional desacredita considerablemente incluso a un dictador despiadado. Este enorme estigma tiende a debilitar, con frecuencia fatalmente, el apoyo al líder tanto dentro como fuera del país. Al permitir que Saddam Hussein gobernara sin el estigma de una acusación judicial por genocidio y crímenes contra la humanidad, la comunidad internacional nunca intentó una medida que podría haber contribuido a su salida y a la reducción de los abusos del gobierno. El Consejo de Seguridad de la ONU nunca se planteó seriamente la opción de procesar a Hussein en más de una década de atención al caso de Iraq. Al condenar los "actos de represión perpetrados contra la población iraquí en muchas zonas de Iraq", la resolución del Consejo de Seguridad de abril de 1991 sobre Iraq (Resolución 688) caracterizó por primera vez la represión como una amenaza para la paz y la seguridad mundial. Pero el Consejo no utilizó el mecanismo procesal idóneo para frenar dicha represión. Sin embargo, si el gobierno de Estados Unidos hubiera otorgado a la investigación judicial una atención similar a la presión que ejerció a favor de la guerra, habría existido la posibilidad razonable de que el Consejo hubiera consentido.

c) Propósito humanitario

Toda intervención humanitaria debe realizarse con el objetivo de maximizar los resultados humanitarios. Sin embargo, es probable que no exista una intervención motivada únicamente por razones humanitarias. Aunque los gobiernos que intervienen para detener atrocidades tengan otras razones, es importante que los móviles humanitarios sean los dominantes ya que confieren legitimidad a numerosas decisiones que se adoptan en el transcurso de una intervención y en la posguerra.

En el mejor de los casos el humanitarismo, entendido en términos generales como la preocupación por el bienestar del pueblo iraquí, fue un motivo secundario para la invasión de Iraq. Las principales justificaciones ofrecidas fueron la supuesta posesión de armas de destrucción masiva por parte del gobierno iraquí, el hecho de que no las hubiera declarado desatendiendo numerosas resoluciones del Consejo de Seguridad de la ONU y su presunta conexión con las redes terroristas. Aunque también se mencionó la crueldad de Saddam Hussein hacia su pueblo —a veces de manera prominente— esto nunca fue un factor dominante. Por otro lado, si las fuerzas invasoras hubieran estado decididas a maximizar las repercusiones humanitarias de una intervención, habrían estado mejor preparadas para controlar el caos que se generó con el derrocamiento del gobierno iraquí, pues era totalmente predecible que la caída de Hussein provocaría la anarquía nacional.

La falta de un objetivo humanitario primordial también influyó en la actitud de Washington respecto al sistema de justicia que debía emplearse para juzgar los crímenes de derechos humanos cometidos por los funcionarios iraquíes. Es probable que Estados Unidos hubiera preferido que los responsables de atrocidades comparecieran ante la justicia, pero su oposición a la Corte Penal Internacional le impidió promover la utilización de un tribunal internacional. Estados Unidos ha insistido en que los funcionarios iraquíes acusados sean juzgados en un "proceso dirigido por iraquíes". En teoría, es preferible que Iraq juzgue a sus propios criminales; sin embargo, después de tres décadas y media de gobierno del partido Baath, el sistema judicial iraquí no tiene una tradición de respeto por las garantías procesales ni la capacidad de organizar y juzgar un complejo caso de genocidio o de crímenes contra la humanidad. La solución obvia para este problema habría sido establecer un tribunal penal internacional para Iraq —totalmente internacional como los de Ruanda y la antigua Yugoslavia, o con liderazgo internacional y participación local, como el tribunal especial para Sierra Leona. Aunque el gobierno de Bush ha respaldado a estos tribunales, se opuso a la creación de un tribunal internacional para Iraq. Aunque la CPI sería irrelevante para esta tarea, pues su jurisdicción se inició en julio de 2002, el rechazo estadounidense a la Corte le impide apoyar la creación de un tribunal internacional para Iraq, por temor, aparentemente, a que dicho organismo proporcione credibilidad a todo el proyecto de justicia internacional y respalde indirectamente a la CPI.

d) Respeto al derecho internacional humanitario

Se deben hacer todos los esfuerzos posibles para garantizar que una intervención humanitaria se realice con estricto respeto a los derechos humanos y el derecho internacional humanitario. El cumplimiento del derecho internacional humanitario es un requisito en todos los conflictos y con mayor razón frente a una intervención humanitaria.

En el informe de diciembre de 2003 sobre la guerra en Iraq, Human Rights Watch denunció que los ataques aéreos de Estados Unidos contra líderes iraquíes generaron un número considerable de víctimas civiles inocentes.

Como sabemos, las fuerzas estadunidenses se propusieron eliminar a los cincuenta principales dirigentes del gobierno iraquí, incluido Saddam Hussein, mediante bombardeos aéreos basados en interceptaciones electrónicas e informaciones de inteligencia erróneas, sin lograr ninguno de los objetivos propuestos. Por otra parte, las fuerzas terrestres de Estados Unidos, especialmente el ejército, también utilizaron municiones de racimo cerca de áreas pobladas, con una pérdida previsible de vidas civiles. Después de que el uso de bombas de racimo en áreas pobladas provocara casi una cuarta parte de las muertes de civiles durante los bombardeos de la OTAN en Yugoslavia en 1999, la fuerza aérea de Estados Unidos restringió considerablemente esta práctica. Pero el ejército nunca aprendió esta lección: al responder a los ataques iraquíes en su avance por el país, las tropas emplearon regularmente este tipo de munición en áreas pobladas, causando una pérdida sustancial de vidas inocentes. Ese desprecio por la vida de civiles no combatientes es incompatible con una intervención verdaderamente humanitaria.

e) Aprobación de la ONU para el uso de la fuerza

Recibir el apoyo del Consejo de Seguridad de la ONU o de otro importante organismo multilateral antes de poner en marcha una intervención humanitaria es lo ideal. El convencimiento de los demás actores sobre la necesidad de una posible intervención es un ejercicio adecuado para impedir acciones militares injustificadas. El compromiso internacional con una intervención también aumenta la posibilidad de que se dediquen recursos adecuados a ésta y a la posguerra. Además, la aprobación del Consejo de Seguridad, en particular, cierra el debate sobre la legalidad y legitimidad de la intervención.

Sin embargo, en situaciones extremas, Human Rights Watch no insiste en la aprobación del Consejo de Seguridad. En su estado actual, el Consejo es demasiado imperfecto para ser el único mecanismo que legitime una intervención humanitaria. La estructura de este organismo es una reliquia de la Segunda Guerra Mundial y su sistema de veto permite, en teoría, que algunos de sus miembros impidan la protección de civiles incluso en caso de genocidio. En vista de estos defectos, es comprensible que se agote la paciencia en el proceso de aprobación del Consejo si se estuviera produciendo una masacre de gran escala. No obstante, dado que no existía tal urgencia en el caso de Iraq a principios de 2003, el hecho de no tener la aprobación del Consejo, mucho menos el consentimiento de otro organismo multilateral, influye considerablemente al valorar la justificación humanitaria esgrimida por las fuerzas ocupantes.

Debe reconocerse que nunca se pidió al Consejo de Seguridad que considerara una intervención en Iraq por razones puramente humanitarias. Como ya dijimos, el argumento principal se basó en la presunta posesión de armas de destrucción masiva por parte del gobierno iraquí. Una invasión aprobada por el Consejo habría movilizado probablemente más tropas para sumarse a las fuerzas mayoritariamente estadounidenses y británicas, lo que implica que podrían haber mejorado los preparativos para evitar el caos que sobrevino a la invasión.

En definitiva, la invasión de Iraq no pasó la prueba de una intervención humanitaria. Como ya se ha dicho, en ese momento el nivel de ejecuc iones en Iraq no era excepcional como para justificar dicha intervención. Además, ésta no era la última acción razonable para detener las atrocidades en Iraq; la intervención no estuvo motivada principalmente por razones humanitarias, ni fue ejecutada de manera que se maximizara el respeto por el derecho internacional humanitario. No fue aprobada por el Consejo de Seguridad. Finalmente, aunque cuando se inició existía la creencia razonable de que el pueblo iraquí saldría mejor librado, no se concibió ni se llevó a cabo teniendo en cuenta las necesidades de ese pueblo.

La invasión a Iraq reafirma la necesidad de ser rigurosos en la calificación humanitaria de la intervención militar. La Comisión Internacional sobre Intervención y Soberanía Estatal fue una iniciativa importante para definir estos parámetros. Human Rights Watch ha contribuido periódicamente a este debate y varios académicos han aportado sus propias opiniones, pero hasta ahora ningún organismo intergubernamental ha propuesto criterios para la intervención humanitaria. En ausencia de consenso internacional sobre las condiciones para dicha intervención, los gobiernos van a abusar inevitablemente del concepto, como lo ha hecho Estados Unidos en sus esfuerzos a posteriori por justificar la invasión a Iraq. Human Rights Watch ha instado a las organizaciones intergubernamentales, particularmente a los órganos políticos de las Naciones Unidas, a que rompan el tabú sobre el debate de las condiciones para una intervención humanitaria. Cierto consenso sobre estas condiciones, además de promover el uso apropiado de la intervención humanitaria, contribuiría a impedir se abuse del concepto y a preservar, por lo tanto, un instrumento necesario para aquellas víctimas más vulnerables del mundo.

La intervención humanitaria consentida: Timor Oriental

En referencia a las intervenciones humanitarias con consentimiento, hemos considerado importante analizar el caso de Timor Oriental, donde la intensa presión diplomática y económica propició el acuerdo del gobierno indonesio para el despliegue de una fuerza internacional. Este ejemplo demuestra la nueva disposición de la comunidad internacional para emplear medidas extraordinarias, entre ellas el envío de tropas, con el fin de frenar los crímenes contra la humanidad.

Después de que la ONU anunciara que los timoreses orientales habían votado mayoritariamente a favor de la independencia en un referéndum patrocinado por la Organización misma, la milicia, respaldada por el ejército indonesio, emprendió una campaña de asesinatos, incendios y destrucción. Yakarta afirmó que estaba intentando controlar la violencia pero las pruebas, entre ellas el relato de testigos presenciales, indicaban la participación del ejército y la policía en una campaña coordinada para expulsar del país a los observadores independientes y embarcarse en una campaña de tierra arrasada que acabó con un número indeterminado de muertes y la destrucción de casi la mitad de las viviendas y la infraestructura de Timor. Cientos de miles de timoreses orientales fueron desplazados y muchos de ellos se vieron forzados a cruzar la frontera con Timor Occidental, parte de Indonesia. El reto para la comunidad internacional era cómo detener la violencia y la destrucción si el gobierno de Yakarta se negaba a hacerlo.

En mayo de 1999, la ONU promovió un acuerdo que otorgó al gobierno indonesio la responsabilidad de mantener la seguridad en Timor Oriental durante el periodo del referéndum. En los meses previos a la votación, las tropas indonesias se cruzaron de brazos varias veces mientras las milicias locales, muchas de ellas organizadas por el propio ejército, emprendían una campaña sangrienta de intimidación contra los simpatizantes de la independencia y los funcionarios de la Organización. Cuando explotó la violencia masiva a principios de septiembre de ese año, la intervención de tropas internacionales sin el consentimiento del gobierno indonesio no era una opción realista. Australia estaba dispuesta a ofrecer tropas que lideraran una intervención, pero se negó a actuar sin la aprobación del Consejo de Seguridad de la ONU y éste, a su vez, no estaba dispuesto a apoyar la intervención militar sin el consentimiento de Yakarta. Las iniciativas internacionales se centraron por lo tanto en ejercer presión sobre el gobierno indonesio para que detuviera la masacre o autorizara que otros lo hicieran. Esta presión combinada fue suficiente para obtener el consentimiento de Yakarta al despliegue de una fuerza multinacional en Timor Oriental, aunque para entonces la campaña de tierra arrasada del ejército y las milicias ya había dejado el país despoblado y en ruinas.

La medida en que las prerrogativas tradicionales de la soberanía han ido disminuyendo frente a los crímenes contra la humanidad queda bien ilustrada en las declaraciones del secretario general de la ONU, Kofi Annan. En el discurso de apertura de sesión de la Asamblea General, del 20 de septiembre de 1999, Annan insistió en que la soberanía debe ceder al imperativo de poner fin a los crímenes contra la humanidad. En su declaración del 10 de septiembre, a propósito de la crisis de Timor Oriental, el Secretario General dijo que las autoridades indonesias se exponían al procesamiento por crímenes contra la humanidad si no consentían con el despliegue de la fuerza multinacional disponible en ese momento.

Uno de los principios del derecho internacional consiste en que los comandantes de fuerzas militares pueden ser juzgados por atrocidades cometidas por sus tropas. Esta doctrina de la "responsabilidad del mando", articulada por los tribunales de Nuremberg y Tokio, está codificada ahora en los convenios de Ginebra y sus protocolos. Impone la responsabilidad penal a un comandante que supiera o tuviera razones para saber que las tropas bajo su mando estaban cometiendo atrocidades y no adoptó "todas las medidas oportunas" a su alcance para detenerlas.[12]

---

[12] En muchos casos, precisamente para evitar la eventual responsabilidad penal de los comandantes por los crímenes de los subordinados, los ejércitos han recurrido a terceros para emplearlos en la guerra sucia, con el propósito de deslindar su responsabilidad y argumentar que estaban fuera de su control. Hay muchos ejemplos de este fenómeno en los "escuadrones de la muerte" de América Central en los ochenta, los grupos paramilitares colombianos y serbios en los noventa y, más recientemente, las milicias creadas en Timor Oriental por el ejército indonesio.

En lugar de debatir el control que tenía el gobierno indonesio sobre las milicias, Kofi Annan insistió en que las autoridades, con la posibilidad de convertirse en penalmente responsables, detuvieran directamente la matanza o consintieran el despliegue de tropas internacionales dispuestas a hacerlo. Advirtió que si Yakarta se negaba a aceptar la oferta de asistencia de la comunidad internacional, no podría escapar a una responsabilidad que podría constituir crímenes contra la humanidad. Asimismo, el Secretario General aseguró que según el texto de los convenios de Ginebra, el hecho de no consentir la entrada de una fuerza multinacional disponible en Timor Oriental, permitiría procesar internacionalmente a los líderes indonesios por no haber adoptado todas las "medidas oportunas" para detener la violencia.

Aunque la tesis del Secretario General no impone obligación jurídica alguna por sí sola, su lógica tiene resonancia porque corresponde con la opinión creciente de que la soberanía no concede ninguna prerrogativa para la comisión o la promoción de crímenes contra la humanidad. Si se impone la doctrina Annan, un gobierno que no pueda detener ejecuciones masivas debería permitir la intervención de una fuerza internacional. De esta manera, la soberanía no es más un obstáculo para cumplir con el deber de prevenir crímenes contra la humanidad.

Comentarios finales

En el presente documento se describen importantes avances logrados recientemente por la humanidad para frenar o contrarrestar graves abusos contra los derechos humanos. En ese contexto, se hace un recuento del uso de la jurisdicción universal para sancionar a los responsables de crímenes que han afectado a toda la humanidad, mencionando el caso Pinochet como uno de los más emblemáticos. Asimismo, incluye una sección sobre la Corte Penal Internacional, sus antecedentes, funciones y los graves tropiezos a los que se ha visto enfrentada por la actitud del actual gobierno de Estados Unidos, así como la exclusión de la competencia de la CPI para crímenes de guerra por parte de Colombia. Sin embargo, se destaca a la CPI como uno de los mejores ejemplos que refleja el consenso de la comunidad internacional para combatir la impunidad de los crímenes más graves a los derechos humanos.

Por otra parte, abordamos el desafío que representa el uso de la fuerza por razones humanitarias como un mecanismo efectivo para frenar atrocidades masivas, actuales o inminentes. El estudio de los criterios generales de la intervención humanitaria, esto es la gravedad de la situación interna, el propósito humanitario, el respeto al DIH y la aprobación de la ONU, se ha desarrollado en función de las circunstancias que rodearon la invasión a Iraq en marzo de 2003.

Estos importantes logros de la comunidad internacional en el ámbito de los derechos humanos, sin embargo, están afrontando un grave riesgo en el corto plazo con las políticas y prácticas emprendidas por Estados Unidos a partir de los gravísimos atentados terroristas del 11 de septiembre de 2001. Nadie discute la naturaleza criminal y atroz de los atentados contra las torres gemelas y el Pentágono, que destrozaron la vida de miles de personas de diversas nacionalidades. Esos hechos demuestran que el terrorismo internacional existe y que constituye una de las más graves amenazas contra la humanidad. Pero la lucha contra el terrorismo liderada por Estados Unidos olvidó mantener el respeto por los derechos y libertades del individuo como parte de la nueva ecuación de seguridad. A cambio, los estadunidenses y el mundo hemos sido testigos de una persistente y deliberada erosión de los derechos básicos garantizados en la Constitución de Estados Unidos y en el derecho internacional de los derechos humanos. Los casos de personas detenidas en la base militar de Guantánamo han estado acompañados de arbitrariedades, violaciones al debido proceso y al derecho de defensa. El gobierno del presidente Bush deliberadamente ha decidido ignorar, reinterpretar o aplicar selectivamente normas internacionales –como las convenciones de Ginebra– supuestamente para satisfacer sus necesidades de inteligencia y seguridad. Las torturas y maltratos contra presos iraquíes en la prisión de Abu Ghraib, cuyas imágenes fotográficas recorrieron todos los rincones del mundo, fue el resultado predecible de la decisión del gobierno de Bush de evadir sus obligaciones jurídicas conforme al derecho internacional.

Aunque para algunos los derechos humanos son un obstáculo para poner en práctica una política exitosa contra el terrorismo, el Estado debe esforzarse por preservar su superioridad moral sobre los grupos terroristas, reconociendo en todo momento los derechos fundamentales de los inculpados; entre ellos las reglas mínimas del debido proceso, el derecho de defensa, la prohibición de las detenciones arbitrarias y, por encima de todo, la proscripción de toda forma de tortura y crueldad contra los detenidos. Sin promover el recorte de las garantías fundamentales ni generar mecanismos motivados en el miedo y la represión, el desafío de la comunidad internacional es desarrollar una estrategia eficaz para combatir el terrorismo, ajustando –si es el caso– la legislación interna de los países para facilitar la cooperación policial y judicial. Únicamente de esa manera se evitará que la lucha contra el terrorismo socave los importantes avances alcanzados en la prevención, investigación y sanción de los graves crímenes contra la humanidad o en la legitimación de la intervención internacional para frenar atrocidades en casos extremos.

NO MÁS RUANDAS *VERSUS* NO MÁS KOSOVOS: INTERVENCIÓN Y PREVENCIÓN

Simon Chesterman
International Peace Academy

Tres meses después de que la OTAN concluyera su campaña de 78 días en Kosovo, en 1999, el secretario general Kofi Annan presentó su informe anual ante la Asamblea General de la ONU. Annan expresó claramente el dilema que enfrentaron quienes privilegiaron el derecho internacional en vez de responder a las violaciones flagrantes y sistemáticas a los derechos humanos:

> A quienes consideran como la mayor amenaza contra el futuro del orden internacional el uso de la fuerza sin la sanción del Consejo de Seguridad, podríamos preguntarles –no en el caso de Kosovo, pero sí en el de Ruanda– si, en aquellos días y horas aciagos previos al genocidio, una coalición de Estados hubiera estado dispuesta a actuar en defensa de la población tutsi, pero no hubiera recibido la autorización del Consejo, ¿acaso la coalición habría tenido que mantenerse al margen y permitir que el horror se ejecutara?[1]

Este caso hipotético consignó el dilema ético tal como muchos de los Estados involucrados querían presentarlo. ¿Acaso el derecho internacional habría podido impedir esa intervención "humanitaria"? El problema, sin embargo, fue que el dilema en el caso de Ruanda no fue ése. En 1994, el problema no fue que el derecho internacional impidiera a un

---

[1] "Secretary-General Presents His Annual Report to the General Assembly", UN Doc SG/SM/7136-GA/9596, 20 de septiembre de 1999. Éste y otros discursos relativos a la intervención se encuentran compilados en Kofi Annan, *The Question of Intervention: Statements by the Secretary-General*, Nueva York, United Nations Department of Public Information, 1999.

Estado actuar en defensa de la población tutsi, sino que ningún Estado
quiso intervenir. Cuando Francia –un actor que difícilmente podía considerarse desinteresado– se resolvió a actuar, mediante la Operación
Turquesa, su decisión fue rápidamente aprobada por una resolución del
Consejo (aunque el hecho de que se hiciera referencia a la "imparcialidad", se estipulara un tiempo límite de dos meses y hubiera cinco abstenciones revelan cierta preocupación acerca de la motivación de Francia).[2]

El interés caprichoso de los Estados es un tema que corre a lo largo
de la historia de la intervención humanitaria. Mucho se ha escrito sobre
la legalidad de utilizar la fuerza militar para defender los derechos humanos, pero resulta difícil señalar casos concretos que demuestren la relevancia del derecho internacional en esa cuestión. Aunque los Estados
nunca han dejado de actuar en situaciones como la de Ruanda (o Kosovo)
por el temor a una sanción legal, ninguno de los incidentes a menudo
citados como ejemplo de una intervención humanitaria "genuina" coincide con los principios que, según los juristas, rigen la doctrina.

Si se retoma la analogía del Secretario General, el problema que actualmente enfrentan los derechos humanos no es Kosovo, sino Ruanda. En
otras palabras, el problema no radica en la legitimidad de la intervención
humanitaria, sino en el predominio de no intervenciones inhumanas.
Para conferir facultades a la ONU en esta materia, y en este contexto, es
necesario ganarse la voluntad política de los Estados miembros y crear
nuevas reglas legales. Ante esto, la retórica que adoptó la Comisión
Internacional sobre Intervención y Soberanía Estatal –del *derecho* a
intervenir a la *responsabilidad* de proteger– quizá signifique el avance más
significativo en este polémico tema de las relaciones internacionales. No
obstante, en los últimos dos años, el entusiasmo a favor de la intervención puede representar, por decir lo menos, una fortuna con dos caras.

EL DEBATE EN TORNO DE LA INTERVENCIÓN HUMANITARIA

Desde la intervención de la OTAN en Kosovo, en 1999, las discusiones
entre los Estados miembros sobre el papel que debe desempeñar la ONU

---

[2] Véase Simon Chesterman, *Just War or Just Peace? Humanitarian Intervention and International Law*, Oxford, Oxford University Press, 2001, pp. 144-147.

en la paz y seguridad internacionales han estado teñidas de paranoia. Por una parte, la mayoría de los Estados miembros aprobó en privado (y, a veces, abiertamente) hacer algo para evitar que Kosovo se convirtiera en una nueva Bosnia. Al mismo tiempo, sin embargo, la acción de la OTAN –que se tomó sin autorización del Consejo de Seguridad– suscitó el temor de que a ella seguirían otras intervenciones unilaterales. Según algunos, la reciente intervención en Iraq corrobora sus inquietudes.

Pero, fuera de los corredores y salones de Naciones Unidas, los temores de una avalancha de intervenciones no autorizadas resultaron exagerados. Lo cierto es que, desde la muerte de 18 soldados estadounidenses en Mogadiscio, en 1993, las potencias occidentales, en particular, no han mostrado voluntad política de intervenir en ningún lugar donde sus intereses no sean directamente afectados. De hecho, esto ha restado fuerza a las intervenciones autorizadas de la ONU, como en Sierra Leona y la República Democrática del Congo. Sin embargo, a veces la realidad no se toma en cuenta en las salas de debate de la ONU, pues dichos debates a menudo se pierden en querellas entre norte y sur o en enfoques legalistas inútiles. La intervención humanitaria rara vez ha funcionado en la práctica y jamás en la teoría.

En un intento por terminar con este tipo de discusiones, el Secretario General y otras personas han puesto su atención en la prevención. Pero este enfoque ha sido visto con suspicacia. La prevención requiere de cierta intromisión, lo que significa que quienes se oponen ferozmente a la intervención *post facto* son quienes rechazan la prevención anticipada. De esta manera, algunos analistas reducen esos debates sobre la prevención y la intervención a la cuestión de la soberanía y a la afirmación de que los Estados están apegados a su soberanía (aunque no siempre a la de otros). Las recomendaciones del Informe Brahimi sobre Operaciones de Paz, para crear un Secretariado de Información y Análisis Estratégico, fueron víctimas de estos temores.

No obstante, la mayoría –incluidos diplomáticos– coincide en que es más posible que se susciten más Ruandas a que se den más Kosovos. Así pues, es importante dejar de ver la prevención como una alternativa a la intervención, y considerar la intervención como el resultado de una prevención fallida.

Soberanía

En el derecho internacional se establece la obligación de la comunidad internacional de respetar la soberanía estatal y el deber del Estado de proteger y fomentar los derechos humanos. En ciertos casos, estas dos obligaciones pueden ser irreconciliables. Los artículos 2(4) y 2(7) de la Carta de las Naciones Unidas establecen la obligación de respetar la soberanía de los Estados, con el corolario de no intervención, "en los asuntos que son esencialmente de la jurisdicción interna de los Estados".

La noción de inviolabilidad de la soberanía ha sido un aspecto central del derecho y la práctica internacionales desde el Tratado de Westfalia de 1648. Sin embargo, hoy en día se acepta que el concepto de soberanía no es absoluto. Por ejemplo, la prohibición del genocidio y la obligación de todos los Estados de impedirlo es algo que está establecido en el derecho internacional. La concepción contemporánea de la soberanía estatal se vuelve más flexible en lo que respecta a la violación de los derechos humanos, cuyo alcance ha ido aumentando gradualmente.[3]

Los hechos ocurridos en Ruanda, la antigua Yugoslavia, Sierra Leona, Timor Oriental, Camboya y otras partes del mundo han mostrado que las violaciones masivas a los derechos humanos y los principios humanitarios son algo que concierne a la comunidad internacional, sobre todo cuando las consecuencias de esas violaciones traspasan las fronteras nacionales.

Por lo general, los países del norte pugnan más abiertamente por el derecho (o responsabilidad) a intervenir por motivos humanitarios, mientras que los del sur dan prioridad a la soberanía estatal y a la no intervención. Pero el debate sobre la intervención trasciende la división norte-sur. Aunque muchos países en desarrollo observan la preocupación del norte con el caso de Kosovo y el precedente que sentaron las acciones de la OTAN, y otros miran con recelo la palabra "intervención" o consideran inaceptable la "intervención humanitaria", no todos los Estados se oponen a su intención (o, aplicación) en ciertos casos. Algunos Estados del sur han hecho intervenciones notables: Tanzania en Uganda, India en el este de Pakistán (Bangladesh) y Vietnam en Camboya; y el grupo regional

---

[3] Nicholas Wheeler, *Saving Strangers: Humanitarian Intervention in International Society*, Oxford, Oxford University Press, 2000.

ECOWAS en Sierra Leona y Liberia; y de carácter no militar, la imposición de sanciones contra Sudáfrica y Burundi por sus vecinos. Muchos de los Estados que fueron blanco de esas acciones reconocen la importancia de esas "intervenciones" para terminar con los regímenes autoritarios.

Hay que precisar si las concepciones de soberanía constituyen un obstáculo para que los gobiernos de los Estados miembros actúen. En el caso de Ruanda, los Estados no se vieron impedidos a intervenir debido a cuestiones relativas a la soberanía estatal. Aunque puedan presentarse argumentos legales como un motivo para no actuar, lo cierto es que la intervención está regida por consideraciones de carácter político, como las repercusiones políticas internacionales e internas, la falta de recursos financieros, de personal o de transporte, y la falta de confianza en la posibilidad de éxito.

Derecho internacional

James Rubin da un ejemplo de los debates entre los miembros de la OTAN en torno de la legalidad de la intervención en Kosovo:

> Hubo una serie de telefonemas muy tensos entre Albright y Cook, en los que éste mencionaba problemas "con nuestros abogados" por utilizar la fuerza sin autorización de la ONU. "Consigue otros abogados", le sugirió ella. Finalmente, con un empujoncito del primer ministro Tony Blair, los británicos convinieron en que la aprobación del Consejo de Seguridad de la ONU no era legalmente necesaria.[4]

Tal ambigüedad sobre la función del derecho internacional en las decisiones no es nueva; la historia del derecho internacional es, hasta cierto punto, su lucha por no ser otra justificación más para la política exterior.

El estatus de la intervención humanitaria en el derecho internacional es, aparentemente, simple: la Carta de las Naciones Unidas prohíbe claramente el uso de la fuerza. La renuncia a hacer guerras es de los logros

---

[4] James Rubin, "A Very Personal War: Countdown To A Very Personal War", *Financial Times*, 30 de septiembre de 2000.

más grandes del derecho internacional en el siglo XX, pero el hecho de que éste haya sido el siglo más sangriento es una advertencia sobre los límites del poder de la ley para confinar el comportamiento de los Estados.[5]

La cláusula que acordaron los Estados en la conferencia de San Francisco, en 1945, era amplia: "Los miembros de la Organización, en sus relaciones internacionales, se abstendrán de recurrir a la amenaza o al uso de la fuerza contra la integridad territorial o la independencia política de cualquier Estado, o en cualquier otra forma incompatible con los propósitos de las Naciones Unidas".[6]

Esta prohibición tenía dos excepciones: la Carta preservaba "el derecho inmanente de legítima defensa, individual o colectiva";[7] el capítulo VII otorgaba al Consejo de Seguridad recientemente creado la facultad de autorizar acciones para hacer cumplir las disposiciones. Aunque este tipo de acciones militares a veces se considera parte de una intervención humanitaria unilateral, que el Consejo las autorice cambia el trasfondo legal.

Esas dos excepciones son ejemplo de la ampliación de ciertos derechos legales. La legítima defensa, por ejemplo, se ha invocado en circunstancias cada vez más generales para justificar una acción militar, como un ataque preventivo contra el programa nuclear de un país o como "respuesta" a un intento fallido de asesinato en un país extranjero;[8] fue la justificación para las acciones militares de amplio alcance que emprendió Estados Unidos en Afganistán, a finales de 2001. Las prácticas que autoriza el Consejo de Seguridad se han vuelto más amplias, permitiendo ciertas acciones en Somalia y Haití que los fundadores de la ONU jamás habrían considerado.[9] Sin embargo, ninguna de las excepciones es una intervención humanitaria, entendida como la amenaza o uso de la fuerza sin tener la autorización del Consejo de Seguridad o la invitación del gobierno reconocido, con el propósito de proteger los derechos humanos.[10]

---

[5] Véase, en general, Ian Brownlie, *International Law and the Use of Force by States*, Oxford, Clarendon Press, 1963.

[6] Carta de las Naciones Unidas, art. 2(4).

[7] *Ibid.*, art. 51.

[8] *Ibid.*, pp. 205-206.

[9] *Ibid.*, pp. 112-162.

[10] Sobre el asunto de la invitación, véase Georg Nolte, *Eingreifen auf Einladung – Zur völkerrechtlichen Zulässigkeit des Einsatzes fremder Truppen im internen Konflikt auf Einladung der*

Una tercera excepción es la función de la Asamblea General. Ésta nació cuando se temía que el veto ruso bloqueara una resolución que autorizaba la intervención. En 1950, durante varios meses, el representante de la URSS había boicoteado al Consejo de Seguridad en protesta porque la ONU seguía reconociendo al régimen kuomintang derrotado en China. En su ausencia, se autorizaron tres resoluciones que autorizaban a Estados Unidos para conducir una operación militar contra Corea del Norte, bajo la bandera de la ONU. Pero el retorno del delegado soviético impidió que el Consejo siguiera interviniendo.[11] A instancias de los Estados occidentales, la Asamblea General adoptó la resolución Unidos para la Paz, la cual estableció que la Asamblea se reuniría para recomendar medidas cuando un veto impidiera que el Consejo desempeñara su responsabilidad de mantener la paz y seguridad internacionales. En caso de que se quebrantara la paz o se cometiera un acto de agresión, una de las medidas posibles era el uso de las fuerzas armadas.[12] Es cuestionable que la Asamblea General tuviera la facultad legal para ir más allá que autorizar el mantenimiento de la paz,[13] pero se aprobó una resolución en la que se recomendó que todos los Estados prestaran la ayuda posible

---

Regierung (Intervención por invitación: el uso de la fuerza por tropas extranjeras en conflictos internos por invitación de un gobierno de acuerdo con el derecho internacional [resumen en inglés]), Berlín, Springer Verlag, 1999; David Wippman, "Pro-Democratic Intervention by Invitation", y Brad R. Roth, "The Illegality of 'Pro-Democratic' Invasion Pacts", ambos en Gregory H. Fox y Brad R. Roth (comps.), *Democratic Governance and International Law*, Cambridge, Cambridge University Press, 2000.

[11] Véase Anjali V. Patil, *The UN Veto in World Affairs 1946-1990: A Complete Record and Case Histories of the Security Council's Veto*, Londres, Mansell, 1992, pp. 189-196.

[12] AG/Res 377A(V)/(1950).

[13] La Corte Internacional de Justicia ha establecido que la Carta permite que la Asamblea General recomiende operaciones para el mantenimiento de la paz a petición o con el consentimiento del o los Estados involucrados, pero que eso está limitado por el requisito de que todo asunto sobre la "acción" requerida (entendida aquí como una acción para el cumplimiento de lo dispuesto, según el sentido del capítulo VII) debe remitirse al Consejo de Seguridad. (Certain Expenses Case (1962), ICJ Reports 151, pp. 164 y 165.) La Corte resolvió el caso adoptando un principio de "eficacia institucional" y sostuvo que "cuando la Organización toma una acción que es conforme con la aseveración de que era apropiada para el cumplimiento de uno de los propósitos establecidos de la ONU, se presumirá que dicha acción no es *ultra vires* la Organización" (*ibid.*, p. 168). Véase Ian Brownlie, *Principles of Public International Law*, 5a ed., Oxford, Clarendon Press, 1988, pp. 700 y 701.

a las acciones de la ONU en Corea,[14] la cual volvió a utilizarse en los casos de la crisis de Suez, en 1956,[15] y del Congo, en 1960.[16] Sin embargo, a partir de entonces este procedimiento cayó en desuso. En particular, no se le consideró seriamente durante la crisis de Kosovo –según se dijo– debido al temor de que la OTAN fuera incapaz de reunir la mayoría de dos tercios necesaria entre los Estados miembros.[17]

A primera vista el derecho internacional tradicional no permite la intervención humanitaria, aunque ha habido muchos intentos por incorporarla al fuero de ese cuerpo de ley. Los intentos han seguido dos estrategias: o bien reducir los alcances de la prohibición del uso de la fuerza, o argüir que una nueva norma consuetudinaria ha creado una excepción a tal prohibición.

La Carta de la ONU proscribe el uso de la fuerza "contra la integridad territorial o la independencia política de cualquier Estado, o en cualquier otra forma incompatible con los propósitos de las Naciones Unidas". Ahora bien, se ha afirmado que ciertos usos de la fuerza no contra-

---

[14] AG/Res 498(V)/(1951).

[15] AG/Res 997(ES-I)/(1956); AG/Res 1000(ES-I)/(1956).

[16] CS/Res 157 (1960); AG Res/1474(ES-IV)/(1960).

[17] UK House of Commons, Foreign Affairs Committee, "Fourth Report: Kosovo, Minutes of Evidence", vol. II, HC 28-II, 18 de enero de 2000 <http://www.parliament.the-stationery-office.co.uk/pa/cm199900/cmselect/cmfaff/28/0011806.htm>. Pregunta 178 (Profesor Adam Roberts): El procedimiento "Unidos para la Paz", al que hace usted referencia y que data de noviembre de 1950, teóricamente habría abierto la posibilidad para que las potencias occidentales acudieran ante la Asamblea General a principios de 1999, en una sesión especial, y que intentaran conseguir la mayoría de dos tercios. Yo planteé ese asunto en Chatham House, el día que Rambouillet inicialmente falló, en febrero de 1999, y sugerí que sería una forma de superar la parálisis en que había caído el Consejo de Seguridad respecto de Kosovo. La Oficina del Exterior opinó que era una idea muy mala y se dijo que realmente no había sido muy adecuado que hubiese hablado de ese tema. Pienso que ellos sabían bien que (a) era poco seguro conseguir algo cercano a la mayoría de dos tercios que, creo, es lo que se exige según los términos de "Unidos para la Paz", y (b) que la Asamblea General es un instrumento algo torpe; porque no se reúne en forma permanente, no puede desarrollar sus políticas. Una vez que has conseguido un acuerdo en la Asamblea General te quedas varado, y no es un instrumento flexible como el Consejo de Seguridad. Ésas son, yo creo, las razones en contra de que se siguiera esa ruta, aunque no digo que fueran correctas; creo que había muchos motivos para intentar ese camino, pero eso era lo que se opinaba en aquel momento y la causa por la que no se hizo.

vienen esa disposición. Por ejemplo, se decía que la invasión de Estados Unidos a Panamá, en 1989, fue acorde con la Carta de la ONU porque "Estados Unidos no intentó ni ha intentado colonializar [*sic*], anexar o incorporar a Panamá".[18] Pero, como señalaba el Oscar Schachter de la última época, ello exige una elaboración orweliana de los términos "integridad territorial" e "independencia política",[19] y va en contra de varias declaraciones de la Asamblea General[20] y la Corte Internacional de Justicia[21] sobre el significado de la no intervención, así como de la práctica del Consejo de Seguridad, que ha condenado y declarado ilegal el uso desautorizado de la fuerza, incluso siendo "temporal".[22] Esto coincide con la historia de la elaboración de la cláusula, que según el delegado

[18] Anthony D'Amato, "The Invasion of Panama was a Lawful Response to Tyranny", *American Journal of International Law*, núm. 84, 1990, p. 520. De igual forma, durante la intervención estadounidense de 1983 en Granada, su representante permanente ante Naciones Unidas, Jeane Kirkpatrick, sostenía que en la base de los "propósitos" de la ONU se hallaba "una amplia justificación para recurrir a la fuerza con el fin de alcanzar otros valores, también inscritos en la Carta: libertad, democracia, paz", (1983) 83(2081) *Department of State Bulletin* 74. Véase, también, W. Michael Reisman, "Coercion and Self-Determination: Construing Charter Art 2(4)", *American Journal of International Law*, núm. 78, 1984, p. 645; Fernando R. Tesón, *Humanitarian Intervention: An Inquiry into Law and Morality*, 2a ed., Dobbs Ferry, Transnational Publishers, 1997, pp. 150-162.

[19] Oscar Schachter, "The Legality of Pro-Democratic Invasion", *American Journal of International Law*, núm. 78, 1984, p. 649.

[20] Véase, por ejemplo, "Declaración Referente a las Relaciones de Amistad", AG/Res 2625(xxv) (1970) (unánime): "Ningún Estado o grupo de Estados tiene derecho a intervenir, directa o indirectamente, y sea cual fuere el motivo, en los asuntos internos o externos de ningún otro [...] Todo Estado tiene el derecho inalienable a elegir sus sistemas político, económico, social y cultural, sin injerencia en ninguna forma por parte de ningún otro Estado." Véase, también, AG/Res 45/150 (1990) (adoptada por 128-8-9): "los esfuerzos de la comunidad internacional por fortalecer la celebración de elecciones auténticas y periódicas no debe poner en tela de juicio el derecho soberano de cada Estado de elegir y desarrollar libremente sus sistemas políticos, sociales, económicos y culturales, independientemente de que éstos se ajusten o no a las preferencias de otros Estados."

[21] Véase Corfu Channel Case, ICJ Reports 4 (1949); Nicaragua (Merits), ICJ Reports 14 (1986).

[22] Véase, por ejemplo, CS/Res 332 (1973) (invasión israelí a Líbano); CS/Res 455 (1979) (declaración temporal de la incursión de Rhodesia a Zambia como una violación a la integridad territorial de este último); CS/Res 545 (1983) (Sudáfrica en Angola).

estadounidense (entre otros) ante la conferencia de San Francisco, no dejaba "ningún hueco".[23]

Sin embargo, ¿es posible que haya surgido una norma que dé lugar al derecho de intervenir por motivos humanitarios? El derecho internacional consuetudinario prevé la creación de esas normas, cuando éstas resultan de prácticas estatales congruentes y generalizadas,[24] siempre que vayan acompañadas de la necesaria *opinio juris*; es decir, la convicción de que una práctica es legalmente obligatoria.[25] Algunos estudiosos sostienen que hay evidencias de que tal práctica estatal y *opinio juris* existen, y suelen referir los casos de la acción india para frenar la masacre en el este de Pakistán, en 1971; las acciones de Tanzania contra Idi Amin en la vecina Uganda, en 1978-1979; y la intervención de Vietnam en Kampuchea, en 1978-1979. Sin embargo, en ninguno de esos casos se invocaron motivos humanitarios para justificar el uso de la fuerza, sino que la principal razón argüida fue la legítima defensa, mientras que las causas humanitarias (y de otro tipo) ocuparon, en el mejor de los casos, un segundo lugar.[26] Ese tipo de justificaciones puede ser evidencia de un cambio en la ley. Como lo ha observado la Corte Internacional de Justicia:

> Los casos en que los Estados actúan de manera contraria prima facie al principio de no intervención son importantes para la Corte por la naturaleza de los argumentos que se esgrimen como justificación. El hecho de que un Estado invoque un derecho nuevo o una excepción a ese princi-

---

[23] Naciones Unidas, *Documents of the United Nations Conference on International Organization*, San Francisco 1945, 21 vols., Nueva York, Naciones Unidas, 1945-1955, vol. 6, p. 335.

[24] Nicaragua (Merits), p. 98.

[25] *Ibid.*, p. 109: "Ya sea los Estados que tomaron dicha acción o los Estados con capacidad de reaccionar a ella deben haber actuado de tal suerte que su conducta 'evidencie la convicción de que esa práctica está obligada por la existencia de un Estado de Derecho que así lo exige'" (cita de North Sea Continental Shelf Cases [1969] ICJ Reports 3).

[26] Véase, en general, Sean D. Murphy, *Humanitarian Intervention: The United Nations in an Evolving World Order*, Filadelfia, University of Pennsylvania Press, 1996, pp. 83-281. Otros ejemplos que en ocasiones se mencionan son la intervención belga en el Congo (Léopoldville en 1960), la intervención belga y estadounidense en el Congo (1964), la intervención estadounidense en República Dominicana (1965), la intervención israelí en Uganda (la Operación Entebbe, 1976), la intervención de Bélgica y Francia en Zaire (1978), la intervención francesa en el Imperio Centroafricano (1979), la intervención de Estados Unidos en Granada (1983), y la intervención estadounidense en Panamá (1989-1990).

pio podría conducir, si otros Estados coinciden en ello, a una modificación del derecho internacional consuetudinario.[27]

El hecho de que los Estados sigan utilizando las justificaciones tradicionales –sobre todo la legítima defensa– resta fuerza a las aseveraciones de que la ley ha cambiado. Por otra parte, la forma en que la comunidad internacional responde ante cada incidente es ilustrativa. En el caso de la acción india (que creó Bangladesh), el veto soviético bloqueó una resolución apoyada por Estados Unidos que llamaba al cese al fuego y retiro inmediato de las fuerzas armadas.[28] Por otra parte, las acciones de Tanzania fueron toleradas y el nuevo régimen en Kampala fue reconocido, aunque los Estados que apoyaron dichas acciones centraron sus observaciones en la cuestión de la legítima defensa.[29] En cambio, el éxito de Vietnam en expulsar al régimen asesino de Pol Pot suscitó hostilidad, ejemplo de lo cual fue la declaración del representante de Francia: "resulta sumamente peligrosa la idea de que, porque un régimen es execrable, se justifica la intervención extranjera y es legítima la destitución forzada. Esto podría amenazar la preservación del derecho y el orden internacionales y conducir a que la permanencia de ciertos regímenes dependa del juicio de sus vecinos".[30]

El Reino Unido,[31] Portugal[32] y otros países[33] hicieron declaraciones similares. Sólo el veto soviético detuvo la resolución que exigía el retiro

---

[27] Nicaragua (Merits), p. 109.

[28] La Asamblea General llamó más tarde a India a que concluyera el cese al fuego y retirara sus tropas (1971). *United Nations Yearbook*, pp. 146-148.

[29] Véase, por ejemplo, la declaración de Cyrus Vance, secretario de Estado de Estados Unidos: "Nuestra postura es muy clara: existe una violación de la frontera de Tanzania por Uganda. Apoyamos al presidente Nyerere, quien indica que las tropas ugandesas deben retirarse de inmediato", *Keesing's* (1979), p. 29669.

[30] S/PV.2109 (1979), parr. 36 (Francia).

[31] "Dígase lo que se diga sobre los derechos humanos en Kampuchea, ello no excusa a Vietnam, cuyos registros en de derechos humanos son deplorables, al violar la integridad territorial de Kampuchea Democrática", S/PV.2110 (1979), párr. 65 (Reino Unido).

[32] "No existen ni pueden existir razones sociopolíticas que justifiquen la invasión al territorio de un Estado soberano por las fuerzas de otro Estado", S/PV.2110 (1979), párr. 26 (Portugal).

[33] Véase S/PV.2109 (1979) párr. 10 (Kuwait), párr. 18 (Noruega), párr. 20 (Checoslovaquia), párr. 50 (Bangladesh), párr. 59 (Bolivia), párr. 91 (Sudán); S/PV.2110 (1979),

de las tropas extranjeras;[34] pero el delegado de Pol Pot siguió siendo el representante legítimo de Kampuchea (más tarde Camboya) ante la ONU hasta 1990.[35] Aunque tomemos estos tres "mejores casos" como evidencia de una práctica estatal, la falta de la *opinio juris* desmiente que éstos significaron un cambio en la ley.[36]

Algunos ejemplos recientes de una intervención presuntamente humanitaria sin la autorización expresa del Consejo de Seguridad, como por ejemplo las zonas de vuelo restringidas para proteger a los kurdos en el norte de Iraq, o la intervención de la OTAN en Kosovo, plantean cuestiones distintas.[37] Los Estados han alegado que sus acciones fueron "en apoyo" a las resoluciones del Consejo de Seguridad, pero en todos esos casos el Consejo no autorizó el uso de la fuerza.[38] Es irónico que los Estados reclamaran la necesidad de actuar cuando el Consejo de Seguridad titubeaba, en la década en que las actividades del Consejo se ampliaron. Cuando se argumentó que la parálisis de la ONU requería autoayuda, la Corte Internacional de Justicia rechazó los planteamientos de que "las deficiencias actuales de la organización internacional" justificaban el derecho a intervenir en forma independiente.[39]

---

párr. 39 (Malasia), párrs. 48-49 (Singapur, que declaró: "Ningún país tiene el derecho de derribar al gobierno de Kampuchea Democrática, independientemente de lo mal que el Gobierno haya tratado a su pueblo"), párr. 58 (Nueva Zelanda).

[34] [1979] *United Nations Yearbook*, p. 275.

[35] *Ibid.*, p. 292.

[36] Algunos autores rechazan esta interpretación del derecho internacional. Véase Michael Byers y Simon Chesterman, "Changing the Rules about Rules? Unilateral Humanitarian Intervention and the Future of International Law", en J.L. Holzgrefe y Robert O. Keohane (comps.), *Humanitarian Intervention: Principles, Institutions and Change*, Cambridge, Cambridge University Press, 2002.

[37] Para un análisis de las acciones de ECOWAS dirigidas por Nigeria, en Liberia y Sierra Leona, véase Chesterman, *op. cit.*, pp. 134-137, 155 y 156.

[38] La Resolución 688 (1991) del Consejo de Seguridad, en la que se condenó la represión contra la población civil iraquí luego de la Guerra del Golfo, fue una de las catorce resoluciones sobre Iraq que no se adoptaron según los términos del capítulo VII de la Carta de la Naciones Unidas (facultando al Consejo para que autorizara el uso de la fuerza). La Resolución 1199 (1998) del Consejo, que demandaba una acción para mejorar la situación humanitaria en Kosovo, estipulaba explícitamente que "en caso de que no se apliquen las medidas concretas requeridas en la presente resolución [el Consejo ha decidido] examinar la posibilidad de adoptar medidas nuevas y adicionales...".

[39] *Corfu Channel Case*, p. 35.

Pese a los esfuerzos de algunos académicos por establecer el derecho a la intervención humanitaria, los Estados siguen mostrándose renuentes, incluso para defender sus acciones.[40] Esto es cierto en la intervención de la OTAN en Kosovo. Al parecer, esa renuencia se debe a lo cuestionable de ese argumento legal, pero también al temor de que si ese derecho se adopta, otros Estados podrían utilizarlo para otras situaciones.

Un caso inusual entre los Estados miembros de la OTAN ocurrió en octubre de 1998, cuando Alemania se refirió a las advertencias de la Organización contra la República Federal de Yugoslavia como un caso de "intervención humanitaria". El Bundestag ratificó su apoyo a la Alianza si ello no constituía un precedente para futuras acciones.[41] Esta preocupación por evitar que se sentara un precedente se repitió en otras declaraciones de funcionarios de la OTAN. Madeleine Albright, secretaria de Estado de Estados Unidos, remarcó que los ataques aéreos eran una "situación sui géneris en los Balcanes" y concluyó que era importante "no sobrestimar las lecciones que se derivan de ello".[42] El primer ministro británico, Tony Blair, quien había sugerido que estas intervenciones podrían volverse rutinarias,[43] se retractó al subrayar el carácter excepcional de la campaña aérea,[44] lo que coincidía con las declaraciones del Reino Unido sobre los aspectos legales.[45]

---

[40] Pero, véase la declaración de Anthony Aust, asesor legal, FCO, ante el Comité de Asuntos Extranjeros, 2 de diciembre de 1992, *Parliamentary Papers*, 1992-1993, HC, documento 235-iii, p. 85, reimpreso en (1992) 63 British YBIL 827. Éste fue uno de los varios argumentos que se presentaron a favor de las zonas de vuelo restringido en Iraq.

[41] Deutscher Bundestag, Plenarprotokoll 13/248, 16 de octubre de 1998, p. 23129 <http://dip.bundestag.de/parfors/parfors.htm>. Dos semanas antes de la campaña aérea, Bruno Simma respaldó esa postura al declarar que "sólo una delgada línea roja separa la acción de la OTAN en Kosovo de la legalidad internacional", pero destacando que debía mantener un carácter excepcional. Bruno Simma, "NATO, the UN and the Use of Force: Legal Aspects", *European Journal of International Law*, núm. 10, 1999, p. 22.

[42] Madeleine Albright, secretaria de Estado de Estados Unidos, conferencia de prensa con el primer ministro ruso, Igor Ivanov, Singapur, 26 de julio de 1999 <http://secretary.state.gov/www/statements/1999/990726b.html>.

[43] Colin Brown, "Blair's Vision of Global Police", *Independent*, 23 de abril de 1999.

[44] Véase, por ejemplo, *UK Parliamentary Debates, Commons*, 26 de abril de 1990, col. 30 (primer ministro Blair).

[45] Véase, por ejemplo, *UK Parliamentary Debates, Lords*, 16 de noviembre de 1998, WA 140 (baronesa Symons); opinión ratificada en *UK Parliamentary Debates, Lords*, 6 de mayo de 1999, col. 904 (baronesa Symons). Foreign Affairs Committee (United Kingdom),

Esta tendencia prevaleció en las demandas que presentó Yugoslavia contra diez miembros de la OTAN ante la Corte Internacional de Justicia. En las audiencias sobre medidas provisionales, Bélgica presentó la defensa legal más acabada de su actuación, sustentándola en ciertas resoluciones del Consejo de Seguridad y en una doctrina de la intervención humanitaria (presentándola como compatible con el artículo 2(4) de la Carta de la ONU o basada en precedentes históricos), como en el argumento de necesidad.[46] Estados Unidos resaltó la importancia de las resoluciones del Consejo de Seguridad[47] y, junto con cuatro delegaciones (Alemania, Países Bajos, España y Reino Unido), aludió a la presencia de una "catástrofe humanitaria".[48] Cuatro delegaciones no presentaron defensa legal clara (Canadá, Francia, Italia y Portugal). Al hablar de una "catástrofe humanitaria" se hacía referencia a la doctrina de la intervención humanitaria, pero se procuró no mencionarla por su nombre. El Reino Unido fue el primero en utilizar la expresión argüida para las zonas de vuelo restringido sobre Iraq, pero no se estableció ningún otro antecedente legal. (La Corte falló contra Yugoslavia por razones técnicas relativas a su jurisdicción, pero siguen pendientes ocho de los diez casos que se presentaron. No discutió los méritos del caso.)[49]

Esa reticencia a adoptar una postura legal se repitió en otras dos comisiones que examinaban la intervención humanitaria. La Comisión Kosovo, encabezada por Richard Goldstone, llegó a la conclusión, un tanto ambigua, de que la intervención en Kosovo había sido "ilegal pero

Fourth Report - Kosovo (23 de mayo de 2000) <http://www.fas.org>, párr. 132 (en donde se concluye que "en el mejor de los casos, la doctrina de la intervención humanitaria tiene un fundamento frágil en el derecho internacional consuetudinario, y esto hace que la acción de la OTAN sea legalmente discutible").

[46] Legality of Use of Force Case (Provisional Measures) (ICJ, 1999), alegato de Bélgica, 10 de mayo de 1999, CR 99/15 (traducción no corregida).

[47] Ibid., alegato de Estados Unidos, 11 de mayo de 1999, CR 99/24, párr. 1.7.

[48] Legality of Use of Force Case (Provisional Measures) (ICJ, 1999), alegato de Bélgica, 10 de mayo de 1999, CR 99/15 (traducción no corregida); alegato de Estados Unidos, 11 de mayo de 1999, CR 99/24, párr. 1.7; alegato de Alemania, 11 de mayo de 1999, CR 99/18, párr. 1.3.1; alegato de los Países Bajos, 11 de mayo de 1999, CR 99/20, párr. 40; alegato de España, 11 de mayo de 1999, CR 99/22, párr. 1; alegato del Reino Unido, 11 de mayo de 1999, CR 99/23, párrs. 17-18.

[49] Ibid., orden del 2 de junio de 1999.

legítima".[50] La Comisión Internacional sobre Intervención y Soberanía Estatal (CIISE), dirigida por Gareth Evans y Mohamed Sahnoun, concedió que, como un caso de "realidad política", sería imposible llegar a un consenso sobre propuestas a favor de la intervención militar y que admitieran la validez de una intervención no autorizada por el Consejo de Seguridad o la Asamblea General:[51]

> Pero, aun así, seguiría habiendo casos en que el Consejo de Seguridad faltara a lo que esta Comisión consideraría su responsabilidad de proteger, en una situación que exigiera una acción urgente. La pregunta en estos casos sería qué es lo más dañino: que se atente contra el orden internacional al desconocerse la autoridad del Consejo de Seguridad, o que se atente contra dicho orden si, frente el asesinato masivo de seres humanos, el Consejo de Seguridad permanece impávido.[52]

¿Qué puede hacer un abogado ante todo esto? No existe el derecho positivo de intervenir por motivos humanitarios; tampoco hay un principio coherente para crear ese derecho. Los argumentos que se han presentado se concentran en no aplicar el derecho internacional a incidentes particulares. La siguiente sección examinará las repercusiones en el derecho internacional de tal enfoque.

Criterios

En su discurso del 20 de septiembre de 1999 ante la Asamblea General, el Secretario General destacó que "hay que definir la intervención en los términos más amplios posibles, para que abarque las acciones en

---

[50] Independent International Commission on Kosovo, *The Kosovo Report*, Oxford, 23 de octubre de 2000 <http://kosovocommission.org>, p. 4.

[51] Sobre la autorización por la Asamblea General, véase supra notas 11-16. El Informe de la CIISE plantea que, aunque la Asamblea General carece de facultades para determinar una acción, toda decisión que adoptara una mayoría abrumadora de Estados miembros "otorgaría legitimidad a una intervención que se emprendiera a raíz de ello". *International Commission on Intervention and State Sovereignty, The Responsibility to Protect*, Ottawa, International Development Research Centre, diciembre de 2001, p. 53.

[52] *Ibid.*, pp. 54 y 55.

una gama que va desde las pacíficas hasta las coercitivas".[53] En el discurso del Seminario de la Academia Internacional para la Paz, el 20 de noviembre de 2000, Kofi Annan insistió en esa perspectiva que rebasa el debate sobre la supuesta "intervención humanitaria" de la OTAN en Kosovo, al plantear que el término "humanitario" se eliminara o restringiera a las acciones que no comprenden el uso de la fuerza: "humanitarios son aquellos cuyo trabajo implica salvar vidas que están en peligro y aliviar el sufrimiento. Son quienes llevan alimento a los que peligran de morir por inanición, ayuda médica a los heridos, techo a quienes han perdido sus hogares, o consuelo a quienes han perdido a sus seres queridos".[54]

Así pues, "acción" humanitaria no es sinónimo de intervención militar; las operaciones militares, aunque se realicen por motivos humanitarios, no son de naturaleza humanitaria. Si se llegara a perder de vista esta tenue distinción se correría el peligro de que los gobiernos consideraran el aceptar la ayuda humanitaria como "el principio del fin". En lugar de ver la ayuda como el primer paso hacia la intervención violenta, los Estados deberían permitir la asistencia humanitaria, pues con ello se podría evitar una intervención militar.

El abrir el debate más allá de la cuestión de la legalidad de la intervención humanitaria, *stricto sensu*, cumple dos objetivos. En primer lugar, el debate legal es estéril pues es poco probable que se adopten criterios claros y pertinentes sobre el derecho a intervenir por motivos humanitarios. Cualquier criterio suficientemente amplio para ser aprobado, difícilmente podrá responder a los ejemplos reales sobre la supuesta intervención humanitaria. Dadas las declaraciones de los líderes de la OTAN, sobre la campaña de Kosovo, resulta claro que no querrían que los ataques aéreos se consideraran un modelo para resolver futuras crisis humanitarias.[55] Pero la alternativa –que un grupo selecto de Estados

---

[53] Véase supra nota 1.

[54] Annan, "IPA Remarks".

[55] Por ejemplo, la secretaria de Estado de Estados Unidos, Madeleine Albright, subrayó durante una conferencia de prensa, luego de la campaña aérea, que Kosovo era una "situación única, sui géneris, en la región de los Balcanes" y, como conclusión, que era importante "no exagerar las lecciones diversas que se derivan de ella". Conferencia de prensa con el canciller ruso, Igor Ivanov, Singapur, 26 de julio de 1999 <secretary.state.gov/www/statements/1999/990726b.html>.

(las democracias liberales occidentales) decidieran los criterios– se vería como un voto de desconfianza en la ONU, luego de una década en la que, pese a algunos errores obvios, logró más que en el medio siglo anterior. Sin embargo, la postura del Secretario General resalta el problema central del interminable debate. El problema no radica en que los Estados estén prestos e impacientes por intervenir en pro de los derechos humanos en el mundo, estorbados por un Consejo de Seguridad intransigente y por la falta de criterios claros para intervenir sin su autoridad. Más bien, el problema consiste en la falta de voluntad para actuar.[56]

Ante esto, el objetivo debe ser exhortar a los Estados a que consideren las violaciones masivas y sistemáticas a los derechos humanos que se cometen en todo el mundo como una preocupación propia –como parte de su "interés nacional"– y que actúen pronto para evitarlas, detenerlas o se haga justicia contra quienes las perpetraron.

El debate sobre la conveniencia de reglamentar los criterios de intervención humanitaria se centra en dos preguntas: primera, ¿cuándo debe intervenir el Consejo de Seguridad?; segunda, ¿en qué circunstancias dichos criterios deben permitir una intervención sin la autorización del Consejo?

Los bandos se dividen entre quienes se oponen a cualquier tipo de codificación (predominan aquí los Estados en desarrollo, preocupados porque se menoscabe su soberanía, se reduzcan las restricciones para el uso de la fuerza o se abuse en la intervención por motivos políticos); quienes están a favor de que se adopten pautas para el Consejo de Seguridad, pero se oponen a la reglamentación que permita ignorar la autoridad del Consejo; y quienes están a favor de la intervención unilateral (la mayoría de los cuales son Estados desarrollados que dan prioridad a los derechos humanos). Este último bando se divide, a su vez, entre quienes apoyan un régimen "doctrinario" y quienes pugnan por un régimen "de excepción".[57]

[56] Véase Edward C. Luck, "The Enforcement of Humanitarian Norms and the Politics of Ambivalence", en Simon Chesterman (comp.), *Civilians in War,* Boulder, Lynne Rienner, 2001, pp. 197-218.

[57] Véase, por ejemplo, Chesterman, *Just War or Just Peace?, op. cit.,* pp. 226-232; Wheeler, *op. cit.,* pp. 33-51 y los autores que ahí se citan.

Todos los Estados concuerdan en que hay casos en los que se justifica el uso de la fuerza, según el capítulo VII de la Carta de las Naciones Unidos. Sin embargo, es frecuente que los asuntos en los que participa el Consejo sean intraestatales, más que interestatales. Como se dijo antes, existe tensión entre la responsabilidad del Consejo de mantener la paz y la seguridad internacionales y el respeto a los asuntos internos de los Estados. Quienes están a favor de la reglamentación quieren criterios que determinen si el uso de la intervención humanitaria –es decir, la acción militar– es una respuesta apropiada y legítima. La comunidad internacional coincide, en su mayoría, en que la discusión en torno de si debe intervenir el Consejo de Seguridad debe estar basada en principios, pero hay diferencias respecto de casos particulares. Se debate también si el Consejo debe seguir autorizando las intervenciones *ad hoc* o si debe establecer criterios permanentes, de naturaleza política o legal, que indiquen cuándo es apropiada dicha acción.

Aunque las decisiones del Consejo de Seguridad relativas a la intervención sigan tomándose en consideración para cada caso (basadas en la viabilidad, los recursos disponibles, etc.), la existencia de criterios ayudaría a precisar las condiciones necesarias para intervenir y a estructurar el debate sobre la autorización del uso de la fuerza, con lo cual se ayudaría al Consejo a lograr consenso y se garantizaría su acción eficaz y oportuna. Los criterios podrían ser: gravedad, urgencia, objetividad, aceptabilidad, viabilidad, proporcionalidad y sustentabilidad. A algunos Estados les preocupa que una codificación estricta no tenga éxito o dé lugar a un estado de derecho que sea más restrictivo que el del artículo 2(7) de la Carta, con los instrumentos existentes para la protección de los derechos humanos.[58]

Existen reservas en cuanto a la justificación de una acción no autorizada por el Consejo de Seguridad, e incluso un rechazo absoluto. Luego de las acciones de la OTAN en Kosovo, algunos Estados han alegado que las cuestiones legales no deben impedir la acción militar y proponen codificar los criterios para una iniciativa unilateral cuando el Consejo no está dispuesto o es incapaz de actuar.

La justificación legal para una intervención no autorizada es problemática. Según el derecho internacional, el Consejo de Seguridad es el

---

[58] Véase Jake Sherman, "Humanitarian Action", N. York, International Peace Academy, working papers, noviembre, 2000.

foro apropiado tanto para determinar si ciertas violaciones flagrantes y masivas de los derechos humanos representan una amenaza para la paz y seguridad internacionales, como para tomar las medidas en respuesta a esas infracciones. Aunque la práctica estatal, en años recientes, indique que en ciertos casos se justifica la intervención humanitaria sin la autorización del Consejo de Seguridad, aún no es aceptable que la intervención humanitaria se justifique legalmente como una nueva norma del derecho internacional consuetudinario. Muchos Estados –incluidos los 5-P, Estados poderosos en sus respectivas regiones y pequeñas naciones en desarrollo– se oponen a la acción sin la autorización explícita del Consejo de Seguridad.[59]

Las naciones en desarrollo, en particular, consideran que la misión de la ONU es restringir la libertad de los Estados para hacer uso de la fuerza en casos que no son de legítima defensa. Se teme que la codificación pueda ampliar la discrecionalidad de los Estados, en detrimento del artículo 2(4). La intervención por motivos "morales", en especial, si se le promulga como una norma legal, podría representar un paso hacia atrás, pues estaría volviendo a legitimar el uso de la fuerza. La mayoría de los países en desarrollo están conscientes de que carecen del poder para intervenir. Les preocupa que la intervención ocurra por capricho de las grandes potencias, más que por criterios congruentes, y que la relación nunca sea recíproca. Esos Estados carecen de fuerza para oponerse a la intervención y, por tanto, les preocupa la política del poder. Por último, rechazan una intervención justificada por la supuesta violación de los derechos humanos cuando no exista consenso internacional respecto de la violación.

Aunque no hay acuerdo acerca de los criterios para una intervención no autorizada, incluso entre quienes los propiciaron, cabe considerar si esas pautas tendrían que ser de carácter político o legal. Dado que los criterios políticos no ofrecen justificación legal para la intervención, muchos proponen normas de tipo legal. Otros, en cambio, consideran que la

---

[59] Véase, por ejemplo, Independent International Commission on Kosovo, "The Kosovo Report", en el que se concluye que la intervención fue "ilegal pero legítima"; Foreign Affairs Committee, "Fourth Report: Kosovo, HC 28-I" (2000), párr. 138: "concluimos que la acción militar de la OTAN, pese a que pueda ser legalmente dudosa según el estado actual del derecho internacional, estuvo moralmente justificada".

codificación no debe formalizar "una 'salida de emergencia' de las normas existentes en el derecho internacional".[60]

Para que se adoptaran criterios de obligatoriedad legal se tendría que optar por uno de dos caminos: o enmendando la Carta o suscribiendo un acuerdo internacional. Ambas opciones tendrían que ser ratificadas por los Estados miembros y ambas resultan complejas y poco probables, cuando menos por el momento. Adoptar criterios para la intervención sería una manera de actualizar la Carta para que respondiera a la realidad política actual, pero muchos Estados piensan que enmendar la Carta es debilitarla. Ante esto, todo intento de enmienda amenazaría con exacerbar las diferencias de opinión en torno de la intervención y podría resultar más perjudicial que benéfico. Otra opción es considerar la Carta como un "documento viviente" (comparable, por ejemplo, a la Constitución de Estados Unidos).[61] De esta manera el documento elaborado en los años cuarenta puede aplicarse a los hechos y tener una referencia para la intervención. Por tanto, no serían necesarias otras medidas legales relativas a la intervención.

La segunda alternativa –suscribir un acuerdo internacional– también resulta difícil, pero algunos afirman que, lo mismo que en el caso del Estatuto de la Corte Penal Internacional, la falta de unanimidad no es excusa para no intentarlo. Sin embargo, un documento semejante sería legalmente relevante cuando fuera menos necesario, es decir, cuando el Consejo estuviera de acuerdo con el curso de acción, pues para los casos en los que hubiera divergencias, el artículo 103 prohíbe que se utilice un documento distinto para evadir la autoridad del Consejo de Seguridad y de la ONU.[62] Por tanto, desde el punto de vista operativo, resulta difícil imaginar cómo podría funcionar ese documento, a menos que tuviera legitimidad universal, si fuera posible invocar el derecho en contra de un Estado no signatario.

---

[60] Véase Sherman, "Humanitarian Action", *op. cit.*

[61] En fecha reciente, Tom Franck desarrolló la idea de considerar la Carta como un "árbol viviente". Thomas M. Franck, *Recourse to Force: State Action Against Threats and Armed Attacks,* Cambridge: Cambridge University Press, 2002, p. 6.

[62] El artículo 103 de la Carta de las Naciones Unidas establece: "En caso de conflicto entre las obligaciones contraídas por los miembros de las Naciones Unidas en virtud de la presente Carta y sus obligaciones contraídas en virtud de cualquier otro convenio internacional, prevalecerán las obligaciones impuestas por la presente Carta."

Otra alternativa, que apoyan miembros del Grupo 77, sería un ejercicio similar al de la Declaración Referente a las Relaciones de Amistad, de 1970 (que adoptó la Asamblea General como resolución 2625), la cual interpretó todas las cláusulas del artículo 2. Si la Asamblea General emitiera una resolución no vinculante sobre la magnitud que deben tener los hechos para que den lugar a una intervención, podrían establecerse las normas para el uso de dicha resolución en caso de que no se cuente con la autorización correspondiente. De esta forma, si ocurriera una crisis humanitaria y el Consejo de Seguridad o la Asamblea General estuvieran imposibilitados para decidir, los Estados que actuaran sin autorización podrían, al amparo de esa declaración, usar la fuerza de acuerdo con las normas de intervención sentadas por la Asamblea General. Los Estados que temen que se quebrante el artículo 2(4) darían la bienvenida a una medida semejante.

IRAQ

En su momento, algunos gobiernos de la OTAN interpretaron el caso de Kosovo como una nueva era para el activismo de la Organización, sin las limitaciones de la política del Consejo. Estados Unidos llegó a otras conclusiones: las limitaciones de actuar con los aliados de la OTAN eran aún más frustrantes que las restricciones políticas que imponía la autorización del Consejo. El resultado de esto fue que el *apartheid* que en ocasiones se ha manifestado en las operaciones de paz de la ONU –los países industrializados pelean las guerras que ellos eligen, mientras que los países en desarrollo proporcionan los elementos de paz para que realicen las tareas más peligrosas, en las zonas menos estratégicas–[63] ahora se interpreta, más propiamente, como una estructura de tres niveles: las naciones en desarrollo siguen suministrando hasta tres cuartas partes de las tropas para las operaciones de pacificación, bajo el mando de la ONU, particularmente en África; algunos países industrializados (sobre todo los que forman parte de la OTAN) proporcionan tropas que operan bajo el mando nacional, pero con la autorización de la ONU, en operaciones tales como SFOR, KFOR

---

[63] David M. Malone y Ramesh Thakur, "Racism in Peacekeeping", *Globe and Mail*, Toronto, 30 de octubre de 2000.

e ISAF; y por último, Estados Unidos, además de participar selectivamente en las actividades de la OTAN, opera como un agente libre.[64]

El mejor ejemplo de la postura de Estados Unidos relacionado con usar la fuerza bajo la dirección del Consejo de Seguridad es, por supuesto, el caso de la guerra contra Iraq en 2003. Iraq representa el punto culminante y el más bajo de la autoridad del Consejo de Seguridad relativo al uso de la fuerza. Cuando Estados Unidos y Gran Bretaña, junto con Australia y Polonia, iniciaron las operaciones militares contra el régimen de Saddam Hussein, en marzo de 2003, sin la autorización del Consejo, muchos analistas presagiaron la muerte del Consejo como el órgano responsable de mantener la paz y seguridad internacionales. Irónicamente, se consideraba que las semillas de ese alejamiento habían sido sembradas cuando el Consejo autorizó la acción para hacer que Iraq acatara las resoluciones en noviembre de 1990. Esto era verdad para el argumento legal discutible, de que la resolución 678 (1990) daba plena autoridad para la acción, pero también porque la Operación Tormenta del Desierto había sentado el modelo de dejar cumplir las decisiones de la ONU por coaliciones de voluntarios (*coalitions of the willing*). Como se mencionó antes, a lo largo de los años noventa las acciones militares auspiciadas por el Consejo tuvieron lugar cuando los sucesos coincidían con los intereses de un Estado dispuesto a actuar, lo que dio lugar a que, en palabras de un analista, el Consejo empezara a convertirse en un "servicio de lavado de la ley".[65] De hecho, es erróneo pensar que el Consejo actuó como un árbitro objetivo en el ámbito de la paz y la seguridad, o que alguna vez se esperó que así lo hiciera. El Consejo fue y sigue siendo un órgano político; no debería sorprendernos el hecho de que Estados Unidos, cuyo gasto militar es igual al gasto total de los 15

---

[64] Véase Report of the Panel on United States Peace Operations (Brahimi Report), UN/Doc A/55/305-S/2000/809, 21 de agosto de 2001, párr. 103 <http://www.un.org/peace/reports/peace_operations>. Por lo general, casi tres cuartas partes de las tropas que participan actualmente en operaciones de paz provienen de países en vías de desarrollo. Los cinco miembros permanentes del Consejo de Seguridad contribuyen en total con menos de 3% de los elementos de paz; Estados Unidos y China proporcionan cada uno un gran total de dos elementos. DPKO, Monthly Summary of Contributions, marzo de 2003 <http://www.un.org/Depts/dpko/dpko/contributors>.

[65] Richard A. Falk, "The United Nations and the Rule of Law", *Transnational Law and Contemporary Problems*, núm. 4, 1994, pp. 611, 628.

países más próximos, no esté dispuesto a someterse a que otros lo dirijan o a prestar sus tropas para operaciones comandadas por otros. Por tanto, lo esencial es garantizar que Estados Unidos siga comprometido con la ONU, sin hacer de ésta un mero instrumento de su política exterior.

Los hechos ocurridos tras el éxito militar en Iraq –saqueos generalizados, asesinatos esporádicos por venganza y resistencia a la ocupación militar– revelan lo importante que es combinar las estrategias militar y política para reconstruir las instituciones de un Estado derrotado, lo que puede equipararse con los imperativos para reconstruir un Estado internamente desgarrado o destruido. La creación y sustitución rápida de la Oficina de Reconstrucción y Asistencia Humanitaria del Pentágono (ORHA, por su nombre en inglés), que funcionó en Iraq durante menos de un mes, bajo la dirección del general retirado Jay Garner, aunado al retiro y después reforzamiento de las tropas estadounidenses en las semanas siguientes a la derrota del ejército iraquí, indican que Estados Unidos y sus aliados tomaron más tiempo en planear cómo ganar la guerra que cómo lograr la paz.[66]

Iraq y las dos presidencias Bush nos ofrecen los colofones de la era posguerra fría con el "nuevo orden mundial". Bush padre presagió la expulsión en 1991 de Iraq del territorio kuwaití como un anuncio de que el estado de derecho habría de reemplazar a la ley de la jungla. En la reunión cumbre del Consejo de Seguridad para jefes de Estado se ratificó un mandato de amplio alcance para el Consejo relativo al mantenimiento de la paz y la seguridad.[67] La invasión de Iraq en 2003 y la captura final de Saddam Hussein por Bush hijo en cierto sentido completó la Operación Tormenta del Desierto, pero la Operación Libertad Iraquí dividió al Consejo de Seguridad y a la OTAN y apremió para que se reexaminara la idea de la seguridad colectiva en un mundo dominado por el poderío militar estadounidense.[68]

---

[66] Para un análisis de las señales tempranas de la falta de planeación véase Simon Chesterman y David M. Malone, "Postwar Challenge: Who Plans for Rebuilding Iraq?", *International Herald Tribune*, 5 de diciembre de 2002.

[67] "Security Council Summit Statement Concerning the Council's Responsibility in the Maintenance of International Peace and Security", UN Doc S/23500, 31 de enero de 1992.

[68] Véase "Secretary-General Names High-Level Panel to Study Global Security Threats, and Recommend Necessary Changes", UN Doc SG/A/857. 4 de noviembre de 2003 <http://www.un.org/News/Press/docs/2003/sga857.doc.htm>.

Un ejemplo del doble lenguaje diplomático que se emplea en la ONU es que en la agenda del Consejo de Seguridad, el título del caso de la guerra de 2003 seguía siendo "La situación entre Iraq y Kuwait". Algo que preocupaba a los observadores era que la guerra tuviera lugar sin una resolución aprobatoria del Consejo de Seguridad, pero las consecuencias de que el Consejo autorizara nuevamente el uso de la fuerza militar contra Iraq, con el argumento de que estaba escondiendo armas de destrucción masiva, habrían sido aún más preocupantes. Que no se haya descubierto ninguna prueba de las armas –e incluso, que no se haya corroborado ni una sola de las denuncias de Estados Unidos y Gran Bretaña en los seis meses previos a la guerra–[69] es un pequeño inconveniente para Bush y un problema superable para Blair. En cambio, para el Consejo de Seguridad ello pone en duda lo único que el Consejo aporta a una crisis semejante: legitimidad, que es lo que Estados Unidos necesita en Iraq.

Es natural que Estados Unidos dé prioridad a los asuntos internos, pero al librar su guerra contra el terrorismo, la nación más poderosa del mundo parece también la más asustada. Esto ha hecho que los objetivos políticos de amplio alcance sean reemplazados por objetivos militares, bajo la dirección de civiles del Departamento de Defensa, la Oficina del Presidente y la Casa Blanca. Y cuando se invoca una estrategia política, se pone la mira en la agenda política estadounidense más que en la nación que se construye.

Estados Unidos decidió que no necesitaba de la ONU para meterse en Iraq, por lo que no puede esperar que ella le ayude a salir de ahí. En cierta medida, esto ha aliviado la preocupación de quienes afirmaban que lo único peor que un mal resultado en la invasión de Iraq sería un resultado bueno, y que se la tomara como modelo para acciones futuras en Siria, Irán, etc. En cambio, la preocupación principal del presidente Bush es evitar que el próximo cambio de régimen ocurra en su propia casa.

---

[69] Thomas Powers, "The Vanishing Case for War", *New York Review*, 4 de diciembre de 2003.

CONCLUSIÓN

Cuando los 19 miembros de la OTAN apoyaron la intervención en Kosovo, cada uno tuvo su razón pública para hacerlo: humanitarismo, seguridad regional o salvaguardar los principios de la resolución 1199 del Consejo de Seguridad. No hubo consenso respecto de la teoría ni en cuanto a la práctica. Fuera de la OTAN, no había acuerdo ni sobre la teoría ni sobre la práctica. De hecho, la mayoría de los Estados sigue teniendo reservas acerca de la intervención, por temor de que ésta legitime que se ignore la autoridad del Consejo de Seguridad en el mantenimiento de la paz y seguridad internacionales.

Inevitablemente surgirán situaciones en las que, aunque el Consejo no esté dispuesto o capacitado para actuar, los acontecimientos reclamarán el uso de la fuerza. En tales casos, ¿cómo debe responder la ONU?

Como dije, el problema en los debates sobre la prevención y la intervención es, en el primero, la poca insistencia que se pone en la acción; en el segundo, la excesiva insistencia en la teoría. Esto no ayuda. Los casos de intervención humanitaria –que seguirán siendo esporádicos, excepcionales y controvertidos– deben verse como errores. Tales intervenciones son errores tanto por la estructura de la seguridad internacional (debido o no a un veto caprichoso) como de los mecanismos embrionarios en la ONU y otros organismos para evitar un conflicto. Toda intervención que ocurra fuera de esta estructura tendría que obtener legitimidad, como lo hizo la OTAN recurriendo al G-8 y adoptando la resolución 1244 (1999) del Consejo de Seguridad, y ECOWAS luego de sus intervenciones en Liberia y Sierra Leona al inicio de la década.

Al mismo tiempo, estas acciones deberían incitar a la elaboración de mecanismos preventivos en la ONU. En particular, deberían asignarse más recursos para una secretaría de análisis estratégicos, según las pautas del Informe Brahimi. Y si para impedir estos desarrollos se adujera que se viola la soberanía, habría que hacer ver que la alternativa es que aumenten las intervenciones con transgresiones más graves.

La distinción entre asistencia humanitaria e intervención militar que hizo el Secretario General en noviembre de 2000 es válida y necesaria para resguardar el suministro de ayuda y a quienes la proporcionan. Sin embargo, los principios de soberanía y derechos humanos, humanitarismo y fuerza militar deben combinarse de tal forma que pueda hacerse el bien a quienes lo necesitan. En última instancia, la solución al dilema entre soberanía y principios humanitarios es convenir, no sobre cuándo proceder a una intervención humanitaria, sino cómo evitar la crisis humanitaria antes que algunos piensen que tal acción es necesaria. Esto, por supuesto, es una respuesta imperfecta al problema de la intervención humanitaria. Pero, a fin de cuentas, la ONU es un órgano imperfecto, encargado de mantener la paz en un mundo imperfecto.

Traducción de Lorena Murillo S.

LA RESPONSABILIDAD DE PROTEGER
EN UNA ERA UNIPOLAR

Thomas G. Weiss
Ralph Bunche Institute for International Studies

La moda de la intervención humanitaria de los años noventa parece ahora historia antigua. La idea de que el hombre es más importante que la soberanía brilló con intensidad en el horizonte político internacional, pero fugazmente. Las guerras contra el terrorismo e Iraq, la actual obsesión de la ONU y de Estados Unidos[1] dejan ver que la voluntad política para intervenir por motivos humanitarios se esfumó con el inicio del nuevo milenio. Estados Unidos es hoy la primera potencia y su disposición a destinar recursos políticos y militares para la protección humanitaria ha menguado.

A pesar de ello, y antes de que desechemos la posibilidad de futuras intervenciones humanitarias, es esencial recordar lo que Andrew Hurrell llamó el "presentismo implacable",[2] que asomó la cabeza el 11 de septiembre de 2001. De pronto, el uso de la fuerza militar para proteger la vida dejó de estar de moda. Los ataques de Al Qaeda cambiaron el panorama estratégico, el discurso intelectual y el orden del día internacional. A menudo, el bolsillo y el corazón suelen ir de la mano, y un ejemplo muy ilustrativo del cambio de fortuna que sufrió el concepto de intervención humanitaria lo ofrecen las páginas de *Ethics & International Affairs*. Ése era el tema central de 10% de los artículos a inicios de los años noventa, la proporción alcanzó casi la tercera parte a mediados de la década y al final abarcaba casi la mitad de los principales artículos,

---

[1] Véase Jane Boulden y Thomas G. Weiss (eds.), *Terrorism and the UN: Before and After September 11*, Bloomington, Indiana University Press, 2004; y Thomas G. Weiss, Margaret E. Crahan y John Goering (eds.), *Wars on Terrorism and Iraq: Human Rights, Unilateralism, and U.S. Foreign Policy*, Londres, Routledge, 2004.

[2] "Foreword to the Third Edition", en Hedley Bull, *The Anarchical Society: A Study of Order in World Politics*, Nueva York, Columbia University Press, 2002, p. xiii.

201

pero después del 11 de septiembre se olvidó casi por completo de la intervención humanitaria (10%) y se interesó por las nuevas reglas del juego para una guerra preventiva y luchar contra el terrorismo.[3]

Es útil, por eso, una perspectiva histórica más amplia para pensar en las posibilidades de rescates militares futuros en circunstancias graves en zonas de guerra. Aunque "tengan una base normativa, los ataques a los derechos soberanos de los Estados difícilmente son algo nuevo en la historia internacional";[4] pero en lo que a asuntos humanitarios se refiere, el Consejo de Seguridad se desentendió por entero durante los años de la Guerra Fría. Desde 1945 hasta la Guerra de los Seis Días de 1967, en ninguna de sus resoluciones se mencionó la dimensión humanitaria de los conflictos, y la primera alusión del Comité Internacional de la Cruz Roja (CICR) fue hasta 1978.[5] En las décadas de 1970 y 1980, "el Consejo de Seguridad dio poca importancia a los aspectos humanitarios de los conflictos armados [...] pero el inicio de los años noventa puede considerarse como un punto de inflexión".[6] Mientras reexaminaba el equilibrio que debía haber entre intervención y soberanía del Estado, el Consejo de Seguridad hizo tábula rasa de los asuntos humanitarios. De pronto, entre 1990 y 1994, se aprobó el doble de las resoluciones sancionadas durante los primeros 45 años de vida de la ONU. En ellas, y dentro del contexto del capítulo VII, se hacían repetidas menciones a las crisis humanitarias como amenazas para la paz y la seguridad internacionales.

[3] La edición anual de *Ethics & International Affairs* incluía 37 artículos sobre temas morales relacionados con las crisis e intervenciones de los años noventa, un promedio de casi cuatro artículos por número: 1991, 1 de 13; 1992, 1 de 11; 1993, 2 de 12; 1994, 2 de 11; 1995, 2 de 11; 1996, 3 de 10; 1997, 10 de 18; 1998, 4 de 10; 1999, 7 de 15; 2000, 5 de 9. Este patrón cambió notablemente después del 11 de septiembre de 2001. Al iniciarse el nuevo milenio, la intervención humanitaria fue perdiendo cada vez más importancia: 2001, 3 de 18; 2002, 2 de 32; y 2003, 2 de 27. El giro hacia temas éticos derivados de las guerras contra el terrorismo y contra Iraq es igualmente drástico: 2002, 11 de 32 artículos; y 6 de 27 en 2003.

[4] S. Neil MacFarlane, *Intervention in Contemporary World Politics*, Adelphi Paper 350, Oxford, Oxford University Press, 2002, p. 79.

[5] Christine Bourloyannis, "The Security Council of the United Nations and the Implementation of International Humanitarian Law", *Denver Journal of International Law and Policy*, vol. 20, núm. 3, 1993, p. 43.

[6] Th. A. van Baarda, "The Involvement of the Security Council in Maintaining International Law", *Netherlands Quarterly of Human Rights* 12, núm.1, 1994, p. 140.

Para Adam Roberts esa década se caracterizó por la "función histórica sin precedentes que desempeñaron los temas humanitarios en la política internacional".[7] Algunos no están de acuerdo con la descripción de Edward Luttwak sobre "la gestión de Kofi [...] en la cual los derechos humanos estaban antes que la soberanía",[8] pero lo cierto es que la intervención humanitaria era uno de los temas más controvertidos en los círculos de la ONU. Los discursos[9] del Secretario General dieron lugar a intensos debates en torno de "la era de las emergencias humanitarias" que había conducido a las políticas de "salvar a extranjeros".[10] Nació una industria académica casera y los gobiernos patrocinaron una serie de iniciativas políticas: una iniciativa sueca, la Comisión Independiente sobre Kosovo,[11] la revisión del gobierno de Clinton por el Equipo de Planificación Política, y un informe del Consejo sobre Relaciones Exteriores,[12] e investigaciones importantes de los gobiernos de Holanda y Dinamarca sobre la autoridad legal para intervenir.[13]

El punto de partida para los futuros debates en torno a las políticas es la Comisión Internacional sobre Intervención y Soberanía de los Estados (CIISE) cuya obra *La responsabilidad de proteger* y un volumen de investigación que la acompaña se publicaron en diciembre de 2001.[14] Desde

---

[7] Adam Roberts, "The Role of Humanitarian Issues in International Politics in the 1990s", *International Review of the Red Cross*, vol. 81, núm. 833, marzo de 1999, p. 19.

[8] Edward Luttwak, "Kofi's Rule: Humanitarian Intervention and Neocolonialism," *The National Interest*, núm. 58, invierno de 1999-2000, p. 60.

[9] Kofi A. Annan, *The Question of Intervention*, Nueva York, ONU, 1999.

[10] Raimo Väyrynen, *The Age of Humanitarian Emergencies*, Research for Action núm. 25, Helsinki, World Institute for Development Economics Research, 1996; y Nicholas J. Wheeler, *Saving Strangers: Humanitarian Intervention in International Society*, Oxford, Oxford University Press, 2000.

[11] Comisión Internacional Independiente sobre Kosovo, *Kosovo Report: Conflict, International Response, Lessons Learned*, Oxford, Oxford University Press, 2000.

[12] Alton Frye (ed.), *Humanitarian Intervention: Crafting a Workable Doctrine*, Nueva York, Council on Foreign Relations, 2000, e *Interagency Review of U.S. Government Civilian Humanitarian & Transition Programs*, documento de fecha 12 de julio de 2000.

[13] Advisory Council on International Affairs and Advisory Committee on Issues of Public International Law, *Humanitarian Intervention,* La Haya, AIV y CAVV, 2000; Instituto Danés de Relaciones Internacionales, *Humanitarian Intervention: Legal and Political Aspects*, Copenhague, Danish Institute, 1999.

[14] International Commission on Intervention and State Sovereignty, *The Responsibility to Protect*, Ottawa, International Development Research Centre, 2001; y Thomas G.

204 THOMAS G. WEISS

entonces se han escrito muchas reseñas sumamente positivas,[15] e incluso uno de los críticos más feroces de este concepto, Mohammed Ayoob, admite su "considerable fuerza moral."[16]

La agenda de las políticas públicas olvidó temporalemente los temas relativos a la ayuda humanitaria, pero como los presidentes adjuntos de la CIISE, Gareth Evans y Mohamed Sahnoun, recuerdan a los lectores de *Foreign Affairs*: "Es sólo cuestión de tiempo antes de que vuelvan a recibirse informes de alguna parte del mundo en donde estén sucediendo masacres, hambrunas masivas, violaciones y limpiezas étnicas".[17] Las acciones militares para atender las delicadas emergencias humanitarias siguen siendo temas muy espinosos en la comunidad de Estados, pero cuando se necesite otra "intervención militar para proteger a seres humanos", *La responsabilidad de proteger* brindará el marco de referencia más adecuado para actuar.

Weiss y Don Hubert, *The Responsibility to Protect: Research, Bibliography, and Background*, Ottawa, International Development Research Centre, 2001. Tanto una bibliografía actualizada del tema como los dos volúmenes citados pueden encontrarse en <http://web.gc.cuny.edu/RalphBuncheInstitute/ciise/index.htm>.

[15] Entre otras: Joelle Tanguy, "Redefining Sovereignty and Intervention", *Ethics & International Affairs*, vol. 17, núm. 1, 2003, pp. 141-148; Adam Roberts, "The Price of Protection", *Survival*, vol. 44, núm. 4, 2002, pp. 157-161; Ian Williams, "Righting the Wrongs of Past Interventions: A Review of the International Commission on Intervention and State Sovereignty", *The International Journal of Human Rights*, vol. 6, núm. 3, 2002, pp. 103-113; David Ryan, "Report of the International Commission on Intervention and State Sovereignty: The Responsibility to Protect", *International Affairs*, vol. 78, núm. 4, 2002, pp. 890-891; J. Peter Burgess, "The Foundation for a New Consensus on Humanitarian Intervention", *Security Dialogue*, vol. 33, núm. 3, 2002, pp. 383-384; Jane Boulden, "Book Review: The Responsibility to Protect", *Journal of Refugee Studies*, vol. 15, núm. 4, 2002, pp. 428-429; Edward Newman, "Humanitarian Intervention, Legality and Legitimacy", *The International Journal of Human Rights*, vol. 6, núm. 4, 2002, pp. 102-120; Jennifer Welsh, "Review Essay: From Right to Responsibility: Humanitarian Intervention and International Society", *Global Governance*, vol. 8, núm. 4, 2002, pp. 503-521; y Jennifer Welsh *et al.*, "The Responsibility to Protect: Assessing the Report of the International Commission on Intervention and State Sovereignty", *International Journal*, vol. 57, núm. 4, 2002, pp. 489-512.

[16] Mohammed Ayoob, "Humanitarian Intervention and International Society", *The International Journal of Human Rights*, vol. 6, núm. 1, 2002, p. 84.

[17] "The Responsibility to Protect", *Foreign Affairs*, vol. 81, núm. 6, noviembre-diciembre de 2002, p. 100.

Porque tomo ese documento con mucha seriedad, examino aquí algunas de las debilidades de la CIISE. Primero, el informe no es tan visionario como los comisionados lo pensaron o como temían sus opositores. Segundo, la preocupación de los críticos más vehementes (especialmente de los países en desarrollo) no tiene sentido, pues el problema radica en que la intervención humanitaria es muy escasa, no excesiva. Tercero, el supuesto peligro de que el concepto de responsabilidad de proteger se llegue a convertir en caballo de Troya de potencias para intervenir es incorrecto. La preocupación más apremiante radica, más bien, en que se intervenga con fines geopolíticos, especialmente Estados Unidos, con su modalidad preferente o preventiva de iniciar una guerra. Cuarto, la idea de reformar al Consejo de Seguridad es ilusión, no solución; el verdadero reto es identificar las crisis humanitarias en las que entra en acción el multilateralismo táctico de Washington

Así que debemos preguntarnos: ¿qué significa en realidad la responsabilidad de proteger en una era unipolar?

LA RESPONSABILIDAD DE PROTEGER: ¿POR ADELANTE O POR DETRÁS DE LA CURVA?

La CIISE señala únicamente dos casos límite: pérdida de vidas a gran escala y limpieza étnica, en curso o previsibles. Asimismo, la CIISE sostiene que la intervención humanitaria debe estar sujeta a cuatro condiciones precautorias: intención correcta, último recurso, medios proporcionales y posibilidad razonable de tener éxito. Por último, el Consejo de Seguridad es quien, preferentemente, debe tomar las decisiones.[18]

Para que en el futuro haya respuestas más oportunas y adecuadas, la CIISE hace dos importantes aportaciones. La primera se plasma en las líneas con las que inicia el informe: "La soberanía del Estado implica responsabilidad, y la responsabilidad primaria de proteger a su pueblo radica en el propio Estado. Si una población sufre daños graves como resultado de una guerra interna, de insurrecciones, represión o fallas del Estado, y éste no tiene la voluntad o la capacidad para frenar o evitar

---

[18] Este argumento apareció por vez primera en Thomas G. Weiss, "To Intervene or Not to Intervene? A Contemporary Snap-Shot", *Canadian Foreign Policy* vol. 9, núm. 2, 2002, pp. 141-157.

esos daños, entonces el principio de no intervención cederá ante la responsabilidad internacional de proteger".[19]

El informe afirma el concepto de soberanía pero insiste en que es responsabilidad de un Estado el proteger a la población dentro de sus fronteras. Para quienes llevan un registro de los cambios ocurridos en el discurso internacional, la evolución hacia la necesidad de reforzar la capacidad del Estado es impresionante. No se trata de una nostalgia por el estado de seguridad nacional represivo que había en el pasado, sino el reconocimiento –incluso entre los defensores de los derechos humanos y de una intervención decidida– de que la autoridad del Estado es elemental para garantizar la paz y la reconciliación. Los derechos humanos sólo pueden defenderse a largo plazo por medio de Estados democráticos, que tengan la autoridad y el monopolio de la fuerza necesarios para preservar esas normas. Por ello, el remedio no es confiarse en los fideicomisos internacionales y las ONG transnacionales, sino en fortalecer a los Estados fracasados, débiles o desintegrados.

La soberanía "no representa únicamente una protección del Estado contra la coerción ejercida por otros Estados", afirma un grupo de analistas. "Es también un medio para asignar la responsabilidad de proteger a las personas y los bienes, así como para el ejercicio de la gobernanza en un territorio."[20] Hay cada vez más conciencia sobre los fundamentos legales internacionales del sistema de Estados contemporáneo, y sobre la realidad práctica de que las autoridades nacionales cuentan con los mejores medios para proteger los derechos fundamentales. En resumen, las tres características que, desde la Paz de Westfalia, se reconoce que ha de tener un Estado soberano (territorio, autoridad, población) se complementan ahora con una cuarta característica: el respeto a los derechos humanos.

La segunda aportación de la CIISE es desplazar el foco de atención del derecho de los extranjeros a intervenir, hacia aquellos que sufren por la guerra y la violencia. Si nos olvidamos del vocabulario pintoresco del "Movimiento de los Doctores Franceses",[21] el eje del debate se traslada,

---

[19] CIISE, *The Responsability to Protect, op. cit.*, p. xi.

[20] Kathleen Newland, Erin Patrick y Monette Zard, *No Refuge: The Challenge of Internal Displacement*, Nueva York y Ginebra, United Nations, Office for the Coordination of Humanitarian Assistance, 2003, p. 36.

[21] Mario Bettati y Bernard Kouchner (eds.), *Le Devoir d'ingérence : peut-on les laisser mourir?*, París, Denoël, 1987, y Mario Bettati, *Le Droit d'ingérence: mutation de l'ordre international*, París, Odile Jacob, 1987.

del derecho de los que intervienen, hacia el derecho de las poblaciones afectadas y la responsabilidad (la obligación) que tienen los extranjeros de proteger. Esta nueva perspectiva da prioridad a los que sufren de hambre o de violaciones y a la obligación de las instituciones internacionales de responder ante eso.

Ahora bien, pese a que es valioso haber sacado esta idea de las publicaciones académicas para llevarla al mundo real de la política, el concepto no es tan innovador como podría pensar la CIISE. Así, por ejemplo, los trabajos del representante especial del Secretario General para asuntos relacionados con los desplazados internos, Francis Deng, sobre la "soberanía como responsabilidad" aparecieron a lo largo de los noventa.[22] Sin embargo, a muchos observadores les parece algo novedoso, incluido el antiguo columnista del *New York Times*, Anthony Lewis, quien lo describe como "el estado mental internacional".[23]

Sin embargo, ¿fueron los comisionados más tímidos de lo que podían o debían haber sido? Colocaron muy alto el techo para permitir una intervención humanitaria: "grandes pérdidas de vidas a gran escala, reales o previsibles, con o sin intención genocida, que sean consecuencia de la acción deliberada de un Estado, de su negligencia o incapacidad de actuar o del colapso de un Estado, o "depuración étnica" a gran escala, real o previsible, llevada a cabo mediante el asesinato, la expulsión forzosa, el terror o la violación."[24]

Esta justificación doble considera dos situaciones muy perturbadoras, pero el "umbral de la causa justa" no llega tan lejos como muchos habrían esperado. Por ejemplo, las recomendaciones de la CIISE están muy lejos del Estatuto de 1998 de la Corte Penal Internacional (CPI) cuya caracterización de los "crímenes contra la humanidad" abarca desde el asesinato y la esclavitud hasta el encarcelamiento y "otros actos inhumanos de carácter similar que causen intencionalmente grandes sufrimientos".

---

[22] Por ejemplo, véase Francis M. Deng *et al.*, *Sovereignty as Responsibility: Conflict Management in Africa*, Washington, D.C., Brookings Institution, 1996; y Francis M. Deng, "Frontiers of Sovereignty", *Leiden Journal of International Law* vol. 8, núm. 2, 1995, pp. 249-286.

[23] Anthony Lewis, "The Challenge of Global Justice Now", *Dædalus*, vol. 132, núm. 1, 2003, p. 8.

[24] CIISE, *The Responsibility to Protect, op. cit.*, p. xii.

La importancia política que pueda tener cualquier listado es discutible, pero existían por lo menos otros dos candidatos obvios que hubieran podido incluirse en las situaciones límite de la CIISE: el derrocamiento de regímenes elegidos democráticamente (que goza de especial popularidad en los Estados e instituciones regionales de África y en algunas partes de Latinoamérica) y los abusos masivos de los derechos humanos (frecuentes en Occidente). La aclaración de "real o posible" abre esta posibilidad, pero para que tanto los comisionados más entusiastas como los más escépticos consintieran en ello era necesario un denominador común más bajo.

La altura a la que se colocó la barrera resulta desconcertante, ya que la intervención en Haití, aprobada por el Consejo de Seguridad y dirigida por Estados Unidos, ya había sentado el precedente de una intervención para restaurar un gobierno electo; la ONU, la Comunidad Económica de Estados Africanos Occidentales (CEDEAO) y la Organización para la Unidad Africana (OUA) condenaron el derrocamiento del gobierno de Sierra Leona en 1997, lo que llevó a la intervención en Nigeria, dirigida por la CEDEAO y que posteriormente fue sancionada por el Consejo. Por otra parte, los umbrales de la CIISE no incluyen la discriminación racial sistemática ni el abuso masivo de los derechos humanos, normas que la mayoría de los juristas internacionales consideran *jus cogens*. Ciertamente, la nueva carta magna de la Unión Africana codifica umbrales más bajos para la intervención humanitaria que los de la CIISE. Como un especialista observó: "Irónicamente, parecería que los umbrales de la CIISE para las intervenciones son más conservadores que los de los Estados africanos, que siempre se han contado entre los partidarios más fieles de los principios del derecho internacional de no intervención y de soberanía del Estado."[25] Es por ello que el informe de la CIISE no es precursor ni es una pauta. Se limita tan sólo a demarcar un terreno medio, que resulta muy útil.

[25] Jeremy I. Levitt, "The Responsibility to Protect: A Beaver without a Dam?", *Michigan Journal of International Law* (en prensa). Véase también su obra *Africa: Selected Documents on Constitutive, Conflict and Security, Humanitarian, and Judicial Issues*, Ardsley, Nueva York, Transnational Publishers, 2003.

EL 11 DE SEPTIEMBRE Y LAS PRIORIDADES
ESTRATÉGICAS DE ESTADOS UNIDOS

La CIISE terminó su informe a mediados de agosto de 2001 y los presidentes volvieron a convocar al grupo a finales de septiembre. Algo que habla a favor de los comisionados es que no intentaron reelaborar su informe para ponerlo a tono con los acontecimientos de ese trágico mes: "El informe de la Comisión fue concluido en su mayoría antes de los terribles ataques del 11 de septiembre de 2001 en Nueva York y Washington, D.C., y no se pretendió responder con él a los problemas que implicaban esos ataques."[26] No obstante, sí agregaron un párrafo en el que se asentaba que los retos particulares que entrañaba la lucha contra el azote del terrorismo exigían que se acataran los principios precautorios propuestos por la Comisión.

La CIISE se reunió con el ministro de Relaciones Exteriores de Francia, Hubert Védrine, y logró apreciar cabalmente las implicaciones de lo que Védrine denominó la *hyperpuissance*. Según él, la bipolaridad había dado paso a lo que se suponía era la primacía de Estados Unidos, pero las hazañas militares en Afganistán e Iraq dejaban ver que el término "primacía" se quedaba muy corto. Los académicos especulan sobre los matices del peso económico y cultural que resulta del poder blando (*soft power*) de Estados Unidos,[27] pero la carta fuerte de la política internacional sigue siendo, sin duda alguna, la fuerza militar. Antes de la invasión a Iraq, Washington ya gastaba más en su aparato militar que los 15 a 25 países que le siguen (dependiendo de quién cuenta); con una suma adicional de casi 90 000 millones de dólares destinados a la guerra, Estados Unidos tiene actualmente asignado a este rubro un presupuesto superior al de todos los otros países.[28]

Los esfuerzos del Consejo de Seguridad para controlar las acciones de Estados Unidos empiezan a parecerse a los intentos que hacía el senado

[26] CIISE, *The Responsability to Protect, op. cit.*, p. viii.

[27] Véase Joseph E. Nye, Jr., *The Paradox of American Power: Why the World's Only Superpower Can't Go It Alone*, Oxford y Nueva York, Oxford University Press, 2002.

[28] "Last of the Big Time Spenders: U.S. Military Budget Still the World's Largest, and Growing", Centro de Información sobre Defensa, cuadro sobre "Presupuesto para el año fiscal de 2004", con base en datos proporcionados por el Departamento de Defensa de

romano para controlar al emperador. Los diplomáticos que habitan a lo largo de la Quinta Avenida de Nueva York describen en forma casi unánime el debate en torno de la resolución cancelada en vísperas de la guerra contra Iraq como "un referéndum, no sobre los medios para poder desarmar a Iraq, sino sobre el uso del poder por Estados Unidos".[29]

Actualmente existen dos "organismos" mundiales: las Naciones Unidas, mundial por el origen de sus miembros, y Estados Unidos, mundial por su alcance y poderío. Los críticos de la hegemonía estadounidense,[30] entre los que se cuentan varios miembros de la CIISE, afirman que el ejercicio del poder militar debería provenir de la autoridad de la ONU, no de la capacidad de Estados Unidos; sin embargo, ambas son inseparables. Dado que su capacidad de ejercer presión siempre está hipotecada, las operaciones que conduce o aprueba la ONU y que implican fuertes requerimientos militares solamente se llevan a cabo si Washington las aprueba o por lo menos las consiente. Aunque los reducidos y escasos batallones de soldados británicos y franceses lograron tener cierto efecto, reforzando las operaciones de la ONU en Sierra Leona en 2001 y en el Congo Oriental en 2003, cuando se trata de operaciones de mayor envergadura y duración con fines de protección humanitaria se requiere de la capacidad de transporte aéreo de Estados Unidos y de su fuerza y tecnología militares. Cuando se debe vigilar el cumplimiento de la ley (a diferencia de las misiones de paz tradicionales), el valor agregado que aportan otras fuerzas militares es principalmente político, pero no operacional.

Esta realidad no cambiará a menos que los europeos cuenten con una capacidad militar independiente pero, hasta la fecha, ni sus poblaciones ni sus parlamentos han mostrado interés en aumentar su presupuesto de defensa. La retórica alrededor de la PESD (Política Europea de Seguridad y Defensa) es muy superior al gasto real. Andrew Moravcsik propone,

---

Estados Unidos y el Instituto Internacional de Estudios Estratégicos, Washington, D.C. Puede consultarse en <www.cdi.org/budget/2004/world-military-spending.cfm>.

[29] James Traub, "The *Next* Resolution," *The New York Times Magazine*, 13 de abril de 2003, p. 51.

[30] Véase Rosemary Foot, S. Neil MacFarlane y Michael Mastanduno (eds.), *The United States and Multilateral Organizations*, Oxford, Oxford University Press, 2003; y Michael Byers y Georg Nolte (eds.), *United States Hegemony and the Foundations of International Law*, Cambridge, Cambridge University Press, 2003.

de manera muy convincente, una división del trabajo entre Estados Unidos (hacer cumplir la ley) y Europa (mantener la paz).[31] Pero el próximo Kosovo con toda seguridad ocurrirá fuera del continente europeo, y el hecho de que Europa no desarrolle una capacidad independiente limita las actividades de la ONU, especialmente en cuanto intervención humanitaria.

Ahora que Washington tiene la vista puesta en otra dirección, el peligro no es que haya demasiadas intervenciones humanitarias, sino muy pocas. La apatía de Estados Unidos y la ONU, a mediados del 2003, mientras Liberia se desmoronaba, es muestra concreta de lo que puede ocurrir en el futuro, más que el temor de que se abuse de la responsabilidad de proteger. La CIISE se creó originalmente en respuesta al fracaso del Consejo de Seguridad en las crisis humanitarias de Ruanda y Kosovo. En 1994, la intervención fue muy pobre y tardía para detener, siquiera reducir, la matanza en la región de los Grandes Lagos de África, que quizá alcanzó la cifra de 800 000 individuos. En 1999 la poderosa OTAN logró convencer al Consejo, mediante hábiles negociaciones, y lanzó el primer ataque en Kosovo. Sin embargo, muchos observadores afirman que el bombardeo de 78 días, excesivo y demasiado pronto, provocó quizás tanto sufrimiento como el que alivió. En ambos casos, el Consejo de Seguridad fue incapaz de autorizar el uso de la fuerza para proteger a las poblaciones vulnerables.

Sin embargo, la falta de reacción en el caso de Ruanda representa una amenaza mucho más grave para el orden y la justicia internacionales que la parálisis del Consejo de Seguridad en Kosovo. En los Balcanes, cuando menos, una organización regional decidió de manera unánime que debía protegerse a la población. Hubo muchas críticas justas sobre la oportunidad de la intervención y la tibieza de las acciones pues, por razones de política interna de Washington, la operación se mantuvo a una altura de cinco mil metros, cuando las tropas terrestres habrían podido evitar el éxodo masivo. Pese a ello, tanto las víctimas del pasado como las potenciales están conformes con los resultados, sobre todo ahora que las poblaciones desplazadas ya regresaron a sus lugares de origen y que Slobodan Milosevic se encuentra en el sumario de causas de La

---

[31] Andrew Moravcsik, "Striking a New Transatlantic Bargain", *Foreign Affairs*, vol. 82, núm. 4, julio-agosto de 2003, pp. 74-89.

Haya. La única encuesta que se ha hecho hasta la fecha entre las víctimas de las zonas en guerra indica que dos terceras partes de los civiles sitiados con los que se entrevistó el Comité Internacional de la Cruz Roja en doce sociedades destrozadas por la guerra, desean que haya mayor intervención y únicamente 10% se opone a que la haya.[32]

LA INTERVENCIÓN HUMANITARIA,
¿PANTALLA DE HUMO PARA LOS QUE QUIEREN ABUSAR?

Si hay una auténtica preocupación por evitar que ocurran otros casos como el de Ruanda, ¿cómo se explica el temor de que la intervención se convierta en rehén de las grandes potencias y lo usen como pretexto para intervenir? Poner una "H" mayúscula (para "humanitario", aunque también podría usarse de broma para "hurra" o, con amargura, para "hipócrita") establece prematuramente una superioridad moral. Tucídides lo describe descarnadamente en su *Historia de la guerra del Peloponeso*: como los ciudadanos de Melos se negaban a renunciar a su centenaria tradición, los generales atenienses les advirtieron que los fuertes hacen lo que quieren y los débiles sufren lo que deben. De manera sucinta, Stephen Krasner llama a esto "hipocresía organizada".[33]

La historia aconseja prudencia a quien esté incluso apenas familiarizado con las llamadas intervenciones humanitarias del periodo colonial (más recientemente, de Washington, en nombre de los contras de Nicaragua, o de Moscú, para apoyar a los camaradas en Budapest y Praga). Es preciso que haya un debate franco y abierto sobre las motivaciones y probables costos y beneficios, no panegíricos viscerales en torno de un calificativo. Este análisis es ahora de particular importancia pues la ayuda externa a veces puede perjudicar más que beneficiar o enredarse en una economía política nacional que propicia más guerras.[34]

[32] Greenberg Research, *The People on War Report*, Ginebra, CICR, 1999, p. xvi.

[33] Stephen Krasner, *Sovereignty: Organized Hypocrisy*, Princeton, Princeton University Press, 1999.

[34] Véase, por ejemplo, Mary Anderson, *Do No Harm: How Aid Can Support Peace – Or War*, Boulder, Lynne Rienner, 1999; Mats Berdal y David Malone (eds.), *Greed and Grievance – Economic Agendas in Civil Wars*, Boulder, Lynne Rienner, 2000; y Mark Duffield, *Global Governance and the New Wars*, Londres, Zed Books, 2001.

El discurso estadounidense sobre Afganistán e Iraq deja ver la necesidad de ese análisis. Jennifer Welsh observa tres formas en las que se vinculan *La responsabilidad de proteger* y la guerra contra el terrorismo. En primer lugar, sus principios para regir el uso de la fuerza siguen regulando todas las operaciones militares en la sociedad internacional. Luego, el 11 de septiembre nos lleva a preguntar qué podría y debería haber hecho la comunidad de Estados para evitar las violaciones masivas a los derechos humanos de los talibanes. Por último, el tema de la selectividad quizá esté perdiendo peso, ya que la situación en Afganistán mostró las consecuencias del colapso de un Estado en cualquier parte del mundo.[35]

Simon Chesterman y Adam Roberts han señalado la posibilidad de que las recomendaciones de la CIISE promuevan directamente la aplicación del principio de la responsabilidad de proteger a Afganistán e Iraq. "Si se hubiera hecho más –dice Chesterman– para inducir u obligar al régimen talibán a que protegiera a la población afgana, quizá el país no habría resultado tan atractivo para Al Qaeda. Y una vez que Estados Unidos quitó a ese régimen del poder, se impuso la responsabilidad especial (con la ayuda de la ONU y de otros países) de dejar a Afganistán en mejores condiciones de como lo había encontrado".[36]

El documento *National Security Strategy of the United States of America*,[37] que George W. Bush dio a conocer en septiembre de 2002, será con toda seguridad el marco de referencia para los futuros debates acerca del uso de la fuerza. Muchos ven en esta nueva doctrina una amenaza de tal magnitud que se necesita renovar el compromiso con el antes sacrosanto principio de la no intervención. Según Adam Roberts, la doctrina de Bush "ha tenido por efecto ratificar los temores tanto del predominio estadounidense como del caos que sobrevendría si lo que es aceptable para Estados Unidos llegara a ser aceptable para muchos otros candidatos a ser intervencionistas. Resultado probable de las doctrinas intervencionistas de Estados Unidos será que los Estados sean aún más

[35] Welsh, *op. cit.*, p. 518.

[36] Simon Chesterman, "Humanitarian Intervention and Afghanistan", en Jennifer Welsh (eds.), *Humanitarian Intervention and International Relations*, Oxford, Oxford University Press, 2004.

[37] *National Security Strategy of the United States of America, September 2002* (puede consultarse en <http://usinfo.state.gov/topical/pol/terror/secstrat/htm>).

renuentes que antes a aceptar cualquier tipo de doctrina, incluidas las relativas a la intervención humanitaria y la responsabilidad de proteger, que puedan verse como invitación a una actitud general de intervencionismo."[38]

Los peores temores de muchos observadores se expresan en un artículo de Lee Feinstein y Anne-Marie Slaughter; los autores se valen del concepto de la responsabilidad de proteger como un escalón para desarrollar el principio corolario de "la obligación de evitar" la compra de armas de destrucción masiva. Su propuesta "hace una extrapolación de los avances recientes en las leyes sobre la intervención por motivos humanitarios".[39]

Un número especial de *The Nation* de julio de 2003 se intituló: "La intervención humanitaria: un foro", pero su contenido casi no tuvo nada que ver con el tema del título, sino que parecía un sinuoso camino que llevaba a justificar las acciones del gobierno de Bush. Richard Falk describió de la siguiente manera el punto de vista expresado por los doce articulistas (entre ellos Ramesh Thakur, miembro de la CIISE): "Tras los sucesos del 11 de septiembre, la visión estadounidense respecto de la intervención con fines humanitarios se metamorfoseó en la racionalización a posteriori del uso de la fuerza, que de otra manera habría sido difícil conciliar con el derecho internacional".[40] La reacción hostil a los intentos de los primeros ministros de Canadá, Jean Chrétien, y Gran Bretaña, Tony Blair, durante la cumbre sobre gestión pública progresiva, a mediados de julio de 2003, para que se incluyera la idea de la responsabilidad de proteger en el comunicado final, refleja un nuevo antagonismo entre países que en el pasado habrían apoyado ese concepto. Es evidente que estas naciones temen que el gobierno de Bush manipule a su antojo un imprimátur para ataques preventivos contra Estados tramposos y de terroristas.

Para entender esta nueva reticencia es importante distinguir los casos de Afganistán e Iraq, pero también examinar en qué forma las acciones de Estados Unidos se asemejan más a las tres intervenciones que realizó

---

[38] Adam Roberts, "The United Nations and Humanitarian Intervention", en Welsh, *Humanitarian Intervention, op. cit.*

[39] "A Duty to Prevent", *Foreign Affairs*, vol. 83, núm. 1, enero-febrero de 2004, p. 149.

[40] CIISE, *The Responsability to Protect, op. cit.*, p. 49.

en los años setenta, justificadas como en legítima defensa, pero que dieron por resultado grandes beneficios humanitarios: Pakistán Oriental, en 1971; Camboya, en 1978, y Uganda, en 1979. En aquel entonces, la idea de la intervención humanitaria quedaba demasiado lejos de ser una corriente dominante como para que justificara las acciones del Estado. El orden internacional estaba firmemente asentado en la inviolabilidad de la soberanía, por lo que las consideraciones de carácter humanitario no tenían cabida. En particular, la invasión de India a Pakistán Oriental, de Tanzania a Uganda y de Vietnam a Kampuchea fueron iniciativas unilaterales para derrocar a regímenes amenazantes y desestabilizadores. En ocasiones se les menciona como prueba de una norma incipiente sobre intervención humanitaria, pero estas acciones las llevaron a cabo, de manera individual, ciertos Estados que buscaban un cambio de régimen para garantizar su seguridad. Por otra parte, ninguna de ellas fue aprobada por el Consejo de Seguridad y, de hecho, el caso de Vietnam fue muy censurado.

Los paralelismos con Afganistán (en cuyo caso la resolución 1368 del Consejo de Seguridad reconoce la legítima defensa) e Iraq (sobre el cual Estados Unidos también afirma tal situación) son muy claros. El mejoramiento de los derechos humanos es obvio, pero en ambos casos la motivación fue la defensa propia, más que un fin humanitario. En Afganistán, el derrocamiento rápido del régimen produjo incertidumbre y más inseguridad, pero no la captura de Osama bin Laden; entonces el discurso de Washington se olvidó de la destrucción de Al Qaeda para mostrar la importancia de liberar a la población afgana, sometida de las brutalidades del gobierno talibán. La dudosa lógica humanitaria llegó al extremo en Iraq, cuando la expulsión del régimen condujo a una criticada ocupación, que el general estadounidense John Abizaid describió como una "guerra de guerrillas". Sin que hasta la fecha haya pruebas fehacientes, las justificaciones esgrimidas antes de iniciar la guerra, sobre la amenaza que representaba Iraq (debido, entre otras, a las armas de destrucción masiva y sus lazos con Al Qaeda), se transformaron en un discurso embellecido sobre la necesidad de liberar a la sojuzgada población iraquí de las brutalidades de Saddam Hussein.

La rigurosa aplicación de la responsabilidad de proteger no se puede usar como pretexto velado para intervenir. No obstante, la forma laxa y *ex post facto* con que Estados Unidos aplicó la retórica humanitaria en los casos de Afganistán e Iraq muestra por qué deben analizarse concienzudamente los criterios de la CIISE.

LA DISTRACCIÓN DE LA REFORMA DEL CONSEJO DE SEGURIDAD

El discurso inaugural de Kofi Annan ante la Asamblea General, en septiembre de 2003, retomó un tema trillado: la reforma del Consejo de Seguridad, que sin duda sería asunto prioritario en la agenda del Panel de Alto Nivel sobre amenazas, desafíos y cambios. También la CIISE recomendó que se reformara al Consejo para remediar su desempeño desigual, su doble moral, el uso del veto y su nula representatividad. En virtud de que no existía una "excepción humanitaria" para las prohibiciones y supuestos contra la intervención, la CIISE consideró que la reforma del Consejo era de "trascendente importancia".[41]

La lógica que explica la reserva de muchos Estados hacia la intervención humanitaria está sintetizada en la declaración del presidente de Argelia, Abdelazia Bouteflika: "No negamos que la ONU tenga el derecho y la obligación de ayudar a la humanidad sufriente, pero somos extremadamente sensibles a cualquier cosa que socave nuestra soberanía, no sólo porque ésta representa nuestra última trinchera contra las reglas de un mundo desigual, sino porque nosotros no participamos en el proceso de decisiones del Consejo de Seguridad."[42]

La historia de los esfuerzos para lograr que el Consejo de Seguridad refleje mejor el número creciente de miembros de la ONU y la política mundial en cambio constante no permite tener muchas esperanzas para el futuro próximo.[43] Los fundadores de la ONU instituyeron deliberadamente una Asamblea General universal, con las funciones más amplias, y un Consejo de Seguridad restringido, con autoridad ejecutiva para mantener la paz. La unanimidad entre las grandes potencias de la época (Estados Unidos, la Unión Soviética, Francia, Reino Unido y China) era un prerrequisito para cualquier acción. El derecho a vetar decisiones

---

[41] *Idem.*

[42] Citado por Newland, Patrick y Zard, *op. cit.*, p. 37.

[43] Esta idea apareció por primera vez en Thomas G. Weiss, "The Illusion of Security Council Reform", *The Washington Quarterly*, vol. 26, núm. 4, otoño de 2003, pp. 147-161.

sustanciales fue un ingrediente esencial del acuerdo original de 1945 con los Cinco Miembros Permanentes (5P).

Aunque el artículo 109 abría la posibilidad de celebrar una Conferencia General "con el propósito de revisar esta Carta", los 5P se han resistido al cambio, desde el principio,[44] y han comunicado su intención de mantener el veto. La única reforma significativa al Consejo de Seguridad se hizo en 1965, cuando aumentó de 11 a 15 miembros y se incrementó la mayoría necesaria de 7 a 9 votos; sin embargo, la exclusividad del poder de veto para los 5P quedó intacta. Ese cambio respondió al crecimiento en número de los Estados miembros, todos ellos del hemisferio sur. Entre la fecha de creación de la ONU, en 1945, y el fin de la primera ola de descolonización, en 1963, el número de miembros se elevó de 51 a 114. Cuando se creó la ONU, sólo había seis países miembros de África y Asia; pero veinte años después más de la mitad pertenecían a estos dos continentes.

Las demandas recientes de reforma son del mismo tenor, y han cobrado ímpetu a raíz de los debates sobre la intervención humanitaria y tras el caso de Iraq. La mayoría de los gobiernos apoyan el llamado a la equidad, lo que se buscaría, de manera específica, aumentando el número de miembros y eliminando el veto, pero no se han logrado avances en esos cambios numéricos o de procedimiento porque no hay consenso. Es cierto que el Consejo no refleja la distribución real del poder del siglo XXI, pero las propuestas de reforma que han presentado diplomáticos y analistas no encaran la verdadera discrepancia entre los asientos dentro del Consejo y el poder militar disponible. Sería más probable que se tomaran con seriedad las propuestas de reforma si los candidatos, ya sea permanentes o nuevos, con o sin derecho a veto, sugirieran y asumieran la obligación de contribuir con tropas o de financiar las acciones como parte de los requisitos para ser miembro del Consejo.

Paradójicamente, este tema resurgió a raíz de los éxitos iniciales que obtuvo el Consejo de Seguridad al terminar la Guerra Fría.[45] Luego, la lógica de "para qué componer lo que no está roto", empezó a suscitar

---

[44] Véase Ruth B. Russell, *A History of the United Nations Charter: The Role of the United States, 1940-1945,* Washington, DC, Brookings Institution, 1958, pp. 742-749.

[45] Thomas G. Weiss, David P. Forsythe y Roger Coate, *The United Nations and Changing World Politics,* 4ª ed., Boulder, Westview Press, 2004, caps. 3 y 4.

protestas respecto de la representación. El argumento a favor de la ampliación del Consejo tenía que ver con la equidad, no con los efectos prácticos. Un Consejo de Seguridad más numeroso equivaldría a convertirlo en el "traspatio de la Asamblea General" y la toma de decisiones sobre la intervención humanitaria sería aún menos probable que antes.

El recién elegido secretario general, Boutros Boutros-Ghali, inició su gestión en enero de 1992 con la primera cumbre en la historia del Consejo de Seguridad, y poco después publicó su desafiante obra, *Una agenda para la paz*.[46] ¿No era tiempo ya de reestructurar la composición del Consejo de Seguridad y revisar sus procedimientos anacrónicos, de tal suerte que los asuntos de poder ocuparan un segundo lugar después de las cuestiones de derecho? Eso era, por lo menos, lo que decía el saber popular y las propuestas provenientes del piso 38 y de otras partes.[47]

Tras la demanda de que se reconocieran los cambios en el mundo, eliminando el veto y duplicando el número de miembros permanentes (para lo cual Alemania y Japón son candidatos muy fuertes, lo mismo que algunos gigantes en vías de desarrollo, como la India, Egipto, Brasil y Nigeria), de inmediato surgieron dos problemas. En primer lugar, mientras que los 5P insistían en conservar el poder de veto individual sobre las modificaciones a la Carta de la ONU, por considerarlo necesario para evitar las condiciones que llevaron al derrumbe de la Liga de las Naciones,[48] la casi totalidad de los 186 miembros restantes se oponían al veto por considerarlo injusto. El veto sigue representando el mayor obstáculo, debido tanto al interés particular de los 5P en retener el poder, como a que no existe ninguna disposición en la Carta que los obligue a renun-

---

[46] Boutros Boutros-Ghali, *An Agenda for Peace, 1995*, Nueva York, ONU, 1995, incluye el informe original de 1992 y un suplemento más modesto de 1995.

[47] Véase Commission on Global Governance, *Our Global Neighbourhood,* Oxford, Oxford University Press, 1995; Independent Working Group on the Future of the United Nations, *The United Nations in its Second Half-Century*, Nueva York, Fundación Ford, 1995; y Bruce Russett, Barry O'Neil y James Sutterlin, "Breaking the Security Council Logjam", *Global Governance*, vol. 2, núm. 1, enero-abril de 1996, pp. 65-79.

[48] Véase Russell, *History of the UN Charter, op. cit.*, pp. 713-719; Bruce Russett(ed.), *The Once and Future Security Council*, Nueva York, St. Martin's Press, 1997; Townsend Hoopes y Douglas Brinkley, *FDR and the Creation of the U.N.*, New Haven, Yale University Press, 1997; y Stephen C. Schlessinger, *Act of Creation: The Founding of the United Nations,* Boulder, Westview, 2003.

ciar a ese derecho. Aunque el Reino Unido, Francia y quizá Rusia han dejado de ser grandes potencias, su situación como miembros permanentes con derecho de veto aumenta el volumen de sus voces en la política internacional. Fue evidente durante los debates sobre Iraq, que el objetivo primordial de la política exterior de Francia y Rusia es fortalecer el papel del Consejo de Seguridad, para que se le confiera voz en la proyección del poderío militar estadounidense. De ahí que los cinco miembros permanentes no piensen renunciar a su derecho de veto.

En segundo lugar, algo que inhibe la reforma es la parálisis política en lo que se refiere a los candidatos para los escaños en el Consejo, ya sea de rotación permanente o nuevos permanentes, con o sin derecho de veto. Nadie podría objetar que aumentando el número de miembros a más de los 15 actuales se reflejaría más diversidad. Sin embargo, un Consejo de Seguridad integrado por 21 o 25 miembros difícilmente sería más eficiente; más bien, si se creara un "traspatio de la Asamblea General" se incrementaría lo que un observador poéticamente llamó la *Sitzkrieg*, en el caso de Iraq;[49] es decir, el grupo sería demasiado numeroso para llevar a cabo negociaciones serias pero muy pequeño para representar a todos los miembros de la ONU.

El acuerdo vago y ampuloso para dar cabida a más miembros del "Sur global" subrepresentado no significa que haya consenso sobre los países que habrían de agregarse. Cada opción abre una nueva caja de Pandora. Si el predominio de los países industrializados es el problema, ¿por qué se considera a Alemania y Japón como candidatos obvios? ¿Acaso Italia no estaría más o menos en esa misma liga? ¿Y no sería más lógico que fuera la Unión Europea la que estuviera representada (en lugar de París, Londres, Berlín y Roma, individualmente)? ¿Cómo se sienten Argentina o México frente a la candidatura de Brasil? ¿Y Pakistán frente a la de India? ¿Y Sudáfrica o Egipto acerca de la de Nigeria? ¿Qué piensan los defensores tradicionales e incondicionales de la ONU, como Canadá y los países nórdicos, de un plan que los dejaría al margen, al tiempo que daría más peso a ciertos países grandes en vías de desarrollo, algunos de los cuales representan una amenaza para la paz y la seguridad internacionales? Desde su creación en 1993, el órgano que

---

[49] David C. Hendrickson, "Preserving the Imbalance of Power", *Ethics & International Affairs*, vol. 17, núm. 1, 2003, p. 160.

lleva el nombre más largo en los anales de las deliberaciones multilaterales (el Grupo de Trabajo de Composición Abierta sobre Asuntos de Representación Equitativa en el Consejo de Seguridad y el Aumento del Número de Miembros y Otros Asuntos Relativos al Consejo de Seguridad) corre el riesgo de pasar a la historia también como el órgano que menos ha hecho en más tiempo.

Todas las razones en contra de que se lleve a cabo la reforma al Consejo de Seguridad estaban ya antes de lo que Charles Krauthammer denominó "el momento unipolar".[50] Pero, dado que es probable que ese "momento" dure mucho, continuar con las discusiones sobre la reforma a la Carta es, en el mejor de los casos, mera distracción. Si es deseable una intervención militar para proteger vidas humanas, lo primordial es lograr que Estados Unidos participe en los esfuerzos multilaterales.

CONCLUSIÓN

La responsabilidad de proteger es un avance, pero seguimos siendo incapaces de salvar a todas las víctimas de la guerra. Con la posible excepción del genocidio, no hay obligación legal y, mucho menos, política para actuar; sólo una de carácter moral.[51] Las resoluciones del Consejo de Seguridad de los años noventa reflejaban el "impulso" humanitario, el deseo encomiable de ayudar a amenazados por un conflicto armado.[52] Invariablemente, ese afán se convierte en una voluntad política limitada y en una escala descendente de compromisos que muestran la dura realidad política internacional de que se quiere rescatar algunas, pero no todas las poblaciones afectadas por la guerra. Esa voluntad, por ejemplo, ha hecho posible que se formen coaliciones esporádicas de voluntarios. Cuando los intereses humanitarios y estratégicos coinciden, se abre una

---

[50] Charles Krauthammer, "The Unipolar Moment", *Foreign Affairs*, vol. 70 núm. 1, invierno de 1990-1991, pp. 23-33.

[51] Para algunos, incluido yo, esto no es, sin duda, algo que carezca de importancia. Véase W. R. Smyser, *The Humanitarian Conscience: Caring for Others in the Age of Terror*, Nueva York, Palgrave, 2003.

[52] Thomas G. Weiss, "The Humanitarian Impulse", en David M. Malone (ed.), *The United Nations Security Council after the Cold War*, Boulder, Lynne Rienner (en prensa).

ventana de oportunidad para quienes buscan actuar por motivos humanitarios, tanto en el Consejo de Seguridad como en otros medios.

En el decenio de 1990 hay ejemplos de ese impulso, pero no de un "imperativo", la preferencia de aquellos que se descorazonan ante las discrepancias en las decisiones del Consejo de Seguridad y en los esfuerzos internacionales por socorrer a las víctimas de la guerra. El imperativo humanitario conllevaría la obligación de tratar a todas las víctimas de manera igual y de reaccionar congruentemente a todas las crisis; implicaría negar la importancia de la política, que procede con base en casos individuales, ponderando los intereses y las opciones, sopesando los costos y reuniendo los recursos necesarios. El impulso humanitario es permisivo; el imperativo humanitario sería perentorio.

La responsabilidad de proteger contiene ideas normativas que muchos en los círculos multilaterales y humanitarios estaban esperando. "El informe de diciembre de 2001 de la Comisión Internacional sobre Intervención y Soberanía del Estado ante la Asamblea General –observa Jack Donnelly– promete ser un punto de inflexión en el debate internacional sobre la intervención humanitaria".[53] La notable evolución en la actitud hacia los límites de la soberanía incide en el ámbito de acción de las organizaciones humanitarias. En la década de los años noventa hizo hincapié en las expectativas de que se respetaran los derechos fundamentales, expectativas que se ponían cada vez más en las autoridades políticas soberanas.

El informe ofrece una fotografía muy precisa de las ideas más generalizadas sobre la soberanía como responsabilidad. Para algunos es demasiado tibio, para otros es excesivo; pero, no abre las puertas para que las intervenciones no humanitarias se justifiquen disfrazadas de acciones humanitarias. Quienes conocen la historia colonial y están inquietos por las acciones de Estados Unidos en Iraq tienen razón de ser cautos; aunque, aplicando rigurosamente los criterios que se detallan en *La responsabilidad de proteger*, tendría que evitarse cualquier abuso.

La razón para que se creara la CIISE fue el clamor de "¡No más Ruandas!". Empero, incluso el observador más optimista difícilmente

---

[53] Jack Donnelly, *Universal Human Rights in Theory and Practice*, 2ª ed., Ithaca, Cornell University Press, 2003, p. 251.

podría negar que es probable que se presenten "más Liberias". Ahora que las prioridades estratégicas y operativas de Estados Unidos están en otra parte, el peligro radica en que la intervención militar para proteger vidas humanas sea muy poca, no excesiva.

En lugar de gastar energías en la reforma del Consejo de Seguridad, los diplomáticos, académicos y activistas preocupados por el tema deberían tratar de entender en qué momento entra en acción el multilateralismo instrumental de Washington, y con ello, el impulso humanitario. El sube y baja de la intervención humanitaria en los años noventa sugiere que la participación de Estados Unidos es a menudo esencial y provechosa. Kosovo y Afganistán dieron muestra de la superioridad tanto del armamento estadounidense como de la acción colectiva. Edward Luck observa: "En última instancia, serán otros Estados y secretarías internacionales los que determinarán si los legisladores y los responsables de las políticas de Estados Unidos considerarán que los organismos internacionales son lugares en los que el poderío excepcional de su país es bienvenido y aceptado, o rechazado y coartado."[54]

Al mismo tiempo, la soberbia de actuar por cuenta propia parece estar disminuyendo un poco en Washington, de lo que dio muestra con su retorno al Consejo de Seguridad, en octubre de 2003, buscando una desleída resolución 1511. Según el secretario de Estado, Colin Powell, la "estrategia [del gobierno] consiste en establecer asociaciones que reafirmen vigorosamente el papel fundamental de la OTAN y de otras alianzas de Estados Unidos, incluida la ONU". Aunque sería difícil creer sin más en esas palabras, la ocupación de Iraq, al parecer, tuvo un efecto moderador. Como Theodore Sorensen afirma: "¿Habría algo menos realista que creer que este país puede decidir unilateralmente el destino de otras naciones, sin respetar la opinión de la humanidad o el juicio de las instituciones mundiales y de nuestros aliados internacionales?"[55] Quizá esté surgiendo en el gobierno una percepción diferente del multilateralismo.

[54] Edward C. Luck, "American Exceptionalism and International Organization: Lessons from the 1990s", en Foot, MacFarlane y Mastanduno, *op. cit.*, p. 48. Véase también su obra *Mixed Messages: American Politics and International Organization 1919-1999*, Washington, D.C., Brookings, 1999.

[55] Theodore C. Sorensen, "JFK's Strategy of Peace", *World Policy Journal*, vol. XX, núm. 3, otoño de 2003, ɔ. 4.

"Tal vez haya ocasiones en las que Estados Unidos deba actuar por sí solo", señalan Lee Hamilton y Hans Binnendijk, "pero estos casos no deben ser sino la excepción."[56]

El Consejo de Seguridad no es un camino que Washington siempre, o nunca, tome. Es evidente que ningún gobierno estadounidense permitirá que el Consejo se interponga en su afán de conseguir sus objetivos de seguridad nacional. Pero el Consejo de Seguridad a menudo sirve a sus intereses vitales y le brinda motivos para proceder con cautela y con la venia internacional, aunque no con su apoyo jubiloso. Dependiendo del tema, de lo que esté en juego, de la posición de otros aliados potenciales y de la viabilidad de una acción militar conjunta, Washington tiene la capacidad para actuar en forma unilateral o multilateral.[57] Sin embargo, como el gobierno de Bush lo está descubriendo, "quizá un poder con legitimidad imperfecta sea mucho más eficaz que la mera coerción".[58]

El síndrome de Somalia fue un factor interno dominante en Estados Unidos; la expectativa de que haya un alivio fiscal y un número reducido de bajas es ahora más atractiva para la opinión pública estadounidense, lo que reducirá el entusiasmo por las acciones tipo *cowboy*. Si la economía estadounidense sigue floja y continúan las operaciones preventivas de defensa propia contra los gobiernos villanos, es muy probable que la ONU sea más atractiva.[59] Otros ejemplos de intereses comunes son la lucha

---

[56] Lee Hamilton y Hans Binnendijk, "Foreword", en André J. Pierre, *Coalitions: Building and Maintenance*, Washington, D.C., Institute for the Study of Diplomacy, 2002, p. xi.

[57] Véase Stewart Patrick y Shepard Forman (eds.), *Multilateralism and U.S. Foreign Policy: Ambivalent Engagement*, Boulder, Lynne Rienner, 2002; y Stewart Patrick, "Beyond Coalitions of the Willing: Assessing U.S. Multilateralism", *Ethics & International Affairs*, vol. 17, núm. 1, 2003, pp. 37-54. Un volumen complementario sobre las reacciones de otros países aparte de Estados Unidos es el de David M. Malone y Yuen Foong Khong (eds.), *Unilateralism and U.S. Foreign Policy: International Perspectives*, Boulder, Lynne Rienner, 2003.

[58] Andrew Hurrell, "International Law and the Changing Constitution of International Society", en Michael Byers (ed.), *The Role of Law in International Politics: Essays in International Relations and International Law*, Oxford, Oxford University Press, 2000, p. 344.

[59] Véase Mats Berdal, "The UN Security Council: Ineffective but Indispensable", *Survival*, vol. 45, núm. 2, verano de 2003, pp. 7-30; Shashi Tharoor, "Why America Still Needs the United Nations", *Foreign Affairs*, vol. 82, núm. 5, septiembre-octubre de 2003, pp. 67-80; y Madeleine K. Albright, "Think Again: United Nations", *Foreign Policy*, núm. 138, septiembre-octubre de 2003, pp. 16-24.

contra el terrorismo (intercambio de información de inteligencia y esfuerzos contra el lavado de dinero), el combate contra el fantasma planetario de las enfermedades infecciosas (SIDA, ébola y SARS), y la vigilancia de los derechos humanos y los tribunales penales, la búsqueda de armamentos y una serie de trabajos de reconstrucción en Iraq luego del conflicto. Y, por supuesto, la intervención humanitaria es una tarea multilateral de primordial importancia.

Para todas estas empresas será necesario responder a los intereses de otros países con más hechos y menos palabras. El multilateralismo no representa un fin en sí mismo, pero trabajar en colaboración con la ONU ayuda a Estados Unidos a alcanzar sus objetivos vitales. Joseph Nye ha señalado la "paradoja del poder estadounidense" o la incapacidad del Estado más poderoso para conseguir sus metas principales por sí solo. A menos que Washington esté dispuesto a ser flexible cuando se requiera y a contribuir con otras regiones y países, es poco probable que otros gobiernos acudan a su llamado cuando necesite ayuda para lograr sus objetivos prioritarios. Para Nye, es difícil comprender la actitud del gobierno actual pues "quizá Estados Unidos llegue a encontrarse con que los otros países cada vez tienen menos voluntad de poner su granito de arena, y podría ser que un día el arenero se quede vacío".[60] Esta realidad es la que otorga cierta capacidad de influencia, incluso sobre Washington, y la intervención humanitaria es una herramienta importante para todos.

Si los Estados más renuentes y los diplomáticos escépticos solicitan la participación de Estados Unidos y se comprometen a facilitar la intervención humanitaria, ¿significa que hemos empezado a caer por esa pendiente y a vacilar al filo de la justificación de lo injustificable, como la decisión de Estados Unidos y Gran Bretaña de iniciar una guerra contra Iraq? La respuesta es "no", si seguimos el consejo de la CIISE. Si se hubiera invocado el umbral de la causa justa se habría cumplido con los criterios humanitarios (resultado no improbable dado el historial de Saddam Hussein como criminal de guerra *de buena fe*), pero es imposible que se hubiesen satisfecho los otros cuatro criterios: intención correcta, último recurso, medios proporcionales y perspectivas razonables.

---

[60] Joseph S. Nye, Jr., "U.S. Power and Strategy After Iraq", *Foreign Affairs*, vol. 82, núm. 4, julio-agosto de 2003, pp. 60-73, cita en la p. 68.

Más importante aún, incluso cumpliendo con los cinco criterios anteriores (lo cual, a todas luces, no fue el caso), la CIISE también hace hincapié en una autoridad justa, lo que en esencia significa una muestra abrumadora de apoyo internacional, de preferencia por parte del Consejo de
Seguridad o, por lo menos, de algún organismo regional. La desaproba-
ción de la guerra contra Iraq dentro del Consejo y en todo el mundo,
fue mucho más notoria y sustancial que en el caso de Kosovo, comparación
que resulta adecuada dado que fue "ilegal" (es decir, sin la aprobación
del Consejo), pero "legítima" (o por lo menos "justificable") en términos
humanitarios.[61] Al retirar la resolución para autorizar el uso de fuerzas
militares contra Iraq, en marzo de 2003, Washington y Londres no
consiguieron siquiera una mayoría simple y tuvieron tres vetos. En el
caso de Kosovo, hubo tres votos en contra (dos con poder de veto). Más
aún, no hubo aprobación unánime de la campaña en contra de Iraq por
parte de un organismo regional compuesto por 19 miembros (de hecho,
la OTAN y la Unión Europea estaban divididas) y todas las organizaciones
regionales de la zona que abarcaba la crisis se opusieron categóricamen-
te a la guerra. En resumen, la "coalición" en el caso de Iraq realmente no
fue multilateral en ningún sentido, como tampoco fue la decisión de
iniciar la guerra. Fue notoria la falta de apoyo de la comunidad
internacional, sin hablar de la debida autoridad.

Se quiso dar un barniz humanitario a las acciones en Iraq luego de
que no se encontró prueba alguna de las supuestas armas de destrucción
masiva o de los vínculos con Al Qaeda. John Ikenberry comenta con
ironía: "Esos terribles arranques unilaterales que surgen del gobierno de
Bush son criticados duramente en todo el mundo, precisamente porque
muchos países han adoptado la visión multilateral del orden internacional que Estados Unidos enarboló durante la mayor parte del siglo XX."[62]
La responsabilidad de proteger podría convertirse en un medio para que
Washington vuelva a incorporarse a la organización mundial.

Los críticos y los escépticos de la intervención humanitaria deberían
preocuparse menos porque se lancen demasiadas acciones militares sin
que haya motivos humanitarios suficientes, y más porque no se empren-

---

[61] Independent International Commission on Kosovo, *Kosovo Report*, p. 4.
[62] G. John Ikenberry, "Is American Multilateralism in Decline?", *Perspectives on Politics*,
vol. 1, núm. 3, septiembre de 2003, p. 545.

da una acción cuando haya razones para ello. El Congo, en donde se calcula que han muerto cerca de tres millones y medio de personas desde 1998 por hambre y enfermedades derivadas del conflicto armado,[63] es testimonio de la escasa responsabilidad de proteger y de la abundante e inhumana falta de intervención. Este hecho representa una amenaza tan grave para la sociedad internacional y la justicia en el mundo como la guerra precautoria o preventiva.

Por el momento, el sol de la intervención humanitaria se ha ocultado. No podemos saber si el poderío de Estados Unidos apoyará o abatirá la intervención humanitaria. Pero una cosa es cierta: el poder será decisivo. Si la responsabilidad de proteger ha de florecer, Estados Unidos deberá estar a bordo. Los tiempos actuales son oscuros, pero ello no quiere decir que la luz de la intervención humanitaria nunca volverá a despuntar.

---

[63] Información recabada por el Comité Internacional de Rescate (puede consultarse en <http://www.theirc.org/mortality/>).

MÁS ALLÁ DE LA INTERVENCIÓN HUMANITARIA

Daniel Ortega Nieto *

La transición del mundo de los conceptos y las ideas al mundo del poder y la realidad es por demás complicada. El debate sobre la intervención humanitaria no ha sido la excepción y a pesar de la extensa literatura sobre el tema, los problemas persisten en la práctica. Ciertamente la discusión no ha sido estéril y ajena a la realidad; empero, el análisis de las posibles repercusiones que conllevaría la adopción de un marco de referencia para tales intervenciones –que las legalice y legitime– no ha sido lo suficientemente exhaustivo como para concluir un asunto tan significativo.

El debate sobre la intervención humanitaria se ha caracterizado por su polarización: por un lado argumentos legales, y por otro, argumentos morales. Entre otras razones, es la polarización la que no ha permitido que se discutan seriamente las diversas propuestas y las consecuencias de legalizar y legitimar la intervención humanitaria. Es decir, el debate llegó a un *impasse*, que si bien no ha impedido que se desplieguen operaciones humanitarias, sí ha entorpecido y postergado reformas que debieran ser ampliamente discutidas.

A raíz de los acontecimientos en Ruanda y Kosovo, principalmente, surgieron varias iniciativas que abordaban la intervención humanitaria desde distintas perspectivas.[1] En este sentido, vale la pena señalar que a

* Actualmente estudia la maestría en The London School of Economics. El autor agradece los valiosos comentarios de la Dra. Ana Covarrubias y la Dra. Celia Toro.

[1] Destacan: Comisión Internacional Independiente sobre Kosovo, *Kosovo Report: Conflict, International Response, Lessons Learned,* Oxford, Oxford University Press, 2000; Alton Frye (ed.), *Humanitarian Intervention: Crafting a Workable Doctrine,* Nueva York, Council on Foreign Relations, 2000; *Interagency Review of U.S. Government Civilian Humanitarian & Transition Programs,* 12 de julio de 2000; Advisory Council on International Affairs and Advisory

partir de la publicación del reporte de la Comisión Internacional sobre Intervención y Soberanía del Estado (CIISE), *La responsabilidad de proteger*,[2] el debate sobre la intervención humanitaria ha constatado un cambio sustancial. Como bien señala Simon Chesterman, "el giro retórico que adoptó la Comisión Internacional sobre Intervención y Soberanía de los Estados –del *derecho* a intervenir a la *responsabilidad* de proteger– quizá signifique el avance más resuelto en esta polémica área de las relaciones internacionales".[3] Asimismo, los seis principios rectores del reporte – causa justa, intención correcta, último recurso, medios proporcionales, posibilidades razonables y autoridad competente– han resultado una aportación igualmente importante.

A pesar de que, como señala Adam Roberts, varios Estados poderosos (China y Rusia) y otros en desarrollo han expresado su rechazo a cualquier doctrina que apoye la intervención humanitaria,[4] el lenguaje empleado en el reporte es una referencia cotidiana en los asuntos de Naciones Unidas y, especialmente, en lo referente a los asuntos de paz y seguridad. En este sentido, un avance significativo hacia la adopción de *La responsabilidad de proteger* como marco normativo que regule futuras acciones humanitarias, fue el documento final adoptado durante la Cumbre Mundial 2005 de jefes de Estado y de gobierno, celebrada durante el sexagésimo aniversario de la ONU. En dicho documento, además de hacer una referencia explícita a *La responsabilidad de proteger*, los mandatarios respaldaron la adopción de "medidas colectivas, de manera oportuna y decisiva, por medio del Consejo de Seguridad, de conformidad con la Carta, incluido el capítulo VII ("si los medios pacíficos resultan inadecuados y es evidente que las autoridades nacionales no protegen a población del genocidio, los crímenes de guerra, la depuración étnica y los crímenes de *lesa humanidad*), y destacaron "la necesidad de que la

Committee on Issues of Public International Law, *Humanitarian Interven m*, La Haya, AIV y CAVV, 2000; Instituto Danés de Relaciones Internacionales, *Humanitarian Intervention: Legal and Political Aspects*, Copenhague, Danish Institute, 1999.

[2] International Commission on Intervention and State Sovereignty, *The Responsibility to Protect*, 2001.

[3] Simon Chesterman, "No más Ruandas vs. no más Kosovos", en este mismo volumen (pp. 175-200).

[4] Adam Roberts, "The Use of Force", en David Malone (ed.), *The United Nations Security Council: From the Cold War to the 21d Century*, Londres, Lynne Rienner, 2004, p. 146-147.

Asamblea General siga examinando la responsabilidad de proteger".[5]
Más aún, "en el proceso de toma de decisiones en el Consejo de Seguridad, el concepto de la responsabilidad de proteger es una realidad".[6]

Aunque el avance hacia la adopción de las ideas y lineamientos expuestos en *La responsabilidad de proteger* es notable, es necesario que se discutan las posibles consecuencias de adoptar un marco de referencia para que las futuras acciones humanitarias sean eficaces. En este sentido, el presente artículo expone algunas de las posibles complicaciones que surgirían en caso de legalizar y legitimar la intervención humanitaria bajo un marco de referencia, como podría ser el reporte de la CIISE.

LA SOBERANÍA COMO RESPONSABILIDAD INTERNACIONAL

Como bien señala Geoffrey Best con relación a la soberanía: "ninguna palabra importante ha sido más incomprendida y mal empleada".[7] Generalmente se utiliza y asocia la soberanía como un concepto que tiene un contenido legal y como una idea que no varía a pesar del transcurso del tiempo. En general la soberanía ha actuado como un principio ambiguo que apela a la ficción. En lugar de referirse a lo real, la soberanía hace un llamado a la imaginación y nos otorga una construcción lógica que le da a la vida internacional cierta coherencia.[8] A lo largo de la historia, la soberanía ha reconciliado las maneras más diversas de organizar la vida política, económica y social de los Estados. Es un concepto con un contenido jurídico que ha permitido que cada Estado reclame para sí la inviolabilidad en ciertos ámbitos vitales que, a la vez, permiten su preservación como entidad política.

El concepto de soberanía se ha transformando y sus distintas concepciones han repercutido en la manera en la que se rigen las relaciones internacionales. La primera gran referencia a la soberanía la hace Jean

[5] Documento final de la Cumbre 2005, Asamblea General, *A/Res/60/1*, 24 de octubre de 2005, p. 33.

[6] Entrevista con el embajador Adolfo Aguilar Zinser, ex representante de México ante el Consejo de Seguridad. Ciudad de México, 3 de mayo de 2005.

[7] "Justice, International Relations and Human Rights," *International Affairs*, vol. 71, núm. 4, 1995, p. 778.

[8] Bertrand Badie, *Un Monde Sans Souveraineté*, París, Fayard, 1999, p. 10.

Bodin, en 1576, con *Les Six Livres de la République*. Para Bodin, el poder y la soberanía absoluta no pueden provenir más que de Dios y la ley natural. En este sentido, el príncipe es soberano legítimo porque su poder proviene directamente de Dios y, por lo tanto, no acepta acuerdos en contrario.[9] Más tarde, durante la revolución francesa, surge la idea de que la nación es depositaria de la soberanía y se logra, así, establecer en el imaginario político una de las ideas centrales de Jean Jacques Rousseau: la soberanía es indisociable de la voluntad general que es la voluntad del pueblo instituido en comunidad.[10]

Sería durante el siglo XX cuando la idea de soberanía incorpora la noción de no intervención. A partir del inicio de la Guerra Fría, la soberanía vuelve a sufrir cambios sustanciales. A diferencia de las concepciones anteriores, en este periodo no se identifica a la soberanía con un individuo o con una nación, sino con la capacidad *vis-à-vis* los demás Estados.[11] Para Badie, en esta época un Estado es soberano en la medida en que impone con éxito su voluntad de existir. Igualmente, el concepto de soberanía se convierte en pilar fundamental del orden internacional ya que es aceptado por los "tres mundos". Por un lado, el mundo occidental acepta dicha concepción dado que a lo largo de su historia ha sido un concepto constituyente de sus distintos sistemas políticos; el mundo socialista también lo acepta ya que lo protege de una injerencia; y finalmente, para el tercer mundo el concepto se convierte en una pieza fundamental ya que se afirma como un emblema de resistencia.[12]

Si bien el carácter legal que acompaña la idea de soberanía se fue conformando a lo largo de las etapas antes mencionadas, en el siglo XX se consolida. En este sentido, fue en 1933 en Montevideo, durante la Convención sobre derechos y obligaciones del Estado, cuando se codificó una de las características centrales de la soberanía: la autoridad de un Estado sobre su territorio mediante la exclusión de los otros Estados. En la misma dirección fue promulgado el artículo 2(1) de la Carta de la ONU en 1945: "La Organización está basada en el principio de la igual-

---

[9] George H. Sabine, *Historia de la teoría política*, México, Fondo de Cultura Económica, 1945, pp. 297-305.

[10] Badie, *op. cit.*, p. 93.

[11] *Ibid.*, p. 96.

[12] *Ibid.*, pp.10 y 96-97.

dad soberana de todos sus Miembros." Finalmente, la Corte Internacional de Justicia señaló que "el principio fundamental de soberanía estatal es en el cual descansa el derecho internacional".[13]

Si bien el concepto de soberanía se ha transformado paulatinamente a lo largo de la historia, es evidente que a partir del fin de la Guerra Fría ha sufrido modificaciones sustantivas. Igualmente importante es recordar, como lo hace Daniel Philpott, que el papel normativo de la soberanía es central ya que fija las reglas básicas de la conducta internacional.[14] La soberanía se está redefiniendo, e incluso los defensores más férreos concuerdan que la soberanía estatal no se refiere a un poder ilimitado y absolutamente discrecional que permita violentar la dignidad humana.[15] Podríamos resumir lo anterior con las palabras del secretario general de Naciones Unidas, Kofi Annan: "Ahora es ampliamente comprendido que los Estados son instrumentos al servicio de su gente, y no viceversa." Más aún, "[D]ichos cambios en el mundo no hacen de las decisiones políticas difíciles algo más sencillo. Pero sí nos obligan a pensar en ciertas preguntas como la manera en la cual debe responder la ONU ante crisis humanitarias." [16]

La adopción de un marco general de referencia para futuras intervenciones humanitarias reforzaría el proceso mediante el cual el Estado ha comenzado a delegar autoridad a la comunidad internacional para regular lo que sucede en su territorio. Me parece que reconocer que esta última tiene la responsabilidad de utilizar la fuerza para detener violaciones masivas y sistemáticas a los derechos humanos es un paso trascendental hacia una nueva concepción de la palabra soberanía. Delegar a la comunidad internacional la posibilidad de intervenir militarmente en el territorio de un Estado durante crisis humanitarias no sólo sería un cambio sustancial en lo referente a la soberanía y sus límites, sino que también obligaría a replantear los mecanismos que acotaron el uso de la fuerza durante décadas.

[13] International Commission on Intervention and State Sovereignty, *The Responsibility to Protect: Research, Bibliography and Background*, Ottawa, International Development Research Center, 2001, pp. 5-6.

[14] Daniel Philpott, "Usurping the Sovereignty of Sovereignty?", en *World Politics*, 53, enero de 2001, pp. 297-324.

[15] ICISS, *The Responsibility to Protect, op. cit.*, p. 8.

[16] Kofi Annan, "Two Concepts of Sovereignty", en *The Economist*, 18-24 de septiembre de 1999, p. 49.

A mediados de los años noventa, Francis Deng presentó los fundamentos del concepto de soberanía como responsabilidad.[17] Deng asume que, para ser legítima, la soberanía conlleva ciertas responsabilidades, por lo que un gobierno es legítimo en la medida en que responde a las necesidades de su pueblo.[18] A partir de lo anterior, el concepto de soberanía como responsabilidad gira en torno de una idea simple: los líderes y representantes estatales deben ser responsables y rendir cuentas por sus acciones, internamente a sus ciudadanos y externamente a la comunidad internacional.[19] La soberanía no es el derecho a que los demás respeten lo que sucede dentro del Estado, sino más bien, es la responsabilidad de que el gobierno ejecute sus funciones de manera efectiva.

Vale la pena resaltar que Francis Deng no sólo se refiere a las situaciones en las cuales los derechos humanos son violados sistemáticamente, sino a prácticamente cualquier situación en la cual el Estado no cumpla sus obligaciones económicas o políticas. La referencia a Deng es obligada ya que fue él quien primero se refirió al concepto de soberanía como responsabilidad. Si bien el reporte de *La responsabilidad de proteger* es claro con relación a las circunstancias en que efectivamente existe una responsabilidad internacional, es preciso señalar que seguramente habrá quienes argumenten que dicha responsabilidad es más amplia. Por ello, las posibles complicaciones de concebir la soberanía como responsabilidad a la manera de Deng, radican en que por más que se insista en que sólo se habla de crisis humanitarias, el concepto podría permear, con el tiempo, otras áreas de las relaciones internacionales. En este sentido, es indispensable que se establezcan claramente los límites del concepto.

Concuerdo con Bertrand Badie en el sentido de que de no definir claramente el concepto de soberanía como responsabilidad, habría consecuencias sustantivas. Debemos recordar que la soberanía siempre ha contenido un importante aspecto legal. Si la soberanía se convierte en un concepto exclusivamente instrumental, perdería gran parte de su contenido

[17] Francis M. Deng, "Frontiers of Sovereignty", *Leiden Journal of International Law*, vol. 2, núm. 8, 1995, pp. 249-286.

[18] Francis M. Deng, *et al.*, *Sovereignty as Responsibility: Conflict Management in Africa*, Washington, D.C., The Brookings Institution, 1996, p. XVII.

[19] Jennifer Welsh, Carolin Thielking y S. Neil Macfarlane, "The Responsibility to Protect: Assessing the report of the International Commission on Intervention and State Sovereignty", en *International Journal*, otoño 2002, pp. 493-494.

jurídico[20] y, por lo tanto, habría que definir plenamente los alcances y límites de la "nueva" soberanía. Es decir, ¿hasta qué punto la comunidad internacional tiene una responsabilidad de intervenir en los asuntos de otro Estado, además de crisis humanitarias? ¿Quién pondrá límite a la responsabilidad en materia de asuntos ambientales, demográficos, etc.? ¿Acaso la "comunidad internacional" intervendrá en todos estos asuntos cuando juzgue que un Estado no cumple con sus obligaciones? En este sentido no debemos olvidar que la "comunidad internacional" es simplemente una construcción conceptual que en la práctica se desvanece. Más aún, ¿quién sería el verdadero "responsable" al hacerse cargo de los costos económicos y políticos en la práctica?

El concepto de soberanía ha permitido y, hasta cierto punto, ha regulado las diferencias en la manera de organizar la vida social, económica y política que existen entre los Estados. Al asumir el concepto de soberanía como responsabilidad y la posible "unificación" de criterios para medir hasta qué punto un Estado es responsable, y por ende legítimo, el orden internacional podría volverse más conflictivo. La realidad nos muestra que hay ámbitos en los que ciertos Estados están dispuestos a delegar autoridad pero la mayoría continuará recelosa de la misma.

Incluso en materia de derechos humanos –el pilar de la soberanía como responsabilidad– los desacuerdos entre los Estados podrían aumentar. La codificación sobre derechos económicos, sociales, civiles y políticos es abundante y la gran mayoría de los Estados ha ratificado los instrumentos más importantes; no obstante, en la práctica los problemas aumentarían. Como bien señala Robert Jackson, los derechos civiles y políticos generalmente son violentados por acciones deliberadas de las autoridades. Es decir, la tortura, los asesinatos, la pena de muerte y la violencia en general, son un problema de *conducta* principalmente del Estado. Sin embargo, y como pretende Francis Deng, garantizar los derechos económicos y sociales es un asunto distinto. Garantizar los derechos económicos y sociales requiere más que una regulación en la conducta humana; la garantía de dichos derechos necesita una estrategia para la cual se precisan recursos de distinta índole.[21] Pretender que todos los Estados podrán garantizar *todos* los

---

[20] Bertrand Badie, *op. cit.*, p. 108.

[21] Robert H. Jackson, *Quasi-States: Sovereignty, International Relations, and the Third World*, Cambridge, Cambridge University Press, 1990, pp. 45-46.

derechos humanos es una falacia, al igual que creer que todos aceptarán la intervención internacional para hacerlos valer.

Igualmente debemos ser cuidadosos ya que es evidente que pocos Estados tienen los medios económicos, políticos y militares para "asumir" la responsabilidad y no sería sorprendente que una o varias potencias "monopolizaran" dicha responsabilidad para su propio beneficio. Asimismo, es necesario que la ONU realice un análisis profundo acerca de sus propias capacidades. Una vez que se delega autoridad y se asume una responsabilidad, aquélla sólo puede conservarse mediante el cumplimiento de los compromisos adquiridos; por ello, el concepto de soberanía como responsabilidad debe ser acotado adecuadamente a crisis humanitarias: "[D]ado que 'deber ser implica poder ser,' una ética deontológica en la cual la definición de lo que es correcto no deriva del cálculo de lo que es posible, se condena a la irrelevancia si sus mandatos no pueden llevarse a cabo en el mundo tal y como es."[22]

LAS NUEVAS AMENAZAS A LA PAZ Y SEGURIDAD INTERNACIONALES

El capítulo VII de la Carta de las Naciones Unidas ("Acción en caso de amenazas a la paz, quebrantamientos de la paz o actos de agresión") señala las medidas que el Consejo de Seguridad puede autorizar en casos de amenazas o quebrantamientos de la paz y seguridad internacionales. Concretamente, el artículo 39 expresa: "El Consejo de Seguridad determinará la existencia de toda amenaza a la paz, quebrantamiento de la paz o acto de agresión y hará recomendaciones o decidirá qué medidas serán tomadas de conformidad con los artículos 41 y 42 para mantener o restablecer la paz y la seguridad internacionales."[23] La legalización y legitimación de la intervención humanitaria provocaría una redefinición de lo que la comunidad internacional, y especialmente el Consejo de Seguridad, considera una "amenaza a la paz y seguridad

---

[22] Stanley Hoffman, *World Disorders: Troubled Peace in the Post-Cold War Era*, Nueva York, Rowman & Littlefield, 2000, p.152.

[23] *Carta de Naciones Unidas*, artículo 39. Los artículos 41 y 42, a los que se hace referencia, hablan de las medidas no coercitivas y coercitivas que el Consejo puede autorizar.

internacionales," ya que no todas las violaciones sistemáticas y masivas a los derechos humanos han constituido una amenaza a la paz y seguridad internacionales. Lo anterior es elemental porque al catalogar una situación como tal, se autorizarían medidas coercitivas. En este sentido, la Carta de las Naciones Unidas es contundente en lo referente a los límites del uso de la fuerza. A pesar de ello, el artículo 39 le otorga al Consejo de Seguridad la discrecionalidad suficiente para considerar las medidas coercitivas necesarias para restablecer la paz y seguridad internacionales.

En caso de aprobarse la intervención humanitaria en el marco de las Naciones Unidas, el Consejo debe, al menos para no reducir su credibilidad, redefinir las situaciones que ameriten medidas coercitivas. Al ampliar el concepto de "amenaza a la paz y seguridad internacionales" los asuntos por tratar en el Consejo aumentarán considerablemente y, muy posiblemente, paralizarían su accionar. Por ello, y a pesar de la discrecionalidad del artículo 39, se deben definir las situaciones que ameriten el involucramiento del Consejo y el uso de la fuerza, para hacer su accionar predecible y confiable.

Desde la creación de las Naciones Unidas hasta el fin de la Guerra Fría, el Consejo no autorizó más que algunas acciones sustentadas en el capítulo VII y en las que se hacía referencia al artículo 39. Durante la Guerra Fría, el Consejo no se vio involucrado de manera operativa en la gran mayoría de los conflictos. De hecho, entre 1945 y 1990, solamente afirmó que se había quebrantado la paz en tres ocasiones.[24] En este sentido, la tensión de la Guerra Fría evitó el ejercicio de las facultades del Consejo y por ello sólo se pronunció en conflictos en los cuales las dos grandes potencias no tenían comprometidos sus respectivos intereses vitales, salvo en Corea. Es decir, durante la Guerra Fría el Consejo de Seguridad sirvió más como un foro que como un instrumento para

[24] Corea (1950), Islas Malvinas-Falkland (1982) e Irán-Iraq (1987, en el último año del conflicto). Respecto a la existencia de "amenazas a la paz" el Consejo se pronunció, de nuevo, en tres ocasiones: Palestina (1948), Rhodesia del Sur (1965) y Sudáfrica (1977, por su programa nuclear). El Consejo también expresó su preocupación acerca de conflictos que pueden convertirse en amenazas a la paz y seguridad internacionales: Congo (1961), Chipre (1974) y Este de Pakistán (1971). Simon Chesterman, *Just War or Just Peace? Humanitarian Intervention and International Law*, Oxford, Oxford University Press, 2001, pp. 112-117.

conservar la paz internacional. El factor primordial que decidía si el Consejo se involucraba en un conflicto era la medida en que se enfrentaban los intereses de la Unión Soviética y Estados Unidos. El criterio principal sobre el que se basaban las resoluciones que invocaban el artículo 39 era el posible enfrentamiento entre dos Estados o el resultado de una agresión. Es decir, se "ponía en riesgo o amenazaba" la paz y seguridad internacionales solamente por motivo de *conflictos internacionales*.

Los criterios utilizados por el Consejo de Seguridad han cambiado a raíz de la caída del muro de Berlín. La agenda del Consejo de Seguridad ha aumentado significativamente y éste se ha pronunciado en diversos temas que abarcan situaciones anteriormente ignoradas. Dicho activismo se ve reflejado en las resoluciones que se han caracterizado por ser improvisadas e inconsistentes, a la vez que han alterado la manera en la cual se comprendía la relación entre los Estados y el orden internacional.[25] Asimismo y a partir del fin de la Guerra Fría, la disposición de los cinco miembros permanentes del Consejo –aquellos con poder de veto– a cooperar ha permitido que éste participe en la resolución de un mayor número de conflictos y que el uso del veto disminuya.

Durante la Guerra Fría, y a pesar de la discrecionalidad que le otorga el artículo 39, el Consejo mantuvo cierta coherencia en las resoluciones que afirmaban que peligraba o se había quebrantado la paz y seguridad internacionales. No obstante, a partir de 1990, el Consejo se ha pronunciado en situaciones por demás diversas sin establecer claramente qué y cuándo peligra la paz internacional. Durante la primera reunión de jefes de Estado de los miembros del Consejo de Seguridad en 1992, se firmó una declaración en la cual se señaló que: "[L]a ausencia de guerra y conflictos militares entre Estados no garantiza en sí mismas la paz y seguridad internacionales. Las fuentes de inestabilidad económica, social, humanitaria y ecológica se han convertido en amenazas a la paz y seguridad."[26]

A partir de 1990, el Consejo de Seguridad, además de los conflictos internacionales, ha considerado como amenazas o quebrantamientos de

---

[25] David Malone (ed.), *The United Natios Security Council, op. cit.,* Covarrubias y Ortega, p.10.

[26] *Security Council Summit Statement Concerning the Council's Responsibility in the Maintenance of Internationa! Peace and Security,* 47 UN Security Council Resolution (4046th meeting), UN DOC S/23500, 1992.

la paz las siguientes situaciones: guerras civiles (Bosnia Herzegovina), crisis humanitarias (Somalia), interrupción de la democracia (Haití), hambrunas (Somalia), crisis de refugiados (Iraq), actos terroristas (Libia) y procuración de justicia (ex Yugoslavia y Ruanda). Me parece loable y adecuado que el Consejo asuma plena responsabilidad por la paz y seguridad internacionales en las situaciones anteriores. Empero, el problema surge cuando se intenta abarcar campos en los cuales el concepto de amenaza no es el más adecuado. El Consejo de Seguridad debe asumir su responsabilidad de garantizar el orden internacional en la medida en que su capacidad operativa se lo permita y debemos tener cuidado con los calificativos que se utilizan, ya que el Consejo podría convertirse en un órgano ineficiente por estar saturado de "amenazas" de toda índole. El Consejo debe comenzar por reconocer sus limitaciones dado que pronunciarse y autorizar el uso de la fuerza sin criterios claros y objetivos viables sería contraproducente.

ALGUNAS COMPLICACIONES ESTRUCTURALES

La Carta de Naciones Unidas no tiene referencia alguna sobre las Operaciones de Mantenimiento de la Paz (OMP). Marrack Goulding, ex subsecretario general de la ONU, describe el fenómeno de la siguiente manera: "[O]peraciones de Naciones Unidas en las cuales el personal civil y militar internacional es desplegado con el consentimiento de las partes y bajo las órdenes de Naciones Unidas para ayudar a controlar y resolver conflictos internacionales, actuales o potenciales, o internos con claras dimensiones internacionales."[27]

Durante la Guerra Fría, los contingentes que participaban en las OMP generalmente estaban compuestos por soldados de Estados pequeños o no alineados; los miembros permanentes del Consejo de Seguridad enviaban efectivos en muy pocas ocasiones, generalmente en situaciones de carácter excepcional. Los contingentes eran neutrales, portaban armas ligeras y eran desplegados entre las partes beligerantes. Como bien señala Thomas Weiss, la función de los cascos azules era más simbólica

---

[27] Thomas G. Weiss *et al., The United Nations and Changing World Politics*, 4a ed., Colorado, Westview Press, 2004, p. 37.

y su influencia dependía de una mezcla entre la cooperación de los beligerantes y el "peso moral" de la comunidad internacional.[28] Vale la pena resaltar que, durante la Guerra Fría, las OMP esencialmente defendían el statu quo.[29] Igualmente importante en la decisión de aprobar una OMP era la preocupación de detener conflictos regionales en los cuales las dos superpotencias pudieran involucrase directamente y provocar un enfrentamiento mayor.[30]

El objetivo principal de una OMP tradicional era vigilar que se cumplieran los acuerdos de paz acordados previamente entre las partes. Adam Roberts señala que históricamente las OMP se han sustentado en tres principios básicos: imparcialidad, consentimiento de las partes y evitar el uso de la fuerza.[31] La imparcialidad de los cascos azules les dota de un "peso moral" y es imprescindible para que las partes sigan participando en el proceso de paz. Muchas han sido las críticas a la imparcialidad de los cascos azules; sin embargo, en el contexto de la Guerra Fría y por el carácter internacional de los conflictos, cualquier acción que demostrara que se favorecía a una de las partes habría significado el fin de las OMP.

El consentimiento de las partes fue trascendental por dos razones: la ONU pudo actuar a pesar de que una de las grandes potencias no lo deseara. Lo anterior sucedió en Chipre y Líbano, en donde la URSS se oponía al envío de cascos azules, pero como las partes involucradas pidieron la ayuda de la ONU, la URSS no tuvo otro remedio que aceptar.[32] En segundo lugar, el consentimiento de las partes es crucial dado que reduce enormemente las posibilidades de que los contingentes de cascos azules encuentren resistencia armada al llevar a cabo su mandato.[33] En cuanto al uso de la fuerza, los cascos azules tienen la orden de utilizarla solamente como último recurso y en defensa propia. El manual para las OMP establece: "[E]l grado de fuerza utilizado debe ser solamente sufi-

---

[28] *Ibid.*

[29] *Ibid.*

[30] Chantal de Jonge Oudraat, "The United Nations and Internal Conflict", en Michael E. Brown (ed.), *The International Dimensions of Internal Conflict*, Cambridge, MIT Press, 1996, p. 504.

[31] Adam Roberts, "From San Francisco to Sarajevo: The UN and the Use of Force", en *Survival*, vol. 37, invierno de 1995-1996, p. 14.

[32] Weiss *et al.*, *op. cit.*, p. 38.

[33] *Ibid.*

ciente para cumplir con la misión y prevenir, en la medida de lo posible, la pérdida de vidas humanas o serias lesiones. Las hostilidades *no* deben iniciarse excepto, posiblemente, después de hostigamientos continuos cuando se vuelva necesario restaurar una situación para que las Naciones Unidas cumpla con sus responsabilidades."[34]

Entre 1948 y 1978 la ONU autorizó trece Operaciones de Mantenimiento de la Paz. Dichas operaciones fueron exitosas en la medida en que evitaron un enfrentamiento entre las superpotencias, pero fracasaron al no poder detener la violencia.[35] Las OMP estaban diseñadas para procurar la paz entre Estados y conforme comenzó el deshielo de la Guerra Fría, se prestó mucho más atención a los conflictos de carácter interno. En este sentido, si bien un conflicto internacional presenta problemas complejos, los conflictos internos implican, generalmente, mayores complicaciones. Como señala Monty Marshall, durante un conflicto internacional el Estado busca fortalecer su capacidad para responder a las amenazas, mientras que en una guerra civil se busca disminuir la capacidad estatal y cortar los recursos disponibles.[36] Asimismo, la población civil se ve directamente afectada y los procesos de paz y reconciliación son extremadamente lentos y complejos. Lo anterior queda demostrado al constatar que desgraciadamente la mitad de las guerras civiles que parecían haber concluido con un acuerdo de paz, reiniciaron nuevamente en un lapso promedio de cinco años. Como bien señala Kofi Annan, a pesar de que la comunidad internacional ha aprendido lecciones sobre cómo acercarse a la paz en dichos conflictos, aún está muy lejos de tener el enfoque estratégico necesario para alcanzarla.[37]

Probablemente la actuación de Naciones Unidas en Centroamérica a finales de los ochenta y principios de los noventa marcó el inicio del proceso de evolución de las OMP tradicionales a multifuncionales. Como señala Thomas Weiss, aunque la ONUCA (1989-1992) era oficialmente una misión de "observadores"del cumplimiento de los tratados de paz,

---

[34] International Peace Academy, *Peacekeeper's Handbook*, Nueva York, Pergamon, 1984, p. 56.

[35] Chantal de Jonge Oudraat, *op. cit.*, p. 505.

[36] *Ibid.*, p. 75.

[37] Kofi Annan, "In Larger Freedom: Decision Time at the UN", en *Foreign Affairs*, mayo-junio de 2005.

sus funciones fueron mucho más allá. La ONUCA se encargó de verificar que los insurgentes no recibieran más ayuda, investigaba posibles actividades de la guerrilla, colaboró en las elecciones en Nicaragua y ayudó a desmovilizar a los contras, entre otras cosas.[38] Vale la pena resaltar que a partir de la ONUCA se creó la ONUVEN, formada por ciento veinte civiles que se encargaron de vigilar que las elecciones en Nicaragua fueran, de principio a fin, limpias y justas.[39] A partir de entonces, la ONU se vería involucrada en una serie de misiones con objetivos y tareas diversas.[40] Vale la pena detenerse en las dos marcadas diferencias de las "nuevas" multifuncionales respecto de las OMP tradicionales. En primer lugar las tradicionales se concentraban principalmente en problemas militares –monitoreo de acuerdos y separación de partes beligerantes– mientras que las OMP multifuncionales atienden también problemas económicos, sociales y políticos. Hoy en día la ONU supervisa la desmovilización de elementos, monitorea acuerdos políticos, supervisa elecciones, distribuye asistencia humanitaria, entrena policías, protege los derechos humanos, se preocupa por la recuperación económica y promueve reformas judiciales. En segundo lugar, las OMP multifuncionales constan de un alto número de civiles a diferencia de las OMP tradicionales, que generalmente constaban de personal militar. La multiplicidad de tareas obliga a la participación de distintas organizaciones, principalmente ONG, por lo que la coordinación y división de quehaceres se vuelve extremadamente compleja.

Una de las consecuencias más importantes de legalizar y legitimar la intervención humanitaria sería el cambio sustantivo en los tres principios básicos que han guiado a las OMP (imparcialidad, consentimiento de las partes y evitar el uso de la fuerza). Al intervenir militarmente para detener o impedir violaciones masivas a los derechos humanos, necesariamente se utilizará la fuerza en contra del actor que comete dichos actos, por lo que se violentan dos de los principios básicos; además, raramente se tiene el consentimiento de las partes involucradas (el único caso es el de Timor Oriental cuando el gobierno de Indonesia aceptó,

---

[38] Weiss *et al., op. cit.*, pp. 52-53.

[39] *Ibid.*, p. 53.

[40] Véase Paul F. Diehl (ed.), *The Politics of Global Governance*, Colorado, Lynne Rienner, 2001, p. 217.

reticentemente, la entrada de la ONU). Es difícil hacer un pronóstico sobre lo que sucedería en caso de que la ONU no se guiase por los tres
principios mencionados. La particularidad de cada caso hace difícil una
generalización. Más aún, debe tomarse en cuenta que el objetivo de las
intervenciones humanitarias es alterar el status quo que llevó a la violación masiva de derechos humanos. Si bien apartarse de los principios
básicos que han guiado a las OMP provocaría dilemas operativos sustanciales, la comunidad internacional no debe permitir que se violenten
sistemáticamente los derechos humanos ya que esto pone en entredicho
los mismos cimientos que justifican el andamiaje internacional; ante ello
debe abocarse a discutir cómo solucionar tales dilemas.

Si se legaliza y legitima la intervención humanitaria, hay dos dilemas
que deben tomarse en cuenta a la luz del abandono de los tres principios
que regían las OMP. En primer lugar, al utilizar la fuerza y actuar sin el
consentimiento de las partes, la ONU corre el riesgo de perder credibilidad y la "fuerza moral" que le permitía ofrecer sus buenos oficios como
mediador en crisis y conflictos. El dilema reside en garantizar que la
decisión de intervenir haya sido clara y que haya contado con el mayor
consenso posible. Igualmente se deben tomar en cuenta las posibilidades
de éxito para no desgastar la credibilidad de la ONU y del régimen universal de derechos humanos.[41] Los detractores de la intervención humanitaria podrían argumentar que dicha "selectividad" de Naciones Unidas
llevaría al problema de *triage*.[42] No obstante, el no poder actuar en cada
conflicto no es razón suficiente para no intervenir en situaciones en donde
se requiera urgentemente y se pueda ser eficaz.[43]

El segundo dilema sería el resultado de perder la imparcialidad en los
conflictos, lo cual, en una intervención humanitaria es inevitable. Como
bien menciona Michael Ignatieff, "en la práctica, la imparcialidad y la
neutralidad son igualmente imposibles como la preocupación universal
e igual por los derechos humanos de todos. El activismo en derechos

---

[41] El marco utilizado en el *La responsabilidad de proteger* prevé estas complicaciones.

[42] Varios autores utilizan el término francés para referirse al "desagradable proceso de
selección y decisión sobre clasificar a aquellos que necesitan ayuda, aquellos que no pueden ser ayudados y aquellos que deben y pueden ser ayudados." Thomas G. Weiss,
"Triage: Humanitarian Intervention in a New Era", *op. cit.*, p. 67.

[43] Ramesh Thakur, "Security in the New Millenium", *op. cit.*, p. 282.

humanos significa tomar partido al movilizar actores poderosos para forzar a que los abusadores detengan las violaciones".[44] En este sentido considero que es necesario prever las posibles consecuencias secesionistas (o de autonomía) producto de tomar partido por alguna de las partes.

Como dice la juez de la Corte Internacional de Justicia, Rosalyn Higgins, "contrariamente a la creencia popular, el derecho internacional *no* permite la autodeterminación como producto de secesión de las minorías nacionales. Sin embargo, y como cuestión aparte, la pérdida de numerosas vidas humanas por el uso de la fuerza para evitar la secesión es igualmente inaceptable".[45] El dilema no termina ahí, sino que en la práctica la comunidad internacional rara vez proporciona recursos antes de que la violencia haya escalado, y ha sucedido, como en Kosovo, que una facción (ELK) comete serios abusos a los derechos humanos para así propiciar represalias y por ende recibir el apoyo de la comunidad internacional para que ésta intervenga a su favor.[46] En pocas palabras, la violencia es recompensada.

Los problemas anteriores serían principalmente el resultado de no continuar el respeto de los principios que han guiado a las OMP por lo que debe preverse una clara estrategia antes de autorizar una intervención humanitaria. Ahora bien, del mismo modo hay problemas dentro de la estructura de la ONU que deben ser atendidos si se quiere que la intervención humanitaria tenga más posibilidades de ser eficaz. Un problema que es constantemente mencionado es la falta de coordinación entre las organizaciones que participan, por lo que en ocasiones la cadena de mando y las responsabilidades no son del todo claras. Finalmente, es normal que existan fallas de coordinación en cualquier burocracia que maneja una variedad tan considerable de asuntos.[47]

Una de las principales razones que ocasionan la falta de coordinación es la escasa claridad en los mandatos y resoluciones mediante los cuales deben guiarse las OMP. En caso de autorizar una intervención con fines

---

[44] Amy Gutman (ed.), *Michael Ignatieff: Human Rights as Politics and Idolatry*, Princeton, Princeton University Press, 2001, p. 9.

[45] Rosalyn Higgins, "The New United Nations and Former Yugoslavia", en *International Affairs*, vol. 69, núm. 3, julio de 1993, p. 468.

[46] *Ignatieff: Human Rights as Politics and Idolatry, op. cit.*, p. 45.

[47] Véase Thomas G. Weiss y Cindy Collins, *Humanitarian Challenges and Intervention*, Colorado, Westview Press, 1996, pp. 97-196.

humanitarios, el Consejo de Seguridad debe identificar y enunciar los objetivos humanitarios y políticos de una manera clara. Lo anterior no sucedió en los casos de Ruanda, Bosnia y Somalia; conflictos en los cuales, en el mejor de los casos, las misiones lograron distribuir asistencia humanitaria pero fracasaron rotundamente en atender las causas de la crisis política y humanitaria,[48] en parte por la ambigüedad de las resoluciones. Es decir, los mandatos deben ser claros respecto de los objetivos políticos de largo plazo y los objetivos operativos en el corto plazo.[49] Más aún, los mandatos deben emitirse evitando que la retórica y la realidad sean cuestiones separadas. Como comentó el teniente general Francis Briquemont después de comandar la operación de la ONU en Bosnia: "Hay una enorme brecha entre las resoluciones del Consejo de Seguridad, la voluntad para ejecutar dichas resoluciones y los medios disponibles para los comandantes en el campo."[50]

Es cierto que los recursos financieros no lo son todo, pero son el parámetro mediante el cual se mide el alcance y los objetivos de una misión. Sin los recursos necesarios es imposible que una misión pueda cumplir con sus cometidos, y complicado que se cree un ambiente favorable para la estabilidad en el largo plazo. A partir de los ochenta el número de OMP aumentó exponencialmente; asimismo, los Estados miembros de la ONU aún tienen deudas importantes con la Organización y gran parte del presupuesto destinado a operaciones recae sobre pocos miembros.[51] Si bien el presupuesto destinado a las OMP ha aumentado, los gastos de las operaciones multifuncionales y las demás crisis son por demás elevados.[52]

Si los Estados miembros de la ONU no cumplen con sus obligaciones financieras, es imposible que futuras intervenciones por motivos huma-

---

[48] Chantal de Jonge Oudraat, *op. cit.*, p. 514.

[49] Michael E. Brown, "Internal Conflict and International Action", en Brown (ed.), *op. cit.*, p. 619.

[50] "U.N. Commander Wants More Troops, Fewer Resolutions", *The New York Times*, 31 de diciembre de 1993, p. A3.

[51] Chantal de Jonge Oudraat, *op. cit.*, p. 497. El gasto militar en el mundo es de aproximadamente tres trillones de dólares, mientras que los adeudos a la ONU exceden el billón de dólares. Weiss *et al.*, *op. cit.*, p. 109.

[52] El presupuesto para las Operaciones de Mantenimiento de la Paz para el bienio 2004-2005 fue de aproximadamente 2.8 billones de dólares. El presupuesto ordinario de la ONU para el mismo periodo es de aproximadamente 3.1 billones. Véase *UN Press Release GA/10244* del 16/08/2004 y General Assembly A/RES/58/271 A-C.

nitarios sean eficaces. En situaciones no previstas como lo que ha acontecido en Darfur, Sudán, los recursos son escasos y las donaciones inminentes. No sólo en Darfur, en donde varios gobiernos se comprometieron a donar más de 4.5 billones de dólares que no se han recaudado, las promesas son sobrepasadas por la realidad.[53] A pesar del "impulso humanitario" de la comunidad internacional, "el esfuerzo humanitario de los países ricos es hoy inferior al de hace diez años. Entre 1989 y 1998 el promedio de ayuda humanitaria y de emergencia de los miembros de la OCDE ha pasado de 0.03% a 0.02% del PIB. En ese último año, los donantes destinaron a este fin una cifra menor a tres días de gasto militar mundial, sólo ocho dólares por habitante de los países de la OCDE".[54] Si dicha tendencia continúa y la ONU se embarca en un compromiso tan colosal y complejo como la intervención humanitaria, su credibilidad se derrumbaría.

A lo largo del presente trabajo me he referido en numerosas ocasiones al papel central que deben desempeñar las Naciones Unidas. Sin embargo, a pesar de que el Secretariado cuenta con una reputación y una "supremacía moral" que le permite ejecutar múltiples programas en diversas zonas del mundo, es necesario que la rendición de cuentas y el desempeño del personal sean igualmente vigilados. Los escándalos por corrupción dentro del Programa Petróleo por Alimentos en Iraq y los abusos sexuales por personal de Operaciones del Mantenimiento de la Paz cuestionaron la moralidad de la ONU y pusieron en peligro su reputación.

El Comité de Investigación encabezado por Paul Volcker concluyó que el Secretario General de Naciones Unidas no estaba directamente relacionado al escándalo de corrupción, pero sí encontró nexos delictuosos entre el hijo del secretario, Kojo Annan, y una empresa suiza, en sus transacciones con el Programa Petróleo por Alimentos.[55] Con relación a los abusos sexuales, el Secretario General le solicitó al príncipe de Jordania, Zeid Ra'ad Zeid Al-Hussein, un informe detallado sobre los abusos acon-

---

[53] Véase Kofi Annan, "Billions of Promises to Keep", en *The New York Times*, 13 de abril de 2005, sección A, p. 19.

[54] José Antonio Sanahuja, *Guerras, desastres y ayuda de emergencia*, Barcelona, Intermón-Oxfam, 2002, p. 13.

[55] Column Lynch, "Kofi Annan Cleared in Corruption Probe", en *The Washington Post*, 30 de marzo de 2005, p. A-8.

tecidos en la República Democrática del Congo y un programa sobre cómo evitar dicho comportamiento en el futuro.[56] Evidentemente el establecer comités y representantes para investigar los escándalos no soluciona el problema, pero muestra la disposición para restablecer el orden y la reputación del Secretariado. En este sentido, es necesario que se preste mayor atención al comportamiento del personal de Naciones Unidas y que haya mayor rendición de cuentas en el sistema de la ONU.

Otro asunto de central importancia que es indispensable considerar es la capacidad militar. En un análisis pormenorizado de las necesidades militares requeridas para llevar a cabo intervenciones humanitarias, Michael O'Hanlon y Peter Singer señalan que debe haber una repartición, prácticamente obligada, de las responsabilidades. Ambos autores mencionan que aun los países con considerables capacidades militares (Francia y el Reino Unido) son, en el mejor de los casos, "tigres enjaulados", en el sentido de que son peligrosos al combatir en su territorio pero relativamente indefensos en el exterior, mientras que los ejércitos de los países en desarrollo son meramente "tigres sin dientes".[57] O'Hanlon y Singer señalan que la gran mayoría de las fuerzas armadas no cuentan con la capacidad de transportación aérea ni la transportación marítima apropiadas para llevar a cabo operaciones de larga duración fuera de su territorio. Tampoco cuentan con los recursos logísticos necesarios (municiones, refacciones, combustible, medicinas) para mantener las misiones durante un tiempo prolongado y, finalmente, muchos países continúan dependiendo de la conscripción para formar sus ejércitos.[58] Si bien la Unión Europea ha desplegado efectivos en zonas como Bunia, República Democrática del Congo, dicha operación es "intrascendente" en comparación con la fuerza requerida para intervenir en conflictos como Somalia o Kosovo; por ende, el poderío militar de Estados Unidos es absolutamente indispensable. La participación de Estados Unidos en operaciones mayores es fundamental. Como bien apunta Thomas Weiss, "aunque los reducidos y escasos batallones de soldados británicos y fran-

---

[56] Véase United Nations A/59/710, 25 de marzo de 2005.

[57] Michael O'Hanlon y Peter W. Singer, "The Humanitarian Transformation: Expanding Global Intervention Capacity", en *Survival*, vol. 46, núm. 1, primavera de 2004, p. 82.

[58] *Loc. cit.*

ceses lograron tener cierto efecto de demostración, reforzando las operaciones de la ONU en Sierra Leona en 2001 y en el Congo Oriental en 2003, cuando se trata de despliegues de mayor envergadura y duración para fines de protección humanitaria se requiere de la capacidad de transporte aéreo de Estados Unidos y de su fuerza y tecnología militares [además de su voto en el Consejo de Seguridad]. En situaciones en las que se debe vigilar el cumplimiento de la ley (a diferencia de las misiones de paz tradicionales), el valor agregado que aportan otras fuerzas militares es principalmente político, pero no operativo".[59]

COMENTARIOS FINALES

La protección de los derechos humanos se ha convertido en una de las prioridades de la comunidad internacional en el siglo XXI. En este sentido, el reto principal es identificar las políticas que pudieran disminuir la violencia y las violaciones a los derechos humanos, logrando reducir la brecha entre el mundo de las ideas y la realidad. La oportunidad la brinda el creciente movimiento internacional en favor de los derechos humanos cuya consolidación no sólo ha proveído distintos instrumentos de protección, sino que ha fomentado una conciencia acerca de la necesidad de respetar la dignidad humana.

En la vida cotidiana los costos de la acción reciben mucha mayor atención que los posibles costos de la inacción. Evidentemente estos últimos son extremadamente difíciles de medir y generalmente son visibles sólo en el largo plazo; sin embargo, el daño a la integridad de una multitud de seres humanos, a los valores políticos fundamentales, al derecho internacional, a la credibilidad de la comunidad internacional y a la estabilidad regional e internacional puede ser permanente.[60] En este sentido, es igualmente necesario prever los costos de un accionar sin planeación y reflexión, lo que provocaría consecuencias no intencionadas.

La evolución en materia de compromisos referentes a la protección de los derechos humanos y la democratización es notable, pero un opti-

---

[59] Weiss, "La responsabilidad de proteger en una era unipolar", en este mismo volumen (pp. 201-226).

[60] Brown (ed.), *op. cit.*, p. 627.

mismo exacerbado podría lastimar la credibilidad de la comunidad internacional. El reporte de la CIISE, *La responsabilidad de proteger,* representa un valioso paso en el debate de la intervención humanitaria; sin embargo, es necesario que ahora se discutan su viabilidad e implicaciones. La historia no hace más que confirmar que los abusos de poder son persistentes y, por ende, dicha discusión debe comenzar por tomar en cuenta los equilibrios necesarios para evitar los abusos.

LA GUERRA CONTRA EL TERRORISMO:
CORAZONES, MENTES Y DERECHOS HUMANOS

Robert I. Rotberg
Kennedy School of Government

La guerra contra el terrorismo se presenta en tres frentes, así como el terror es multifacético, multidimensional y tiene mutaciones frecuentes, no puede haber una sola guerra contra el terrorismo, sin importar cuán enérgica sea la cruzada que emprenda el presidente en turno, como si el terror fuera unifenoménico. Pero el poderío militar nunca podrá derrotar sólo a los promotores del terror. Su corazón y su mente deben ser conquistados con hechos, no con palabras. Ahora bien, ya que el espíritu profundo del derecho internacional y las limitaciones contenidas en la Constitución de Estados Unidos no se respetan precisamente de manera escrupulosa, se resta fuerza a la lucha por los corazones y mentes susceptibles de ser ganados. Por muchos argumentos que se esgriman, cuando los requerimientos militares se ponen por encima de los derechos humanos, con ello inevitablemente se sacrifica la justificación moral de la guerra.

Es preciso comprender mejor la naturaleza del terror y sus manifestaciones actuales. Con una actitud más cautelosa ante las generalizaciones demasiado amplias y las caracterizaciones apresuradas de ciertos regímenes y líderes se consigue una política más apropiada. "Terror" es una etiqueta que puede aplicarse con mucha precisión o de manera muy vaga, dependiendo de las circunstancias locales, a quién se dirija, y las necesidades del acusador; las definiciones omnímodas no describen adecuadamente las dinámicas internas del terror y de los organizadores del terrorismo.

Una de las primeras biblias del terror fue el *Catecismo de un revolucionario* (1869), de Sergei Nechaev. Es un manifiesto del terrorismo sistemático, que exhorta a la dedicación total para derrocar a un sistema y hacer cualquier cosa, no importa cuán amoral, torcida, cruel o traidora sea, para

destruir a un orden, régimen o autoridad existente. La causa es lo primero. Los verdaderos revolucionarios (verdaderos terroristas) no tienen piedad ni remordimientos. El método de células, que inventó Nechaev,
garantizaba la propagación secreta del terror, incitaba a la destrucción total y
justificaba los medios más ruines para servir a sus fines. Lo anterior incluso
horrorizó a sus correligionarios socialistas y nihilistas más radicales.

Los seguidores modernos de Nechaev, y otros de su índole, quizá
estén en contra, a sabiendas o no, de sistemas posiblemente más rapaces
que el zarismo. Mediante las deformaciones que hacen, tal vez observan
una conspiración o un paralelismo muy lejano. Sus causas pueden ser
vagas y omnímodas (abolir las influencias satánicas, eliminar las amenazas a la pureza religiosa), o fácilmente comprensibles y legítimas (expulsar a los rusos de Afganistán o poner fin al dominio ruso en Chechenia).
Ya los dirija un Simón Bolívar, un Osama bin Laden o un Uthman dan
Fodio (principios del siglo XIX en Nigeria del norte), sus seguidores elaboran nuevas tácticas brutales para alcanzar objetivos en apariencia no-
bles o expresados noblemente. Nunca ha habido y, en general, no hay
mayor desacuerdo respecto de la legitimidad de sus fines, sino de sus
medios. Sin embargo, mientras más indiscriminados son los objetivos,
más inocentes mueren, y mientras más terroristas parecen buscar el
terror por el mero gusto de causar pánico y el caos que le sigue, menos
legítimos resultan sus medios y más credibilidad pierden sus fines.

Pocas son las definiciones exhaustivas y ampliamente aceptadas del
terrorismo; una descripción razonable y de sentido común es que "el
terrorismo político es el uso (o la amenaza de uso) de violencia por un
individuo o grupo, a favor o en contra de una autoridad establecida,
cuando esa acción busca crear una ansiedad extrema y efectos que in-
duzcan temor en un grupo mayor que las víctimas inmediatas con el
propósito de forzar a ese grupo a que acceda a las demandas políticas de
los perpetradores".[1] El terrorismo político siempre ha implicado "recu-

---

[1] Grant Wardlaw, *Political Terrorism: Theory, Tactics, and Counter-Measures*, 2a ed., Nueva
York, Cambridge University Press, 1989, p. 16; Paul Wilkinson, *Terrorism and the
Liberal State*, Londres, N. York University Press, 1977, p. 49; Paul Wilkinson, *Political
Terrorism*, Londres, Macmillan, 1974, p. 38; Thomas Perry Thornton, "Terror as a
Weapon of Political Agitation", en Harry Eckstein (comp.), *Internal War: Problems and
Approaches*, Nueva York, Greenwood Press, 1964, pp. 72, 73, 77.

rrir de manera sistemática al homicidio y la destrucción, y la amenaza de asesinar y destruir para aterrorizar a individuos, grupos, comunidades o gobiernos y conseguir que cedan a las demandas políticas de los terroristas".[2] En el pasado, se intentó subdividir al terrorismo en revolucionario, subrevolucionario y represivo (cometido por el Estado), dependiendo de los objetivos, pero en el siglo XXI las variantes revolucionaria y subrevolucionaria tienden a desaparecer. Diferencia algo más contemporánea se hace entre el terror "agitador" (las actividades terroristas de quienes "pretenden trastrocar el orden existente y apoderarse del poder") y el terror "disciplinario", contra quien ataca a la autoridad establecida, como en Bielorrusia, Birmania y Zimbabue. El terrorismo es "extranormal"; es decir, emplea medios extranormales, como los que proponía Nechaev. El terrorismo tiene gran contenido simbólico (la última palabra en efectos mostrativos) y está diseñado para destruir o ejercer el mayor impacto en las "estructuras normativas y las relaciones que son sostén de la sociedad".[3] La escala del máximo impacto es lo que diferencia el terror del siglo XXI del XX, y lo que exige respuestas más urgentes y más completas al aparente carácter extremo de la nueva amenaza. Más aún, Al Qaeda aprovecha el hecho de ser difuso (una red imprecisa con "células" de distintos tamaños) y tener objetivos que, en su mayoría, son muy generales y de largo plazo.

El terror es intencionalmente imprevisible; es peligro y mutilación, desde los rincones más inesperados, en el momento menos esperado. El terror se propone sembrar la incertidumbre. Cuando los Tigres Libertadores de Tamil Eelam (TLTE), numéricamente débiles, asesinaron al primer ministro Rajiv Gandhi, en India, y más tarde provocaron que el presidente de Sri Lanka, Chandrika Kumaratunga, perdiera un ojo (resultado de un ataque suicida con bombas en Colombo) lo que querían era demostrar su poder intrínseco a sus seguidores y la potencia que aún tenían como opositores al gobierno de Sri Lanka y a la mayoría sinhalesa de la isla. Los asesinatos sistemáticos de tamiles moderados y los ataques a la base de la fuerza aérea nacional, perpetrados por los TLTE, tenían el propósito de mostrar que buscaba propagar el miedo, más que conseguir gradualmente la independencia o la victoria.

[2] *Ibid.*
[3] *Ibid.*

Los individuos que saben organizar a otros para que luchen por objetivos terroristas vienen en tres presentaciones, intercambiables y entremezcladas: creen fervientemente en un ideal, que puede ser tan puro como impráctico; están corrompidos por el afán de poder y la ambición de lucro; en lo personal, sus objetivos son tanto plenamente genuinos como del todo prácticos. Por ejemplo, cuando Jean-Jacques Dessalines incendió las plantaciones azucareras de Haití, hace más de doscientos años, él y sus correligionarios querían romper las cadenas de la esclavitud, pero también querían apropiarse del poder y las riquezas. Querían expulsar a sus amos franceses para convertirse en los amos.

Naturalmente, ese tipo de líderes vende su imagen ante sus seguidores y sus oponentes, y se justifican ante sí y el mundo proclamando un mensaje idealizado e ideológicamente inspirador. Sin él, el terror no sería sino vulgar bandolerismo y los únicos que los seguirían serían los rufianes. Pero los líderes del terror más hábiles saben persuadir a sus seguidores de que su causa es justa, si no en términos del derecho contemporáneo o natural, sí en los de un llamado más alto o deber teológico sagrado. Quizá algunos de sus adeptos más cercanos se dejen llevar por la ambición de poder o por la perspectiva de obtener riquezas; pero los líderes del terror más hábiles saben presentar un mensaje exaltado e inspirador de redención de grupo y personal a la vez que prometen a sus seguidores que mejorarán su nivel social y estima personal y podrán obtener bienes. El jefe de una banda terrorista y el líder de un culto tienen mucho en común: ambos deben magnificar y proyectar continuamente su imagen como transmisores de un mensaje sagrado. Tienen que justificar por qué se rompen las normas sociales y se subvierten las estructuras de autoridad reconocidas.

Los *Assassins* originales, en Siria, Iraq y norte de Persia, fueron un ferviente culto ismailí que quería derrocar a los ilegítimos (apóstatas) gobernantes musulmanes no shiitas, en los siglos XI y XII. Los *Assassins* eran "auto-inmolados" (*fida'is*) quienes creían que, asesinando a los que su maestro indicaba, servían a Dios y ganaban la felicidad del paraíso. Los gobernantes *Seljuq* de Persia no lograron eliminarlos y, de hecho, uno de los últimos *Seljuq* fue asesinado. Más tarde, los *Assassins* (nombre que les fue dado porque fumaban *hachís*) se enfrentaron a los Cruzados, en las fortalezas de Siria y Líbano, y finalmente fueron expulsados por las vanguardias mongolas. Aunque asesinaban para propagar el terror, a

diferencia de sus herederos modernos evitaban dañar a los no combatientes y no necesitaban recurrir al temor civil general para mantener su
supremacía.

El terror como arma de guerra no es nada nuevo. El terror como
arma capaz de cambiar las probabilidades desfavorables en una victoria
sorpresiva para el supuesto oprimido no es nuevo. Tampoco son nuevas
la inhumanidad y la desesperación del terror. Lo nuevo es la distancia
entre terroristas y aterrorizados en el armamento, el tipo de combate
entre los ejércitos modernos y los terroristas, las disparidades ideológi-
cas entre quienes gobiernan y quienes buscan levantar a los supuestos
oprimidos, fraguando una guerra de terror, y la escala de destrucción.
Los antecedentes y preparativos de los *Seljuq* eran, al menos, de tipo similar
al de los *Assassins*. Su religión también era la misma, aunque sus ritos
eran diferentes, y unos y otros se consideraban mutuamente apóstatas.

Puesto que los líderes del terror sólo pueden tener éxito si movilizan
fuerzas cada vez más grandes (como el Mahdi en el Sudán de 1880), al
hacer creíble su promesa de que terminarán con los agravios y purgarán
a la comunidad, la nación o el planeta de la falsedad y la maldad, es
necesario combatir sus llamamientos en forma religiosa e ideológica, así
como con discernimiento, verdad y justicia, lo mismo que con armas.
Los terroristas están fragmentados y prefieren considerarse como oprimidos y fugitivos; no es posible, así, derrotarlos en batallas formales ni
eliminarlos con la fuerza de las armas. Debe privárseles de financiamiento, pero también de apoyo moral y abasto de nuevos reclutas.

Para ser eficaz, la guerra contra el terrorismo debe actuar en tres grandes frentes: en los campos de batalla del sureste y el sur de Asia, y del
Medio Oriente; en los *refugios* financieros de todo el mundo, sobre todo
en Medio Oriente; y en el planeta entero para demostrar con hechos,
más que con palabras, que el sistema moderno, occidental, democrático
ofrece más ganancias a los que generalmente convoca el terrorismo.

Esta guerra consumada por conquistar los corazones y mentes de los
oprimidos es vital para ganar las guerras contra el terror. Aunque se
venza en las batallas financieras y militares, sólo la victoria en lo moral y
espiritual derrotará definitivamente a las fuerzas de la oscuridad y el
terror. Es en el caso de los musulmanes, asediados por regímenes y
gobernantes despóticos con líderes religiosos de mente estrecha cuyo
único fin es asegurarse el dominio sobre los fieles.

El *wahhabismo* fue un movimiento reformista del siglo XVIII que surgió en el desierto del norte-centro de Arabia; a él se unió Ibn Sa'ud, jefe de un pequeño principado tribal. Los seguidores adeptos al *wahhabi* rechazaron la veneración a los santos u otros seres humanos, y se oponían a la tolerancia sufí hacia el panteísmo. Este movimiento fue la primera expresión política de las tendencias reformistas que surgieron a principios del siglo en La Meca e irradiaron todo el mundo islámico.

En la península arábiga, el *wahhabismo* dio legitimidad a la conquista y conversión saudí de otras tribus del desierto, pero la conquista egipcia de las ciudades santas y la mayor parte de Arabia, durante el siglo XIX, interrumpió su avance. Al eclipsarse el poder egipcio, a principios del siglo XX, comenzó el resurgimiento saudí. El elemento central para que reconquistara la península fue la alianza que estableció con los predicadores fundamentalistas del movimiento *wahhabi*. La reforma del islam se vio entonces como el camino que llevaba al poder, y el método para atraer a hermanos con poca educación y mucha religiosidad.

Hoy continúa la cruzada por la fe y la reforma, la cual ofrece certezas y la posibilidad de reveses en el poder y la promesa de un reposo eterno en el jardín del edén. Las censuras devastadoras que han lanzado los árabes contra los cimientos intelectuales de su mundo y el antimodernismo declarado de sus gobernantes y líderes es fácil de comprender, en retrospectiva, porque el esplendor de Occidente y sus tendencias globalizadoras fueron una amenaza para los árabes occidentalizados –bin Laden y los asesinos del 11 de septiembre– y porque el llamado a esta nueva manifestación de terror se propagó tan rápido entre los iletrados o, por lo menos, poco cultivados integrantes del mundo islámico.[4]

[4] Véase United Nations Development Program, *The Arab Human Development Report*, 2002, 2003. En los países árabes sólo se venden 53 periódicos por cada mil personas, comparado con 285 en los países desarrollados. Sólo 1.6% de los árabes tienen acceso a internet y hay 18 computadoras por cada mil habitantes (78.3 a escala mundial). El porcentaje de mujeres educadas y alfabetizadas es menor que en el resto del mundo. Cada año se traducen más libros del inglés al portugués que los que se han traducido en los últimos quinientos años del inglés al árabe. Sobre globalización y terror, véase Michel Mousseau, "Market Civilization and its Clash with Terror", *International Security*, núm. 27, 2002, pp. 5-29; y una respuesta a sus planteamientos se encuentra en Charles Knight y Melissa Murphy, "The Sources of Terrorism", *International Security*, núm. 28, 2003, pp. 192-195.

Al Qaeda y Jemaah Islamiya explotan una veta profunda de alienación. La enorme disparidad de riqueza entre la clase gobernante y las clases medias, la falta de oportunidades de hallar un empleo digno o, por lo menos, empleo para los egresados con educación media y superior, y la enorme diferencia entre lo que ahora dice y hace el islam son factores que propagan los torbellinos de la alienación. El desocupado y el alienado se empalman, lo mismo que el subempleado y el insatisfecho. También es trascendente la diferencia notable entre los triunfos militares e intelectuales de la era dorada del islam, cuando los árabes vencían y barrían el norte de África y España, y la situación actual, cuando los árabes y musulmanes alienados se sienten faltos de respeto, importancia y eficiencia. El despertar religioso del islam moderno procura recuperar el orgullo y expulsar a los gobernantes que se consideran apóstatas. La restauración del islam, desde los primeros tiempos, pero sobre todo a partir del siglo XVIII, ha partido de la aseveración de que los gobernantes habían dejado de seguir la fe verdadera: bebían, fumaban, fornicaban, desconocían la *shari'a* y no rezaban, acusaciones muy fáciles de hacer y sostener con pruebas.

Kemal Ataturk comprendió que su país nunca podría escapar al poder de la piedad a menos que separaran rigurosamente lo espiritual y lo secular. Pero la dinastía saudita, por seguridad, se alineó con la reforma puritana y dio más poder a los clérigos, al mismo tiempo que Ataturk y sus sucesores eliminaban el fez y el velo, abolían el califato y combatían el fanatismo. Conociendo muy bien el poder desenfrenado de la furia clerical, los gobernantes militares de Pakistán, a los que ahora se suman los líderes de Malasia e Indonesia, optaron por desconocer su anterior adhesión al modelo turco y buscar la protección política, otorgando enorme poder a las fuerzas del islam clerical. Es posible que el general Pervez Musharraf haya sido el Ataturk pakistaní cuando asumió el poder, pero su ímpetu se agotó y está comprometido, y su dominio sobre el ejército de su país es cada vez menor. Por su lado, tanto Sukarno como Suharto eran seculares, pero sus regímenes han llegado a tal descrédito y sus sucesores son tan débiles que el resurgimiento del islam es previsible.

El reto es cómo recuperar los decenios perdidos para quienes en el mundo musulmán quieren abrirse a la difusión del pensamiento racional, la transferencia de conocimientos, la innovación tecnológica, el progreso científico y la democracia, a fin de sacar adelante a las clases más pobres de sus sociedades. Pero esto no se logrará distribuyendo películas de propaganda sobre las glorias de la América consumista. Tampoco programas de radio y televisión superficiales inspirarán a las juventudes radicalizadas para que renuncien a conseguir el nirvana mediante el terror. Lo que se requiere es que el islam moderado y progresista coexista con éxito (y en beneficio de los árabes y otros musulmanes) con los valores democráticos de Occidente. Debe destacarse, más con hechos que con palabras, que el enfrentamiento y el aislacionismo del terrorismo actual no corresponde al verdadero islam cuyos valores profundos –salvo los prejuicios y exclusiones que derivan de interpretaciones literales– coinciden totalmente con los ideales del Occidente posterior a la Ilustración.

Para el gobierno de Bush la reconquista del territorio y la hegemonía (y el petróleo) son la prioridad última en la batalla contra las fuerzas ocultas del terror. La invasión de Afganistán era necesaria, incluso esencial, para arrancar a Al Qaeda una base territorial, así como los mongoles quitaron a los *Assassins* el último de sus reductos sirios. La persecución de Al Qaeda a lo largo del sur y sureste de Asia, en Europa, África y el continente americano es asimismo esencial para evitar o restringir su reconsolidación. La captura de bin Laden habría ayudado. Dado el encogimiento efectivo de la aldea global y la hegemonía de facto de Estados Unidos en todo el planeta, es razonable que Al Qaeda haya declarado a ese país el enemigo (el "Gran Satán") e igualmente razonable es que las fuerzas armadas estadounidenses busquen por todos los medios militares posibles exterminar al autoproclamado enemigo. El ataque a las torres gemelas fue una patente declaración de guerra.[5]

---

[5] Lee Feistein y Ann-Marie Slaughter proponen una nueva doctrina de prevención, que obligaría al Consejo de Seguridad de la ONU y a sus miembros permanentes a impedir que "aquellos gobernantes que no tengan frenos internos a su poder" adquieran o utilicen armas de destrucción masiva. ("A Duty to Prevent", *Foreign Affairs*, núm. 83, 2004, pp. 136-159.) Estos autores plantean su doctrina como corolario al concepto de la "responsabilidad de proteger", según la cual los Estados miembros de Naciones Unidas tienen la responsabilidad de proteger los derechos humanos básicos de sus ciudadanos. Si ellos no son capaces de esto, entonces será la comunidad internacional (las fuerzas del orden mundial) quien lo haga. Tienen el derecho de entrar para "proteger". Feistein y Slaughter justifican implícitamente la doctrina del gobierno de Bush sobre la prevención pero sólo dentro de un marco internacionalmente mediado y aprobado.

La guerra ofensiva debe ser, al mismo tiempo, una guerra defensiva. Sin embargo, la seguridad del territorio nacional, tan deficientemente manejada hasta ahora, debe tener el propósito de proteger el suelo estadounidense y, después, cuando se haya logrado esto de manera satisfactoria, irradiarla hacia fuera, a los vecinos y aliados. Quizá los cielos nacionales sean ahora más seguros, como resultado de los nuevos procedimientos, y quizá las fronteras sean menos porosas, pero los sistemas de cómputo de todo tipo siguen siendo inadecuados para que se comparta información entre las agencias de seguridad interna, las pugnas burocráticas internas continúan, los presupuestos son escandalosamente incorrectos y el desarrollo de una adecuada capacidad de inteligencia es una aspiración, más que una obra en marcha. Si se asignara una fracción de los recursos económicos y humanos gastados en la pacificación de Iraq, el suelo nacional se volvería un lugar mucho más seguro.

Pero ganar las guerras ofensiva y defensiva (suponiendo que "ganar" sea la palabra correcta) no bastaría para vencer a las fuerzas envalentonadas del terror. Para ello Occidente y Estados Unidos deben recuperar la primacía moral (a los ojos del islam emergente) y retomar esa cumbre en manos, ahora, del islam jihadista y fundamentalista. No se trata aquí de un choque de civilizaciones, sino de un choque de carácter espiritual y una competencia por tener más legitimidad. Por ello, un abrazo ecuménico sería mucho más útil que la aparente, aunque involuntaria, ostentación de las insignias y valores cristianos frente o contra los símbolos y valores musulmanes. El universalismo será lo que en última instancia habrá de triunfar, sin que se privilegie una u otra perspectiva.

Antes ganado, hoy perdido, el respeto y, en consecuencia, los corazones y mentes del mundo árabe y de grandes porciones del Pakistán y la Indonesia islámicos, más un número creciente de focos musulmanes en África, Occidente (dirigido y personificado por Estados Unidos) debe hallar diversidad de métodos para recuperar un territorio sumamente pisoteado. No bastará pregonar una democracia que, según parece, no se practica cabalmente. El hecho de consentir selectivamente a ciertos dictadores y rehusarse a criticar a ciertos gobernantes que abusan de sus pueblos no ayuda y se ve como una actitud incongruente: muestra potencial de perfidia. Estados Unidos denuncia y castiga los delitos de sus enemigos oficiales y de los Estados transgresores, pero a menudo perdona el mismo tipo de comportamiento en los que son sus aliados en la nueva guerra contra el terrorismo, por siniestros que sean sus pecados. Si vapulear a Birmania es adecuado, ¿por qué no lo es en el caso de Uzbekistán o Turkmenistán? Lo que se necesita es un ataque en muchos frentes para recuperar la alegada reputación mundial de Estados Unidos como una potencia justa, tolerante, respetuosa de la ley, ecuménica y prudente. Aunque detrás deba haber hegemonía, mientras se ejerza con discreción, mejores serán los resultados.

La reputación así recuperada daría fuerza a la última batalla contra el terrorismo. Pero los pasos que podrían llevar a ese fin son más fáciles de decir que de hacer, y resultan particularmente difíciles pues las guerras ofensiva y defensiva a menudo parecen obligar a acciones que van en contra de la reconquista de los corazones y las mentes, así como contra la recuperación del prestigio. El primer paso debe darse en Iraq, donde el estigma de ocupante se añade a la desconfianza que suscitan los motivos e intenciones de Estados Unidos y Occidente. Cuando se acepte localmente la legitimidad de la presencia de la coalición en Iraq, como resultado de una serie de iniciativas exitosas para reintegrar y descentralizar el poder, y cuando la paz y la prosperidad sean restauradas, entonces el Oeste podrá empezar a reivindicar el significado de su postura frente a los mundos del islam.

En segundo lugar, en lo que se refiere al corazón del territorio árabe, es responsabilidad de Estados Unidos llevar la paz y el honor a Palestina e Israel. Ya sea que se considere que la solución es construir dos Estados, u otra diferente, lo cierto es que el cáncer de las incesantes guerras intestinas está corroyendo el respeto propio de los árabes en toda la región y, cada vez más, en todo el islam. El honor es igual o más importante que la paz, y el hecho de poder proclamar la "victoria", aun cuando ésta sólo se encuentre en los ojos de quien la mira, es esencial para que los moderados dentro del islam ganen la última guerra contra el terrorismo.

En tercer lugar, no podrá recobrarse la reputación si antes no se recupera la primacía moral en derechos humanos. El ataque al Iraq de Saddam Hussein quizá habría podido justificarse ante el mundo de esa manera, pero no se hizo así, probablemente porque entonces otros muchos Estados odiosos y malvados (cuando menos una docena) habrían tenido que ser blanco de la furia de Estados Unidos. Más aún, el fracaso en Ruanda y la falta de celeridad en su respuesta a otras tragedias africanas más contemporáneas han mermado las pretensiones y buenas intenciones de Estados Unidos en el campo de los derechos humanos.

Haber encarcelado en la bahía de Guantánamo a los sospechosos de terrorismo sin perspectivas (hasta hace muy poco) de que tuvieran un juicio o de que pudieran apelar ante los tribunales, ha manchado la reputación de Estados Unidos como nación que observa estrictamente las leyes y no se aparta de ellas por conveniencia política. Así como los primeros reformadores islámicos siempre hallaban muchas pruebas patentes para afirmar que gobernantes de Estados Unidos eran (son) apóstatas impíos, así también los terroristas contemporáneos (y otros) señalan las varias formas en que los estadounidenses violan sus preceptos y son, por tanto, hipócritas. La hipocresía comprobada se convierte en razón para ejecutar todo tipo de perversidades y para una hostilidad fácilmente declarada contra los musulmanes. Y cuando a esos resultados "empíricos" se suma la excesiva y grosera retórica del líder de Occidente, la idea de que Occidente está resueltamente en contra del islam cobra más fuerza, o cuando menos puede manipularse para que así parezca.

El cuarto paso para ganar la guerra contra el terrorismo sería poner remedio a las presuntas injusticias cometidas en Guantánamo. Pero quienes pugnan porque se restituya el debido proceso a los detenidos aún deben responder a la dificilísima cuestión de cómo y cuándo hallar el justo equilibrio entre proteger la seguridad de la nación y del mundo libre, y proteger los derechos y libertades fundamentales. El presidente Lincoln enfrentó ese mismo dilema durante la guerra civil, cuando tuvo que detener a ciertos legisladores sospechosos, clausurar algunos periódicos y suspender el hábeas corpus. "¿[Acaso] deben dejarse sin ejecutar todas las leyes *menos una*, y acaso el propio gobierno debe venirse abajo, por temor a que una de ellas sea violada?", preguntaba Lincoln.[6]

El caso de Guantánamo plantea el mismo dilema que enfrentó Lincoln. La guerra contra el terrorismo es, después de todo, una batalla contra el

---

[6] Abraham Lincoln, "Message to Congress in Special Session" (4 de julio de 1861), en William E. Gienapp (comp.), *This Fiery Trial: The Speeches and Writings of Abraham Lincoln*, Nueva York, Oxford Press, 2002, p. 101. El ministro Roger B. Taney dijo a Lincoln que era inconstitucional que el Ejecutivo suspendiera la orden judicial del hábeas corpus, pues sólo el Congreso tenía derecho a ello. Pero, la guerra continuó y la Suprema Corte nunca lanzó una instancia oficial contra la acción de Lincoln.

terror. Lo que está en juego es la seguridad y la búsqueda de felicidad de los ciudadanos del mundo libre, como ocurrió en los días de Hitler. Pero los esfuerzos por preservar la seguridad no pueden hacerse en el vacío. El Occidente y el mundo moderno están luchando para preservar el estilo de vida democrático y las libertades esenciales que le son inherentes. La libertad de pensamiento y de expresión son intrínsecas, y también lo es el estado de derecho, sin lo que la democracia no puede funcionar ni se pueden conquistar los corazones y las mentes. Así también, hay libertades fundamentales, por cuya preservación los ciudadanos del Occidente desarrollado lucharon mucho, aunque ahora se las tome por un hecho. Ese puñado de bienes políticos comprende y da significado a la cultura política que llamamos "occidental", que muchos habitantes del resto del mundo, incluso el mundo islámico, envidian. Cuando se muestra falta de respeto o acatamiento a la cultura política, se dan motivos a los terroristas y se permite que sus propagandistas acusen a Occidente de hipócrita y apóstata. El nihilismo de Nechaev se sustentaba en respuestas carentes de principios; lo mismo hacen los terroristas de hoy, a quienes no les importan los derechos humanos o las libertades civiles de los que planean mutilar o asesinar. Entonces, ¿por qué habría de importarle al resto del mundo lo que les ocurra a los individuos capturados en la guerra contra el terror? La respuesta inmediata es que el estado de derecho nada vale si éste se revoca cada vez que hay una situación de peligro, si se le suprime de manera arbitraria o una acción del Ejecutivo puede anularlo. El estado de derecho es parte del corazón del sistema democrático y crucial para el ejercicio de la democracia.

Lord Goldsmith, el procurador británico, declaró ante la Asociación Internacional de Abogados que preservar el estado de derecho no significa que no "deba buscarse un equilibrio. Es un equilibrio muy complejo y, en tiempos extraordinarios, se justifica que éste trate de hallarse de distintas maneras. Sin duda [...] debemos estar dispuestos a aceptar mayor grado de intromisión en nuestra vida privada, proporcionando más información a las instancias públicas, si es necesario para que puedan detectarse y evitarse más ataques terroristas o para llevar ante la justicia a los responsables". Cuando ocurren hechos extraordinarios, dice Goldsmith, pueden derogarse los derechos fundamentales, en momentos de emergencia; sin embargo, algunos nunca deben dejar de ser no negociables: el derecho a la vida, la prohibición de la tortura y la esclavitud. Lo mismo sirve para los principios fundamentales, como es la presunción de inocencia y el derecho a un juicio justo por un tribunal imparcial formado legalmente. Los terroristas "no están por fuera de la ley ni tampoco pierden sus derechos fundamentales".[7] De lo contrario, habría triunfado el terrorismo y el espíritu se quebrantaría, lo mismo que la lucha por conquistar los corazones y mentes de las masas del mundo en desarrollo.

Puesto que el objetivo del terrorismo es lacerar a la sociedad, el propósito se fortalecería si se trata a los sospechosos de terrorismo sin apego a la ley. Si los gobiernos demócratas, no zaristas, actuaran de esa manera, estarían poniendo en entredicho el cimiento mismo sobre el cual están constituidos. De ahí que, a principios de 2003, la organización Human Rights Watch denunciara que si Estados Unidos "ignora las normas de derechos humanos [como en la bahía de Guantánamo], perjudica a las causas internacionales que defienden los derechos humanos". Más adelante, el director de la organización declaró, aunque tibiamente, que Estados Unidos "no debe suspender con ligereza los derechos al debido proceso", ateniéndose a la rúbrica del "combatiente enemigo". "El peso debe caer sobre los que pretenden invocar las reglas de la guerra para demostrar que son necesarias y apropiadas." Después planteó un requisito formado de tres partes para suspender el debido proceso: Estados Unidos debería demostrar que los actos de terror de un grupo organizado son, en efecto, un conflicto armado; toda persona denominada "combatiente enemigo" es un miembro activo de esos ejércitos; los medios ordinarios para aplicar la ley resultan inadecuados o no son accesibles.[8]

Un lord y connotado abogado británico, con menos miramientos en sus críticas a la política de Estados Unidos, dijo: "El propósito de mantener a los prisioneros en la bahía de Guantánamo fue y sigue siendo ponerlos fuera del alcance del estado de derecho, de la protección de los tribunales y a merced de los victoriosos." En su opinión, aunque la Tercera Convención de Ginebra (Trato a los Prisioneros de Guerra, del 12

---

[7] Lord Goldsmith, discurso ante la Asociación Internacional de Abogados, 18 de septiembre de 2003 (disponible en <www.cacc.org/uk>).

[8] Kenneth Roth, director ejecutivo de Human Rights Watch, citado en el *New York Times*, 15 de enero de 2003; Roth, "The Law of War in the War on Terror: Washington's Abuse of 'Enemy Combatants'", *Foreign Affairs*, núm. 83, 2004, p. 7.

de agosto de 1947) no sea directamente aplicable a los casos de Guantánamo, el artículo 15 del Primer Protocolo Adicional de las Convenciones de Ginebra del 12 de agosto de 1949 (en vigor a partir del 8 de junio de 1977) contiene varias disposiciones que bastan para proteger a los prisioneros capturados en el curso de conflictos armados. Éstos tienen derecho a un trato humanitario.

La cuarta cláusula del artículo 75 del Protocolo Adicional de las Convenciones de Ginebra estipula que no puede autorizarse una sentencia o condena sino después de un juicio, por un tribunal imparcial y debidamente constituido, "que respete los principios generalmente reconocidos del procedimiento judicial regular". Lord Steyn concluye que "la democracia más poderosa del mundo [tenía] cautivos a cientos de presuntos soldados de infantería del talibán en un hoyo negro legal",[9] su pérdida de libertad, era pérdida de libertad para la democracia y los valores democráticos del mundo entero.

Unas cuantas semanas después del franco discurso de Lord Steyn, dos cortes de apelación federales dijeron que coincidían con sus críticas. La Corte de Apelaciones del Noveno Circuito, en un fallo dividido que concordaba plenamente el equilibrio al que apelaba Lord Goldsmith, declaró que el hecho de tener presos a 660 talibanes en la bahía de Guantánamo, sin derecho a recibir la protección legal de Estados Unidos, era un acto contrario al derecho internacional y a la práctica legal del país:

> Reconocemos que el debido proceso para los demandantes del hábeas corpus para los "combatientes enemigos" puede variar según las circunstancias, y estamos plenamente conscientes de las amenazas sin precedentes que enfrenta actualmente la seguridad nacional de Estados Unidos, y compartimos el interés de los estadounidenses por garantizar que el Ejecutivo goce de los poderes y flexibilidad necesarios para impedir futuros ataques terroristas. Sin embargo, aun en momentos de emergencia nacional (de hecho, especialmente en esos momentos), el Poder Judicial tiene la obligación de garantizar que se preserven nuestros valores constitucionales e impedir que el Ejecutivo pase por encima de los derechos de los ciudadanos o los extranjeros por igual.

[9] Lord Steyn, discurso en el Lincoln's Inn, Londres, 25 de noviembre de 2003 <www.cacc.org.uk>.

La mayoría del juzgado se negó a aceptar la afirmación del gobierno de que contaba con "la autoridad irrefutable para encarcelar por tiempo indefinido a cualquier persona, incluso ciudadanos extranjeros, en territorios que se hallan bajo la jurisdicción y control único de Estados Unidos, sin permitir que dichos prisioneros acudieran a ningún tipo de foro judicial, o siquiera vieran a un abogado, prescindiendo de la duración o manera de su confinamiento". La mayoría sostuvo: "no existe norma o precedente legal algunos que dé sustento a un procedimiento semejante, contrario al sentido común y antidemocrático, y que, contrariamente a la afirmación del gobierno", éste no está autorizado. Más aún, "la postura del gobierno es contraria a los principios fundamentales de la jurisprudencia de Estados Unidos y plantea graves cuestionamientos de acuerdo con el derecho internacional". La quinta enmienda de la Constitución sostiene que ninguna persona podrá ser privada de "la vida, la libertad o la propiedad sin el debido proceso legal".

Por casualidad, la Corte de Apelaciones del Segundo Circuito, que debía dictaminar ese mismo día, falló que el presidente Bush carecía de autoridad para detener por tiempo indefinido al ciudadano estadounidense que había sido arrestado en suelo de Estados Unidos, bajo sospecha de terrorismo, con el simple recurso de declararlo un combatiente enemigo. Se trataba de José Padilla, un antiguo pandillero de Chicago que se convirtió al islam y regresó a Estados Unidos, de Pakistán, con el supuesto plan de hacer explotar una "bomba sucia" radioactiva. Tenía contactos estrechos con Al Qaeda y fue encarcelado en una prisión de la armada en Carolina del Sur. Durante mucho tiempo se le negó tener contacto con un abogado.

Los jueces del Segundo Circuito afirmaron que la autoridad presidencial no existe en el vacío: "Se requiere de la autorización del Congreso para llevar a cabo detenciones de ciudadanos estadounidenses en suelo estadounidense, porque la 'Ley de no detención' prohíbe que se hagan arrestos sin la autorización explícita del Congreso." El tribunal declaró que las resoluciones que había aprobado el Congreso inmediatamente después del 11 de septiembre no constituían esa autorización.[10]

---

[10] Las precisiones y comentarios sobre los fallos se citan en *The New York Times*, 19 de diciembre de 2003.

264   ROBERT I. ROTBERG

Antes, la Corte de Apelaciones del Cuarto Circuito, en el caso de Yaser Esam Hamdi *vs.* Rumsfeld, había sentenciado que el Presidente sí contaba con autoridad suficiente, como Comandante en Jefe, para detener a Hamdi –estadounidense de origen saudí capturado en Afganistán– en una prisión militar en Carolina del Norte, acusado de combatiente enemigo. Se estableció que la declaración de necesidad del Pentágono bastaba para señalar a un ciudadano estadounidense como combatiente enemigo y para negarle el derecho a ver a un abogado.[11]

Pero los dos fallos de finales de diciembre, contrariamente a la sentencia del Cuarto Circuito, señalaron que la guerra contra el terrorismo no debía ni podía conducirse al margen de la ley y el respeto a los derechos constitucionales que prescriben el debido proceso y el juicio justo para los acusados, como los capturados en las batallas contra el talibán y en otras guerras contra el terrorismo. Las Cortes de Apelación de los Circuitos Segundo y Noveno mostraron que estaban dispuestas a impugnar al Ejecutivo la expectativa fundamental de la revisión judicial en el sistema estadounidense. Sin embargo, el gobierno argumentó ante la Suprema Corte, en abril de 2004, que sería más justo que se hiciera tender el equilibrio a favor de las prerrogativas del Ejecutivo; también sostuvo que una de sus respuestas ante los reparos de la Corte de Apelación (haber nombrado un panel d : revisión especial, constituido por jueces y antiguos políticos para los casos de Guantánamo) fue suficiente y concluyente. Sin embargo, el Noveno Circuito, en respuesta directa a Lord Steyn, declaró que de ninguna manera puede crearse un hoyo negro en el territorio de Estados Unidos (una base naval sobre la cual Estados Unidos tenga autoridad soberana). Aún quedaría por equilibrar la réplica del gobierno (y de todo gobierno en circunstancias similares) de que poner a Padilla, Hamdi y otros individuos como ellos (ahora y en el futuro) fuera del alcance del sistema judicial de Estados Unidos obedece al temor de que, si se les deja dentro, las reglas de divulgación obligarían a Estados Unidos a revelar información clasificada que debe permanecer secreta. Hasta el momento, dos de las Cortes de Apelación han respondido: "Qué lastima, pero ni hablar"; sin embargo, no podemos saber si a la Suprema Corte ese argumento eterno del Ejecutivo (que ahora

---

[11] *The New York Times*, 10 de enero de 2004.

plantea en medio de la guerra contra el terror) le parecerá más contundente.[12]

El presidente Bush, como Comandante en Jefe, determinó que los detenidos en Guantánamo, talibanes y de Al Qaeda, no tenían derecho a ser tratados como prisioneros de guerra, según la Convención de Ginebra. Los jueces del Noveno Circuito insinuaron que estaba equivocado. A mediados de enero de 2004, los cinco abogados militares uniformados asignados para defender a los detenidos en Guantánamo presentaron un escrito ante la Suprema Corte en el que objetaban las aseveraciones del presidente: "En este régimen monárquico, quienes caen en el hoyo negro no pueden impugnar la jurisdicción, competencia o incluso constitucionalidad de los tribunales militares." Otro escrito, presentado por 175 miembros del parlamento británico, incluidos cinco ministros (*law lords*), y coordinado por Lord Lester, fue igualmente contundente, haciendo eco a Lord Steyn: "El ejercicio del Poder Ejecutivo, sin posibilidad de revisión judicial, pone en peligro los cimientos de nuestra existencia como naciones, es decir, el estado de derecho."[13] La Suprema Corte tendría que reprender al presidente Bush para que se recobrara el respeto por el derecho internacional y por la ensalzada herencia anglosajona del debido proceso, incluido el derecho a ver a un abogado y tener un juicio oportuno.

Es posible que la Suprema Corte decida el caso desde una perspectiva muy estrecha: ¿acaso los tribunales de Estados Unidos pueden conocer de estas acciones de hábeas corpus? ¿Bahía de Guantánamo es o no es territorio estadounidense? Es posible que no se atreva a contestar las cuestiones más profundas y cruciales: El gobierno de Bush ¿debe cumplir con la Convención de Ginebra? La quinta enmienda ¿debe respetarse cualquiera que sea el caso? Y, sobre todo, ¿debemos permitir que la presidencia actúe imperialmente? Según la Constitución, ¿cuáles son los

---

[12] A principios de 2004, la Suprema Corte se rehusó a revisar el fallo de una Corte de Apelaciones del Distrito de Columbia, emitido en junio de 2003, en el cual se decía que el gobierno de Bush tenía derecho a negarse a dar a conocer la identidad de casi mil personas detenidas y, desde entonces deportadas, por violaciones migratorias. En un fallo dividido, se decía que "el Poder Judicial debe mostrar cierta deferencia ante el Ejecutivo en casos de seguridad nacional". *The New York Times*, 13 de enero de 2004.

[13] *The New York Times*, 16 de enero de 2004.

límites de las facultades del Comandante en Jefe en tiempos de guerra?[14]

Si la Suprema Corte finalmente decide respaldar los argumentos del Ejecutivo, sus acciones harán más difícil que Estados Unidos gane la batalla por los corazones y mentes de los musulmanes que simpatizan con las ideas de bin Laden y sus socios, y, el Ejecutivo de Estados Unidos obtendría licencia irrebatible para interrogar a los sospechosos indefinidamente y al margen del estado de derecho. Un resultado semejante dañaría las prácticas y las esperanzas democráticas, y alentaría a pequeños dictadores y jefes militares con quienes Estados Unidos está ¡vergonzosamente! aliado en la guerra contra Al Qaeda. Se percibirá que la apostasía está floreciendo.

Mientras la Suprema Corte emite su fallo, es indispensable que Estados Unidos haga nuevos intentos por pacificar Iraq y Afganistán y, simultáneamente, por ganar amigos en ambos territorios, estableciendo formas locales de autoridad con poder real, incluso en el centro de Bagdad. Es preciso organizar una convención constitucional o una legislatura elegida para que los iraquíes puedan lograr lo que el *loya jirga* consiguió para Afganistán en 2003.

Tanto la seguridad como el poder compartido son esenciales para conquistar los corazones y las mentes; en Iraq, debe reanudarse el suministro de servicios para que pueda recuperarse la legitimidad y ganarse la guerra mayor contra el terrorismo. Tiene que haber un abastecimiento constante de energía eléctrica y petróleo; asegurar carreteras; deben funcionar las bombas de irrigación, las escuelas y hospitales. Nada fácil, pero esencial si se quiere persuadir las mentes y los corazones y se quiere derrotar a los terroristas. A menos de que esto se consiga y haya cambios significativos en la situación de la seguridad en ambos países, la guerra mayor nunca podrá ganarse. Los hechos son mucho más creíbles y palpables para las poblaciones iletradas del mundo musulmán, que se están preguntando cuál bando ganará, cuál es más justo, compasivo y espiritualmente más fuerte. Estados Unidos y la coalición de Occidente tienen apenas unos meses, no años, para quitar todo atractivo a Al Qaeda. Entonces podría proseguirse con la guerra defensiva interna y sentar cimientos más sólidos para una victoria permanente.

---

[14] Véase, también, Anthony Lewis, "The Justices Take on the President", *The New York Times*, 16 de enero de 2004.

PROPUESTA PARA UN DIVIDENDO SOBRE RECURSOS GLOBALES[1]

Thomas W. Pogge
Columbia University

Artículo 25: Toda persona tiene derecho a un nivel de vida adecuado que le asegure, así como a su familia, la salud y el bienestar, y en especial la alimentación, el vestido, la vivienda, la asistencia médica y los servicios sociales necesarios.

Artículo 28: Toda persona tiene derecho a que se establezca un orden social e internacional en el que los derechos y libertades proclamados en esta Declaración se hagan plenamente efectivos.

Declaración Universal de los Derechos Humanos

En dos ensayos anteriores he esbozado y defendido la propuesta de un dividendo de recursos mundiales (DRG), según la cual los Estados, sus ciudadanos y gobiernos, no tendrán derecho de propiedad absoluto en términos neoliberales respecto a los recursos naturales de su territorio, sino que se les puede requerir que compartan una pequeña parte del valor de cualquier recurso que decidan usar o vender.[2] Lo llamo "dividendo" porque se basa en la idea de que los pobres del mundo tienen derecho inalienable sobre recursos naturales limitados. Como en las "ac-

[1] Este capítulo es una versión de "Eradicating Systemic Poverty: Brief for a Mundial Resources Dividend," en *Journal of Human Development*, 2, 2001, pp. 59-77, revisada por el autor.

[2] Thomas Pogge, "An Egalitarian Law of Peoples", *Philosophy and Public Affairs*, 23 (3), 1994, pp. 195-224 y "A Global Resources Dividend", en David A. Crocker y Toby Linden (eds.), *Ethics of Consumption: The Good Life, Justice, and Global Stewardship*, Lanham, MD, Rowman & Littlefield, 1998.

ciones preferentes,"[3] este interés no confiere derecho a participar en decisiones sobre si deben usarse, o cómo, los recursos naturales y, por lo tanto, no interfiere con el control nacional sobre los recursos o el dominio, pero sí otorga a quienes lo tienen el derecho a participar del valor económico del recurso, si decide usarlo. Esta idea podría extenderse a recursos limitados que no se destruyen con el uso, sino están desgastados u ocupados, como el aire y el agua usados para expeler contaminantes o las tierras empleadas en granjas, ranchos o edificios.

Los ingresos procedentes del DRG deben usarse para asegurar que todos puedan satisfacer sus necesidades básicas dignamente. La meta no es sólo mejorar la nutrición, el cuidado médico y las condiciones sanitarias de los pobres, sino que puedan defender y obtener sus intereses básicos por sí mismos. Esta capacidad presupone que están liberados de la esclavitud y de otras relaciones de dependencia personal, que son capaces de leer, escribir y aprender una profesión, que pueden participar en política y en el mercado laboral, y que su estatus está protegido por derechos legales que pueden ser entendidos y defendidos mediante un sistema legal justo y abierto.

Con la propuesta de un DRG procuro mostrar que hay modos alternativos de organizar nuestro orden económico mundial, que la elección entre estas alternativas implica una diferencia sustancial en cuánta pobreza hay en el mundo, y hay cuestiones morales de peso para reducir la pobreza. Mi propuesta ha despertado en la academia críticas[4] y fervorosas defensas.[5] Pero si la meta sigue siendo reducir la pobreza aguda, la propuesta debe resultar convincente para los estudiosos, los gobiernos y organizaciones internacionales comprometidas en la práctica para erradicarla.

---

[3] Las "acciones preferentes" son, en la terminología bursátil, aquellas acciones a las que se han atribuido derechos preferentes respecto a las acciones ordinarias. [N.T]

[4] Richard Reichel, "Internationaler Handel, Tauschgerechtigkeit und die globale Rohstoffdividende", en *Analyse und Kritik*, 19 (3), 1997, pp. 229-241; Thomas Kesselring, "Weltarmut und Ressourcen-Zugang", en *Analyse und Kritik*, 19 (3), 1997, pp. 242-254; Roger Crisp y Dale Jamieson, "Egalitarianism and a Global Resources Tax: Pogge on Rawls", en Victoria Davion y Clark Wolf (eds.), *The Idea of a Political Liberalism: Essays on Rawls*, Lanham, MD, Rowman and Littlefield, 2000.

[5] Regina Kreide, "Armut, Gerechtigkeit und Demokratie", en *Analyse und Kritik*, 20 (3), 1998, pp. 245-262; Jon Mandle, "Globalization and Justice", *Annals of the American Academy*, 570, 2000, pp. 126-139.

Introducción: desigualdad radical y nuestra responsabilidad

El gran reto para cualquiera con sensibilidad moral es la expansión y severidad de la pobreza. De unos 6 150 millones (en 2001), 815 millones carecen de nutrición adecuada, 1 100 millones no tienen acceso a agua potable, y 2 400 millones están privados de las condiciones sanitarias esenciales,[6] más de 880 millones no poseen acceso a servicios básicos de salud,[7] 1 000 millones carecen de vivienda adecuada y 2 000 millones de electricidad.[8] "Dos de cada cinco niños en los países en desarrollo tienen problemas de crecimiento, uno de cada tres tiene problemas de peso insuficiente y uno de cada diez está condenado".[9] Ciento setenta y nueve millones de niños menores de 18 años están en las "peores formas de trabajo infantil", incluso peligrosas, en agricultura, construcción, textiles o producción de alfombras, así como "esclavitud, tráfico, servidumbre por deudas y otras formas de trabajos forzados, reclutamiento forzoso de niños para su empleo en conflictos armados, prostitución y pornografía, y actividades ilícitas".[10] Unos 854 millones de adultos son analfabetos;[11] aproximadamente un tercio de las muertes, alrededor de unas 50 000 diarias, se deben a la pobreza y son, por lo tanto, evitables en la medida en que ésta sea evitable.[12] Si Estados Unidos tuviera una tasa de mortalidad similar, la pobreza mataría a 71 000 de sus ciudadanos *cada mes,* más de los que murieron en toda la guerra de Vietnam. Para el Reino Unido, la tasa de mortalidad mensual sería de 15 000.

---

[6] United Nations Development Programme, UNDP, *Human Development Report 2002*, N. York, Oxford University Press, 2002, pp. 21, 29.

[7] UNDP, *Human Development Report 1999*, N. York, Oxford University Press, 1999, p. 22.

[8] UNDP, *Human Development Report 1998*, N. York, Oxford University Press, 1998, p. 49.

[9] UN Food and Agriculture Organisation, FAO, *The State of Food Insecurity in the World 1999*, <www.fao.org/news/1999/img/sofi99-e.pdf> 1999, p. 11.

[10] International Labour Organisation, ILO, *A Future Without Child Labour*, 2002, pp. 9, 11, 18, <www.ilo.org/public/english/standards/decl/publ/reports/report3.htm>.

[11] UNDP, *Human Development Report 2002*, New York, Oxford University Press 2002, p. 11.

[12] World Health Organization, WHO, *The World Health Report 2001*, Geneva, WHO Publications, 2001, Anexo gráfica 2, <www.who.int/whr/2001>; compárese con United States Department of Agriculture, USDA, *U.S. Action Plan on Food Security*, 1999, p. iii, <www.fas.usda.gov/icd/summit/usactplan.pdf>.

Hay dos modos de concebir la pobreza mundial como desafío moral: podemos estar fallando en el cumplimiento de nuestro deber *positivo* de ayudar a las personas en serias dificultades; y podemos estar fracasando con nuestro deber *negativo* de no promover la injusticia, de no contribuir o no beneficiarse del empobrecimiento injusto de otros.

Estos enfoques son muy diferentes. La formulación positiva es más fácil de exponer. Sólo se necesita mostrar que los pobres están mal, que nosotros estamos muchísimo mejor y que podríamos aliviar parte de su sufrimiento sin perjudicarnos. Pero hay un precio: aquel que acepta la formulación positiva piensa que los argumentos morales son débiles y discrecionales y, por lo tanto, no se siente obligado a promover causas, especialmente las más costosas. Muchos se sienten con el derecho, por lo menos, de apoyar las de su elección –su iglesia o alma máter, investigación contra el cáncer o el medio ambiente– en vez de favorecer a los que les son completamente extraños y que viven a medio mundo de distancia, con los que no comparten ningún vínculo de comunidad o de cultura. Es de relativa importancia, por lo tanto, investigar si la pobreza mundial implica la violación de nuestro deber negativo. Es importante para nosotros, si deseamos sustentarnos en la moral, y también para los pobres, porque supone gran diferencia para ellos que los países ricos vean o no la pobreza mundial como una injusticia que ayudamos a conservar. Algunos creen que la desigualdad radical es violación del deber negativo. La desigualdad radical puede describirse mediante cinco elementos:[13] 1. los peor ubicados están en peores condiciones en términos absolutos; 2. también están mucho peor en términos relativos; 3. la desigualdad es insensible: es difícil o imposible para los peor ubicados mejorar su suerte; la mayoría de los que están mejor ubicados nunca tocan fondo en la vida, ni siquiera por breve tiempo, y no se imaginan cómo se vive en esas condiciones; 4. la desigualdad es generalizada: no concierne únicamente a algunos aspectos de la vida, el clima, el acceso a la belleza natural o a la cultura, sino a la mayoría de ellos; 5. la desigualdad es evitable: los mejor ubicados pueden mejorar las circunstancias de los peor situados sin empobrecerse.

---

[13] Thomas Nagel, "Poverty and Food: Why Charity Is Not Enough", en Peter Brown y Henry Shue (eds.), *Food Policy: The Responsibility of the United States in Life and Death Choices*, N. York, Free Press, 1977.

La pobreza mundial es ejemplo claro de la desigualdad radical como la he descrito, pero dudo que esas cinco condiciones basten para invocar más que al mero deber positivo, y sospecho que la mayoría de los ciudadanos del occidente desarrollado también las encontrarán insuficientes. Nuestros conciudadanos podrían recurrir al siguiente paralelismo: supongamos que descubrimos en Venus gente que se encuentra en condiciones lamentables y que podríamos ayudarlos con muy poco costo para nosotros. Si no hiciésemos nada, seguramente violaríamos el deber positivo de beneficencia. Pero no nos encontraríamos violando un deber negativo de justicia, porque no estaríamos contribuyendo a perpetuar su miseria.

Con este supuesto examinaré qué otras condiciones deben satisfacerse para que la desigualdad radical manifieste la injusticia que implica la violación de un deber negativo por parte de los mejor ubicados. Veo tres aspectos relacionados con tres criterios de injusticia: los *efectos de instituciones sociales compartidas, la exclusión no compensada del uso de recursos naturales y a consecuencia de una historia común violenta.* Estos puntos de vista ejemplifican distintas filosofías políticas en pugna. A pesar de todo, no necesitamos decidir entre ellas, si las dos siguientes tesis son verdaderas. Primero, *los tres enfoques clasifican la desigualdad radical como injusta y su mantenimiento por medios coercitivos como violación de los deberes negativos.* Segundo, *los tres enfoques pueden coincidir en que la misma reforma del statu quo es un gran paso hacia la justicia.* Si es posible apoyar ambas tesis, entonces será posible sumar adhesiones de las corrientes dominantes del pensamiento político normativo occidental para erradicar la pobreza mediante la introducción del DRG.

TRES CRITERIOS DE INJUSTICIA

Los efectos de instituciones sociales compartidas

Este primer enfoque presenta tres condiciones adicionales:[14] 6. hay un orden institucional compartido modelado por los que están mejor ubica-

---

[14] Propuesto por Onora O'Neill, "Lifeboat Earth", en Charles Beitz, Marshall Cohen, Thomas Scanlon y A. John Simmons (eds.), *International Ethics*, Princeton, Princeton University Press, 1985; Nagel, "Poverty and Food", *art. cit.*; y, Thomas Pogge, *Realizing Rawls*, Ithaca, Cornell University Press, 1989, p. 24.

dos, impuesto sobre los que están en peores condiciones; 7. ese orden incide en la reproducción de la desigualdad porque hay una alternativa institucional bajo la cual no persistiría la pobreza aguda y extendida; 8. la desigualdad radical no puede ser atribuida a factores extrasociales (taras genéticas o desastres naturales) que afectan a individuos de manera diversa.

La desigualdad radical de ahora corresponde al punto 6 porque los pobres del mundo viven en un sistema basado en dominios territoriales reconocidos internacionalmente, conectados por una red de comercio y diplomacia. La importancia de instituciones sociales compartidas es evidente en la forma que afectamos a los pobres del mundo mediante inversiones, préstamos, comercio, sobornos, ayuda militar, turismo sexual, exportaciones culturales, etc. Con frecuencia, la supervivencia depende de nuestras elecciones de consumo que deciden el precio de sus alimentos y oportunidades laborales. A la inversa del caso de Venus, estamos implicados profundamente en su miseria, lo que no significa que debamos considerarnos responsables de los efectos de nuestras decisiones económicas, que repercuten en el mundo, actúan en incontables decisiones y no pueden ser rastreadas ni predichas. Tampoco necesitamos llegar a la conclusión dudosa y utópica de que la dependencia mutua debe ser desmantelada aislando a los diferentes Estados o grupos de Estados. Debemos preocuparnos por el modo previsible en que las reglas que estructuran las relaciones internacionales afectan a la pobreza extrema. Los países desarrollados, en virtud de su superioridad económica y militar, controlan las reglas y, por lo tanto, comparten la responsabilidad por sus efectos previsibles.

La condición 7 implica vincular la pobreza a la estructura de las instituciones sociales. Se trata de un ejercicio corriente en las instituciones nacionales, cuya importancia explicativa ha sido ilustrada por cambios en los regímenes de China, Europa del Este y el resto del mundo. En relación al orden económico mundial, el ejercicio es extraño e incluso los economistas lo evitan. Esto se debe, en parte, a la poderosa resistencia a encontrarse conectado a las inimaginables privaciones que sufren los pobres. Esta resistencia nos predispone contra los datos, los argumentos y las investigaciones que incomodan a nuestra visión preferida del mundo y sesga la competencia por el éxito profesional contra cualquiera que explore el contexto causal más amplio de la pobreza mundial. Este prejuicio es reforzado por nuestra tendencia a pasar por alto las causas de factores estables (por ejemplo, el oxígeno para iniciar un fuego), ya que nuestra atención se dirige a los que son geográfica o temporalmente variables. Si observamos la incidencia de la pobreza topamos con cambios dramáticos y variaciones internacionales que apuntan a factores explicativos locales. Centrar la atención en estos elementos refuerza la ilusión, a la que sucumbió Rawls, de que éstos explican totalmente la pobreza mundial.[15]

Esa ilusión oculta la profundidad con que el orden mundial influye en los factores locales. Es cierto que la corrupción se extiende a través del sistema político y económico de muchos países en desarrollo pero, ¿hay conciencia en esta cultura de que, hasta hace poco, la mayoría de los países ricos permitieron a sus empresas sobornar a extranjeros e incluir el soborno en los deducibles de impuestos?[16] En los países en desarrollo suele haber gobiernos opresivos y guerras, civiles o de otro tipo pero, esas circunstancias, ¿están desconectadas del comercio internacional de armas y de normas internacionales que permiten a cualquiera que tenga el poder efectivo pedir préstamos en su nombre y vender derechos de propiedad sobre sus recursos naturales?[17] El mundo es diverso; la pobreza disminuye en algunos países, aumenta en otros, pero el incremento de la desigualdad es estable y se remonta a la colonia: "[L]a brecha en el salario entre la quinta parte de la población del mundo que vive en los países ricos y la quinta parte de los países pobres era de 74 a 1 en 1997, de 60 a 1 en 1990 y 30 a 1 en 1960. En siglos pasados

---

[15] John Rawls, *The Law of Peoples*, Cambridge, MA., Harvard University Press, 1999, p. 108.

[16] El "Convenio de Lucha contra la Corrupción de los Agentes Públicos Extranjeros en las Transacciones Comerciales Internacionales", que requiere que los Estados firmantes castiguen el soborno a extranjeros, fue finalmente elaborado en el seno de la OCDE bajo la presión de la nueva organización no gubernamental Transparency International, <www.transparency.de>. El Convenio entró en vigor en febrero de 1999. <www.oecd.org/document/21/0,2340,en_2649_34859_2017813_1_1_1_1,00.html> [N.T. Hay diferentes versiones del texto en función de las múltiples variedades y acepciones en España y América Latina en: <www.oecd.org/dataoecd/41/25/2031472.pdf>.]

[17] Leonard Wantchekon, "Why do Resource Dependent Countries Have Authoritarian Governments?", Working Paper, Yale University, 1999, <www.yale.edu/leitner/pdf/1999-11.pdf>, y Thomas Pogge, *World Poverty and Human Rights: Cosmopolitan Responsibilities and Reforms*, Cambridge, Polity Press, 2002, capítulo 6.

la brecha entre países desarrollados y pobres se incrementó de 3 a 1 (1820), a 7 a 1 (1870), a 11 a 1 (1913)".[18] Los países ricos usan su poder para moldear la economía mundial según sus intereses y así privaron a las poblaciones más pobres de una parte equitativa del crecimiento económico mundial;[19] algo que puede evitarse con la propuesta del DRG.

Según la condición 8 si los pobres hubieran nacido en circunstancias sociales diferentes, podrían tener vidas tan sanas, felices y productivas como nosotros. La causa de su sufrimiento es su abismal posición de partida, que no les permite sino ser pobres, vulnerables y dependientes; incapaces dar a sus hijos las oportunidades de las que ellos carecieron.

[18] UNDP, *Human Development Report 1999*, N. York, Oxford University Press, p. 3 Para 2001, la tasa correspondiente parece haber sido 71:1 (World Bank, *World Development Report 2002*, N. York, Oxford University Press, pp. 234-235, el cálculo es mío). Muchos economistas rechazan este dato por considerarlo engañoso, y reclaman que la comparación debe ser hecha en términos de la paridad de poder adquisitivo (PPA) en lugar de los tipo de cambio del mercado. De todos modos, los tipos de cambio del mercado son muy apropiados para resaltar las desigualdades internacionales y el poder de negociación, así como el creciente grado en que la pobreza es evitable: el hecho de que tan sólo 1% de la renta nacional de los países que poseen la renta más elevada sea suficiente para elevar a los países de renta más baja en 74%. La PPA es en realidad inapropiada para comparar niveles de vida. Pero la PPA de consumo general, al basarse en los precios de todos los productos ponderados por su participación en el consumo internacional, exagera sustancialmente el poder adquisitivo de los pobres en relación con sus necesidades básicas, sobre las que concentran sus gastos. Esto sucede porque los países pobres tienden a permitirse los precios más ventajosos para bienes (servicios y otros "no negociables") que sus ciudadanos pobres no pueden consumir. Al usar PPA que nivela las diferencias de precio de todas las mercancías, los economistas inflan las rentas nominales de los pobres como si su consumo reflejara el del mundo (más detalles en Sanjay Reddy y Thomas Pogge, "How *Not* to Count the Poor", 2002, cuaderno de trabajo sin publicarse). Incluso si se dan por buenas las PPA, el aumento en la desigualdad mundial resulta alarmante: respecto a un periodo reciente de cinco años, "la desigualdad en el mundo se ha incrementado de un Gini de 62.8 en 1988 a 66 en 1993. Esto representa un incremento de 0.6 puntos Gini al año. Se trata de un crecimiento muy rápido, mayor que el experimentado por Estados Unidos y el Reino Unido en los años ochenta. El 5% inferior del mundo empobreció, ya que sus ingresos reales decrecieron entre 1988 y 1993 en un cuarto, mientras que el quintil más rico se enriqueció al ganar 12% en términos reales; esto es, creció más del doble que la media de la renta mundial (5.7%)." (Branko Milanovic, "True World Income Distribution, 1988 and 1993: First Calculation Based on Household Surveys Alone", *The Economic Journal*, 112, p. 88, <www.blackwellpublishers.co.uk/specialarticles/ecoj50673.pdf>).

[19] Thomas Pogge, "Priorities of Global Justice", en Thomas Pogge (ed.), *Global Justice*, Cambridge, Blackwell, 2001.

Ya que se cumplen las tres condiciones adicionales, la pobreza mundial tiene, según el primer enfoque, la urgencia moral que asociamos con los deberes negativos, de modo que debemos tenerla más en cuenta que un sufrimiento similar en Venus. La razón es que los ciudadanos y los gobiernos de los países ricos –intencionalmente o no– están imponiendo un orden que de un modo previsible y evitable reproduce la pobreza grave y extensa. Los peor ubicados no son meramente pobres y padecen hambre: se les empobrece y desnutre a causa de arreglos e instituciones compartidos, que moldean sus vidas.

El primer enfoque puede ser presentado de forma consecuencialista, como la de Bentham, o contractualista, como la de Rawls o Habermas. En ambos casos, la idea básica es que las instituciones sociales deben ser calculadas en perspectiva según sus efectos. En el orden internacional actual, millones nacen en posiciones sociales con expectativas escasas de tener una vida plena. Su miseria sólo se justificaría si no hubiera un orden institucional alternativo. Si, tal como muestra la propuesta del DRG, esa alternativa existe, entonces debemos atribuir la miseria al orden existente y, por lo tanto, a nosotros. Charles Darwin dijo sobre Gran Bretaña: "[S]i la miseria de nuestros pobres no se debe a leyes de la naturaleza, sino a nuestras instituciones, grande es nuestro pecado."[20]

Exclusión no compensada del uso de recursos naturales

Este segundo enfoque únicamente añade (en lugar de las condiciones 6-8) una condición a las cinco de la desigualdad radical: 9. los mejor ubicados disfrutan de ventajas significativas en el uso de un único recurso natural base, de cuyos beneficios se excluye a los desprotegidos.

La apropiación de la riqueza de nuestro planeta es enormemente desigual. Los ricos emplean gran cantidad de recursos de un modo uniltareal, sin otorgar ningún tipo de compensación a los pobres. Muchas veces los ricos pagan por los recursos que utilizan, como las importaciones de crudo, pero estos pagos están destinados a otra gente rica, como la familia saudí o la cleptocracia nigeriana; muy poco llega a manos de los

---

[20] Citado por Stephen Jay Gould, "The Moral State of Tahiti – and of Darwin", *Natural History*, núm. 10, 1991, p. 19.

pobres. La cuestión sigue abierta: ¿qué da derecho a la elite mundial a emplear recursos naturales en virtud de acuerdos cuando se deja a los pobres con las manos vacías?

Los defensores de instituciones capitalistas han desarrollado concepciones de justicia que apoyan derechos para apropiarse unilateralmente de grandes recursos, al tiempo que aceptan que los habitantes del mundo tienen, en último lugar, derecho igual a esos recursos.

John Locke ejemplifica este modelo de justificación con claridad;[21] supone que, en un estado de naturaleza en el que no hay dinero, las personas están sujetas a la restricción moral de que sus apropiaciones unilaterales deben dejar siempre "suficiente, e igualmente bueno", para los otros; deben limitarse a una parte proporcional.[22] Esta fórmula, conocida como la condición lockeana, puede ser levantada si hay un consenso universal.[23]

Es difícil de creer que la propuesta de Locke se concretara en su época y, menos aún, en la nuestra. Millones nacen en la pobreza, en un mundo en el que los recursos accesibles pertenecen a otros. Es verdad que tienen la posibilidad de alquilar su trabajo y comprar recursos naturales en las mismas condiciones que los ricos, pero sus oportunidades educativas y laborales son tan restringidas que, no importa cuánto trabajen, apenas ganan lo suficiente para sobrevivir y su trabajo no puede asegurarles algo parecido a una parte proporcionada de los recursos naturales del mundo. Los pobres únicamente alcanzan a compartir las cargas de la degradación de nuestro entorno mientras contemplan cómo los ricos se reparten la riqueza del planeta. Con una renta per cápita anual de alrededor de 87 dólares, que corresponde a un poder adquisitivo de 347 dólares en Estados Unidos, la quinta parte más pobre de la humanidad está hoy en el límite de la subsistencia.[24] No es verdad, por lo tanto,

---

[21] John Locke, "An Essay Concerning the True Original, Extent, and End of Civil Government", en Peter Laslett (ed.), *John Locke: Two Treatises of Government*, Cambridge, Cambridge University Press, s. a.; véase también Robert Nozick, *Anarchy, State, and Utopia*, N. York, Basic Books, 1974, capítulo 4.

[22] Locke, "An Essay Concerning", art. cit., pp. 27, 33.

[23] *Ibid.*, pp. 41, 37.

[24] El Banco Mundial estima que en 1998, de un total de 5 923 millones, 1 175 vivían por debajo de la línea internacional de la pobreza, que hoy se define en términos de 32.74 dólares PPA 1993 al mes o 1.08 dólares PPA 1993 al día (Shaohua Chen y Martin Ravallion,

aquello que Locke y Nozick daban por cierto: que todos están mejor con las reglas existentes de apropiación y contaminación de lo que cualquiera podría estar con la condición lockeana. De acuerdo con el segundo enfoque, ciudadanos y gobiernos de países ricos están violando un deber negativo de justicia cuando, en colaboración con las elites gobernantes de los países pobres, excluyen a los necesitados de una parte proporcional de los recursos con métodos coercitivos.

Los efectos de una violenta historia común

El tercer enfoque añade una condición a las cinco de la desigualdad radical: 10. las posiciones sociales de partida de los peor y de los mejor ubicados surgieron de un proceso histórico plagado de agravios.

Las circunstancias actuales de los pobres se originan en la conquista y colonización, con la opresión, esclavitud, incluso el genocidio, que des-

"How Did the World's Poorest Fare in the 1990s?," *Review of Income and Wealth*, 47, 2001, pp. 17, 23; World Bank, *World Development Report 2000/2001*, N. York, Oxford University Press, 2001, <www.worldbank.org/poverty/wdrpoverty/report/index.htm>. Según la convención PPA, se considera a las personas pobres cuando sus ingresos anuales per cápita tiene menor poder adquisitivo del que tenían 393 dólares en Estados Unidos en 1993, o menos de 496 dólares en Estados Unidos en 2003 <www.bls.gov/cpi/>. Quienes viven debajo de la línea de la pobreza ...n, como media, 30% (Chen y Ravallion, art. cit. pp. 290, 293) al dividir la brecha de la pobreza, *poverty gap*, entre el *headcount index* [indicador que se refiere al porcentaje de la población que está por debajo de la línea de pobreza, N.T.]. Así que viven aproximadamente con 347 dólares PPA 2003 por persona al año. Actualmente los ingresos en dólares PPA que el Banco Mundial adscribe a los pobres de los países en vías de desarrollo son, como media, cuatro veces mayores que sus ingresos reales en tipos de cambio del mercado. Así, el Banco Mundial iguala el producto nacional bruto per cápita de la India de 460 dólares a 2 390 dólares PPA, el de China de 840 dólares a 3,940 dólares PPA; el de Nigeria de 260 dólares a 790 dólares PPA; el de Pakistán de 470 dólares a 1 960 dólares PPA; el de Bangladesh de 380 dólares a 1 650 dólares PPA; el de Etiopía de 100 dólares a 660 dólares PPA; el de Vietnam de 390 dólares a 2 030 dólares PPA, y así (World Bank, *World Development Report 2002*, N. York, Oxford University Press, 2003, pp. 232-233). Dado que prácticamente los pobres viven en estos países en desarrollo, podemos estimar que su renta anual per cápita corresponde por mucho a 87 dólares en tipos de cambio de mercado. La renta anual conjunta de la quinta parte más pobre de la humanidad es entonces de 103 000 millones de dólares en tipos de cambio del mercado o, grosso modo, un tercio de 1% del producto mundial.

truyeron instituciones y culturas de cuatro continentes. Esto no significa (ni niega) que los descendientes ricos de quienes tomaron parte en esos crímenes estén sujetos a alguna responsabilidad de restitución hacia los descendientes empobrecidos de estos crímenes. La idea es que no debemos mantener una desigualdad extrema en las posiciones sociales de partida cuando su distribución depende de procesos históricos en los cuales se violaron los principios morales y las normas legales. No se debe permitir que una historia tan corrupta desde el punto de vista moral desemboque en desigualdad radical.

Este tercer enfoque es independiente de los otros. Supongamos que rechazamos los otros dos y afirmamos que la desigualdad radical es moralmente aceptable en cuanto producto de reglas del juego moralmente aceptadas y observadas por la mayoría. El tercer enfoque también condena la desigualdad actual en virtud de que se violaron las reglas con crímenes cuyas consecuencias no se neutralizan quirúrgicamente décadas y siglos después.[25]

Quienes están de acuerdo con el reparto actual arguyen que los niveles de vida en África y Europa, por ejemplo, serían casi los mismos si África no hubiera sido colonizada. Incluso si el argumento fuera cierto, sería inútil porque mi propuesta se aplica a personas y no a sociedades o continentes. Si la historia del mundo hubiera transcurrido sin colonización ni esclavitud, habría hoy gente rica en Europa y pobre en África, como en el escenario de Venus. Pero serían personas y pueblos muy diferentes. No podemos, pues, decir a los africanos que agonizan de hambre que *ellos* estarían muriéndose de hambre y *nosotros* seríamos ricos incluso si los crímenes del colonialismo no hubieran ocurrido. Sin esos crímenes no existiría la desigualdad actual entre opulentos y los extremadamente pobres.

Por el tercer enfoque se concluye que la desigualdad actual es injusta, que mantenerla de modo coercitivo viola un deber negativo y que tenemos razones morales apremiantes para erradicar la pobreza global.

[25] Nozick, *Anarchy, State and Utopia, op. cit.*, p. 231.

Una propuesta moderada

La propuesta de reforma que me propongo esbozar apoya mi segunda tesis: que el status quo puede reformarse para que lo reconozcan los tres enfoques como gran paso a la justicia. Pero también es necesario cerrar algunas brechas en mi argumento a favor de la primera tesis: la propuesta debe poner de manifiesto que la desigualdad existente puede vincularse a la estructura de nuestro orden económico mundial (condición 7). Debe, además, mostrar que se cumple la condición 5, porque, de acuerdo con las tres propuestas, el status quo es injusto solamente si podemos mejorar las circunstancias de los pobres sin que empeoremos las nuestras.

Formulo mi propuesta de reforma de acuerdo con el segundo enfoque porque los otros dos apoyarían casi cualquier reforma que mejorase las circunstancias de los pobres mundiales. El segundo enfoque acota el panorama al sugerir una idea más definida: quienes explotan ampliamente los recursos de nuestro planeta deberían compensar a los que, involuntariamente, usan muy poco. Esta idea no requiere que concibamos los recursos del mundo como patrimonio común de la humanidad compartido igualitariamente. Mi propuesta es más modesta porque deja a cada gobierno control sobre los recursos naturales de su territorio. La modestia es importante si la alternativa institucional propuesta aquí tiene que lograr apoyo para ponerlo en práctica y que perdure como lo conocemos. Espero que el DRG satisfaga esos intentos conectándose al orden mundial de nuestros días y siendo sensible de forma clara a cada uno de los tres enfoques

La magnitud de la pobreza actual sugeriría un DRG intenso para solucionar el problema. Lo dudo. La desigualdad radical es el resultado de siglos en los que las sociedades y grupos más ricos han aprovechado su ventaja en capital y conocimiento para aumentarla. La brecha entre ricos y pobres no significa que los sistemas económicos tengan, inevitablemente, tendencias centrífugas; muestra la fuerza de esta larga trayectoria de empeoramiento cuando esas tendencias no se resisten (como, en cierto grado, en la mayoría de los Estados modernos). Es posible que si la desigualdad radical se ha erradicado una vez, un sistema de mercado mundial justo y abierto, un DRG relativamente reducido pueda ser suficiente para equilibrar las tendencias centrífugas corrientes de los mercados y evitar que resurjan. La magnitud del problema sugiere que en las etapas iniciales se necesitará una mayor suma, para que no se tarde demasiado en erradicar la pobreza aguda y alcanzar una distribución aceptable.[26] Para tener una idea de las cantidades que se necesitarán, pienso que la cantidad corresponderá a un máximo de 1% de la renta mundial. Los países ricos proporcionaron 52 300 millones de dólares en 2001 como ayuda oficial al desarrollo –índice que desciende desde los años noventa– un DRG de 1% hubiese ascendido a 315 000 millones en ese año.[27] Semejante cantidad, bien destinada y gastada eficazmente, supon-

---

[26] Desde 1990, los gobiernos han reiterado su compromiso para reducir a la mitad la pobreza y el hambre en 2005. En la declaración de Roma sobre la Seguridad Alimentaria Mundial, 186 gobiernos prometieron "erradicar el hambre en todos los países, con la intención inmediata de reducir el número de desnutridos a la mitad del nivel presente no más tarde de 2005." Más de la mitad de estos 25 años han transcurrido con reducciones severas en ayuda oficial al desarrollo y con ninguna reducción en absoluto de pobres y desnutridos. Pero hay progreso: el objetivo se ha rebajado. La Declaración de la Naciones Unidas para el Milenio promete "reducir, para el 2015, la proporción de la población mundial cuya renta es menor de un dólar al día, y la proporción de la población que sufre hambre". Dado que la estimación del crecimiento de la población era de 36% de 1990 a 2015, la reducción que se buscaba en el número de pobres y desnutridos es ahora, no de 50%, sino meramente de 32%. En vista de los 18 millones de muertes cada año debido a causas relacionadas con la pobreza, la postura oficial de aminorar el ritmo es moralmente inaceptable y la falta de esfuerzos de cara a implementar esta perspectiva, pésima. Los múltiples defectos del método del Banco Mundial de medir la pobreza conduce a subestimar la cantidad de personas que viven por debajo de su nivel de pobreza de un dólar al día (Reddy y Pogge, "How *Not* to Count the Poor", art.cit.). Más aún, esta línea de la pobreza es, por supuesto, muy baja (traten de imaginar a una familia de cuatro viviendo con 1 984 dólares al año en Estados Unidos o 1 250 libras en el Reino Unido). El Banco Mundial también proporciona estadísticas para una línea de la pobreza más adecuada que se sitúa al doble: 786 dólares PPA 1993 (992 dólares PPA en 2003 o alrededor de 248 dólares en un país pobre típico) por persona y año. Se afirma que 2 800 millones de personas –cerca de media humanidad– viven debajo de esta línea superior de pobreza, 43% (Chen y Ravallion, "How did the World's Poorest Fare", art.cit., pp. 290, 293. Dividiendo de nuevo la brecha de la pobreza entre el *headcount index*). La renta anual conjunta de estas personas es de 396 000 millones de dólares en tipos de cambio de mercado, o cerca del 1.25% del producto mundial. La brecha de pobreza conjunta asciende a alrededor de 300 000 millones de dólares al año, por debajo de 1% del producto mundial. El DRG sería suficiente para llevar a todos los seres humanos a la línea superior de la pobreza de dos dólares por día del Banco Mundial.

[27] <http://milleniumindicators.un.org/unsd/mi/mi_series_results.asp?rowId=569> y UNDP, *Human Development Report 2003*, N. York, Oxford University Press, 2003, p. 290. El

dría una diferencia magnífica para los pobres, incluso en unos pocos años. Por el contrario, la cantidad es bastante reducida para nosotros: bien por debajo del presupuesto de defensa anual de Estados Unidos, significativamente menos que el "dividendo de paz" que disfrutan los países desarrollados y menos de la mitad del valor de mercado de la actual producción de crudo anual.[28]

Continuemos con el crudo y examinemos los efectos más probables que tendría un DRG de dos dólares por barril en la extracción. Este dividendo sería pagado por los países en los que se extrae petróleo, aunque la mayor parte del costo sería trasladado, elevando los precios de mercado, a los usuarios finales de los productos petrolíferos. A dos dólares por barril, alcanzaríamos 18% del objetivo inicial correspondiente a las recaudaciones elevadas, únicamente con el crudo, y de modo bastante cómodo aumentando cinco centavos de dólar por galón (0.8 peniques por litro) los productos del petróleo. Es, por lo tanto, posible –sin grandes cambios en nuestro sistema económico mundial– erradicar el hambre en el mundo en pocos años orientando una fuente de ingresos suficiente a partir de un número limitado de recursos y contaminantes. Estos deben ser cuidadosamente seleccionados, teniendo en cuenta los efectos colaterales. Esta intención se inspira los siguientes propósitos: el DRG debe ser fácil de entender y de aplicar. Tiene que basarse en recursos y contaminantes cuya extracción o diseminación sea fácil de controlar y estimar para garantizar que las sociedades paguen su parte y asegurar al mundo

producto anual mundial (la suma de todos los productos nacionales brutos) era de 31 000 millones y medio de dólares al año en 2001. De éstos, 81.6% pertenecía a los países más ricos, que albergan 16% de la humanidad (World Bank, *World Development Report 2002*, N. York, Oxford University Press, 2002, pp. 234-235). Solamente Estados Unidos, con 4.6% de la población mundial, da cuenta de 31.4% del producto mundial (*ibid.*), y todavía renegoció a la baja su aportación al presupuesto de Naciones Unidas de 25 a 22 por ciento.

[28] El fin de la Guerra Fría permitió a los países de rentas elevadas recortar su gasto militar conjunto de 4.1% del PIB en 1985 a 2.2% en 1998 (UNPD, *Human Development Report 1998*, N. York, Oxford University Press, 1998, p. 197; UNPD, *Human Development Report 2000*, N. York, Oxford University Press, p. 217). Se puede estimar el dividendo de paz que recaudaron esos países en 477 000 millones de dólares (1.9% de su PIB conjunto anual de 25 104 millones de dólares en el 2001 (World Bank, *World Development Report 2002*, N. York, Oxford University Press, p. 239). La producción de crudo es actualmente de 78 millones de barriles diarios o cerca de 28.5 miles de millones de barriles al año. A 25 dólares por barril, asciende a 700 000 millones anuales.

que se cumple. La transparencia ayuda a la segunda intención: mantener bajos los costes mundiales del proceso de recaudación. El DRG debe, en tercer lugar, tener poca consecuencia en los precios de los productos consumidos para satisfacer las necesidades básicas. En cuarto lugar, tiene que centrarse en el uso de recursos cuya desincentivación es especialmente importante para conservar y proteger el medio ambiente. Así, la reforma del DRG puede producir beneficios ecológicos difíciles de asegurar si empleamos vías menos proclives a la concertación debido a los problemas de la acción colectiva: cada sociedad tiene escasos incentivos para restringir sus niveles de consumo y contaminación porque los costos de esta restricción recaen en ella, pero los del empobrecimiento y contaminación se dispersan en el mundo y en el futuro.

El proyecto para usar los fondos del DRG debe organizarse para que tenga la máxima eficacia para garantizar que todos satisfagan sus necesidades básicas dignamente. Este diseño debe apoyarse en la pericia de los economistas y expertos en derecho internacional. Pero permítanme hacer algunas sugerencias: el gasto debe basarse en reglas claras y estrictas, cuya administración sea barata y transparente. La transparencia es importante para evitar tanto la práctica como la apariencia de favoritismo político; también es importante para dar al gobierno de cualquier país en desarrollo incentivos claros y sólidos para erradicar la pobreza. Para optimizar los efectos, las normas presupuestarias deben recompensar los progresos distribuyendo más fondos a este país y asignando más de su cuota directamente a su gobierno.

Quizá estos incentivos no siempre sean convincentes. En algunos países pobres, los gobernantes se preocupan más por mantener a sus súbditos desamparados, incultos, dóciles, dependientes y, por lo tanto, explotables. En estos casos todavía sería posible encontrar otras formas de mejorar las condiciones y las oportunidades de los pobres realizando pagos al contado a ellos o sus organizaciones, o fundando programas para el desarrollo administrados mediante organismos de la ONU u organizaciones no gubernamentales eficaces. Si en casos extremos los fondos del DRG no pueden usarse eficazmente en algún país, no hay razón para que los usemos allí en vez de sitios en los que estos fondos puedan significar una diferencia real en la reducción de la pobreza.

Incluso si los incentivos de las reglas presupuestarias del DRG no son suficientes, no dejan de inclinar el equilibrio de fuerzas en la dirección adecuada: un buen gobierno aumenta la prosperidad mediante el compromiso con el DRG y de este modo, tiene apoyo popular, lo que, a cambio, tiende a asegurar su posición. Un mal gobierno advierte que los pobres son más difíciles de oprimir cuando reciben fondos del DRG por otros canales y cuando todos los estratos de la población tienen interés en acelerar la mejoría económica con el DRG bajo un gobierno diferente que se comprometa más con la erradicación de la pobreza. Instalado el DRG, las reformas se promoverán con más vigor en más países y tendrán éxito con más frecuencia en menos tiempo. Combinado con las normas presupuestarias adecuadas, el DRG puede estimular la competitividad internacional pacífica en la erradicación de la pobreza.

Este esbozo que puede mejorarse ha mostrado, espero, que la propuesta del DRG merece un serio examen como alternativa para ayudar al desarrollo. La primera tiene matices de donaciones y dependencia pero el DRG evita cualquier apariencia de generosidad condescendiente: se limita a incorporar al sistema institucional mundial la reivindicación moral de los pobres al compartir los beneficios de los recursos planetarios. Practica, por lo tanto, un derecho moral, que puede ser justificado de diferentes modos: hacia el futuro, por sus efectos, retrospectivamente, por la evolución de la distribución económica actual. Más aún, el DRG también podría ser más eficaz. Cuestiones políticas influyen en el gasto en ayuda al desarrollo convencional como lo demuestra el que sólo 23% se destine a los países menos desarrollados.[29] Tan sólo 3 700 millones de dólares se gastan en servicios sociales básicos,[30] menos de un centavo al día por cada persona del quintil más pobre. A la inversa, el DRG recaudaría inicialmente 80 veces más fondos, exclusivamente para satisfacer las necesidades básicas de los pobres.

Dado que el DRG tendría más costos que beneficios políticos, muchos de los países más ricos y poderosos podrían estar tentados a no someterse a él. ¿No requeriría entonces el proyecto del DRG un organismo que obligase a su cumplimiento, similar a un gobierno mundial? Creo que el DRG debería reforzarse mediante sanciones que pueden estar descentralizadas: cuando el organismo que facilita el flujo de los pagos del DRG informa que un país no ha cumplido con sus obligaciones, se pide a los demás países que impongan tasas en las importaciones y, quizás, impuestos

---

[29] UNPD, *Human Development Report 2003*, N. York, Oxford University Press, 2003, p. 290.
[30] <http://milleniumindicators.un.org/unsd/mi/mi_series_results.asp?rowId=592>.

similares en las exportaciones a este país para recaudar la suma equivalente a su DRG más los costos derivados de la aplicación de estas medidas. Estas sanciones descentralizadas son buena oportunidad para desincentivar las irregularidades en pequeña escala. Nuestro mundo es hoy, y es probable que siga siendo, muy interdependiente en lo económico. La mayoría de los países exportan e importan entre 10 y 50% de su PIB. Ningún país se beneficiaría cerrando su comercio exterior para evitar sus obligaciones con el DRG. Y cada uno tendría razones para cumplir con su DRG voluntariamente para controlar el modo en que se recaudan los fondos, para evitar los pagos extraordinarios que suponen las sanciones para evitar la publicidad adversa asociada al incumplimiento.

Este proyecto de sanciones descentralizadas sólo podría funcionar si Estados Unidos y la Unión Europea (UE) continúan sometiéndose y participando en el mecanismo de sanción. Supongo que ambos lo harán porque se les puede persuadir para que se comprometan con el proyecto del DRG. Este prerrequisito, decisivo para el éxito de la propuesta, se explica en la última parte de este capítulo que cuestiona el realismo de la propuesta. Debe quedar claro que un rechazo de Estados Unidos o la UE a participar en la erradicación de la pobreza no afectaría las implicaciones de esta condición. La factibilidad del DRG es suficiente para mostrar que la pobreza tan extensa y aguda es evitable a un costo moderado (condición 5), que el orden mundial existente desempeña un papel importante en su conservación (condición 7) y que podemos suponer lo que los tres enfoques reconocerían como un gran paso hacia la justicia (segunda tesis).

ARGUMENTO MORAL A FAVOR DE LA REFORMA

Si las condiciones 1-10 se cumplen, la pobreza mundial existente es una injusticia cruel que puede y debe ser abolida mediante la reforma institucional, con el proyecto del DRG o una alternativa mejor. Para hacer estas ideas lo más transparente y criticable posible, las reproduzco a continuación en seis pasos. Los dos primeros pasos que implican nuevas formulaciones, se comentarán al final.

1) Si una sociedad o sistema comparable, conectado y regulado por un orden institucional compartido (condición 6) produce desigualdad radical (condiciones 1-5), este orden institucional es injusto y requiere

justificación. Aquí, la carga de la prueba recae sobre quienes pretenden defender este orden y que su imposición coercitiva es compatible con la justicia.

2) Esa justificación de un orden institucional en el que la desigualdad radical persiste necesitaría mostrar o: 2a) que la condición 10 no se cumple, quizás porque la desigualdad existente llegó a través de un proceso histórico que se desarrolló de acuerdo con reglas moralmente creíbles que fueron observadas en su generalidad; 2b) que la condición 9 no se cumple, porque los peor ubicados se pueden beneficiar adecuadamente del uso de los recursos naturales comunes mediante el acceso a una parte proporcional o de algún sustitutivo equivalente; 2c) que la condición 8 no se cumple, porque la desigualdad radical existente puede asociarse a factores extrasociales (como taras genéticas o desastres naturales) que, como tales, afectan a las personas de manera diferente; 2d) que la condición 7 no se cumple, porque cualquier alternativa propuesta respecto al orden internacional existente es impracticable; es decir, no puede mantenerse con estabilidad a largo plazo, o no puede institucionalizarse de un modo moralmente aceptable, incluso con la buena voluntad de todos los implicados, o no mejoraría sustancialmente las circunstancias de los peor ubicados; o tendría otras desventajas moralmente serias que contrarrestan cualquier mejoría en las condiciones de los peor ubicados.

3) La humanidad está conectada y regulada por un orden mundial institucional compartido bajo el cual persiste la desigualdad radical.

4) Este orden institucional mundial requiere, por lo tanto, de justificación (de 1 y 3).

5) Este orden institucional mundial no puede ser justificado por las formas 2a, 2b o 2c. Una justificación de la forma 2d tampoco corresponde porque la reforma que implique la introducción de un DRG proporciona una alternativa que es realizable, puede (con la buena voluntad de todos los concernidos) institucionalizarse de un modo moralmente aceptable, mejoraría sustancialmente las circunstancias de los peor ubicados y no tendría desventajas de una relevancia moral comparable.

6) El orden mundial existente no puede ser justificado (de 4, 2 y 5) y es por lo tanto injusto (de 1).

Al presentar este argumento, no he pretendido satisfacer las demandas más estrictas de la forma lógica, que requiere matices y repeticiones. Sólo procuré esclarecer la estructura del argumento.

Se puede dar el primer paso. Pero esta premisa moral es débil porque sólo se aplica si la desigualdad ocurre dentro de un orden institucional compartido (condición 6) e implica verdadera pobreza aguda y diferencias extremas en calidad de vida (condiciones 1-5). Más aún, la primera premisa no excluye cualquier orden institucional en el que persista la desigualdad radical; sólo demanda que sea justificada. Puesto que el hombre crea y mantiene, perpetúa o reforma las instituciones sociales, no se puede rechazar esta demanda plausiblemente.

Se puede atacar el segundo paso. Pero esta premisa es también débil, ya que sólo pide al defensor del status quo una de las cuatro posibles escenas (2a-2d), dándole la libertad de probar cada una de las concepciones de la justicia económica esbozadas anteriormente, aunque apenas pueda aprobar todas al mismo tiempo. Está abierto a discusión si un orden institucional que reproduzca desigualdad radical puede justificarse de modo que difiera de los cuatro (2a-2d) que he descrito.

Se podría mostrar que el orden mundial existente no cumple una de las diez condiciones. Dependiendo de a qué condición apuntemos, se podría negar la tercera premisa u ofrecer una justificación de las formas 2a o 2b o 2c, o mostrar que mi propuesta de reforma conduce a uno de los cuatro problemas enumerados bajo 2d.

La conclusión del argumento sólo se alcanza si se cumplen las diez condiciones. La pobreza mundial manifiesta entonces una *injusticia esencial*: un fenómeno que las corrientes dominantes del pensamiento político normativo occidental clasifican conjuntamente –aunque por diferentes razones– como injusto y pueden, conjuntamente, intentar su erradicación. Si los participantes influyentes del orden internacional contemporáneo admiten el argumento, reconocemos nuestra responsabilidad compartida por esta injusticia: estamos violando un deber negativo de justicia en tanto que contribuimos a (y fracasamos en mitigar) los daños que produce, y mientras nos opongamos a las reformas adecuadas.

¿ES REALISTA LA PROPUESTA DE REFORMA?

Aun si la propuesta del DRG es realizable, y pudiera aplicarse con la buena voluntad de todos los implicados, persiste el problema de generar esta buena voluntad en los ricos y poderosos. Sin el apoyo de Estados

Unidos y la UE no veremos erradicar la pobreza mundial y el hambre. ¿En qué grado es realista la esperanza de conseguir ese apoyo? Tengo dos respuestas para esta pregunta.

En primer lugar, incluso si esta esperanza no es realista, es importante insistir en que la pobreza pone de manifiesto la injusticia según el pensamiento político normativo occidental. No somos sólo testigos de un problema que no tiene que ver con nosotros; más bien, estamos materialmente implicados moralmente en el destino de los pobres, al imponerles un orden que produce pobreza aguda o al excluirlos efectivamente de una parte del valor de los recursos naturales explotados y mantener una desigualdad radical que evolucionó a través de un proceso histórico plagado de crímenes. No podemos terminar con la pobreza librándonos del compromiso, sino mediante la reforma económica. Si se obstaculizan las reformas no podremos hacer nada más que mitigar algunos de los daños que producimos. Pero incluso entonces persistiría la diferencia, porque nuestro esfuerzo no satisfaría el deber de ayudar al necesitado, sino el de proteger a las víctimas de cualquier injusticia a la que contribuyamos. Este deber es mucho más urgente que el anterior, especialmente cuando podemos cumplirlo con los beneficios que obtenemos de esta injusticia.

Mi segunda respuesta es que quizá la esperanza no sea tan irrealista. Mi optimismo provisional se basa en dos consideraciones: a) las convicciones morales pueden tener efectos reales, incluso en la política internacional como admiten, no sin rubor, algunos realistas políticos. En ocasiones son convicciones personales, pero con frecuencia influyen en la política convicciones morales de los ciudadanos. Ejemplo de esto es el movimiento abolicionista que, en el siglo XIX, presionó al gobierno británico para suprimir el comercio de esclavos.[31] Una movilización similar puede ser posible también a favor de la erradicación de la pobreza mundial, porque ciudadanos de los países más poderosos pueden convencerse de apoyar sin reservas demandas muy modestas.

La propuesta del DRG es moralmente convincente. Se apoya en las corrientes del pensamiento político normativo occidental (planteado en la sección sobre criterios de justicia), y tiene la ventaja de modificar el consumo hacia formas que restringen la contaminación mundial y el

---

[31] Seymour Drescher, *Capitalism and Antislavery: British Mobilization in Comparative Perspective*, Oxford, Oxford University Press, 1986.

agotamiento de los recursos en beneficio de todos y de las generaciones futuras. Debido a que puede ser respaldado por estos cuatro argumentos morales mutuamente dependientes, la propuesta del DRG está bien situada para beneficiarse de que las razones morales pueden tener efectos en el mundo. Si garantiza la ayuda de economistas, politólogos y abogados, la aceptación del DRG puede emerger gradualmente y difundirse en el occidente desarrollado.

La erradicación de la pobreza con el DRG implica demandas más realistas que una solución mediante iniciativas privadas y la ayuda al desarrollo convencional. Incluso cuando se está seguro de que, donando 900 dólares al año, puede elevarse el nivel de vida de dos familias paupérrimas en 400 dólares al año, es un compromiso difícil de mantener. Los intentos unilaterales y continuos para mitigar la pobreza producen con frecuencia cansancio, aversión e incluso desprecio. Es necesario que los ciudadanos más ricos y los gobiernos promuevan la causa una y otra vez al tiempo que saben muy bien que la mayoría de los otros, que están en las mismas condiciones, no contribuyen en nada o muy poco, que sus aportaciones son legalmente opcionales y que, no importa cuánto den, siempre podrían, por un poco más, salvar a más niños de la enfermedad y del hambre. Apoyando el DRG, se reduciría el presupuesto familiar en 900 dólares anuales, pero aumentaría 400 el de *cientos de millones*.

Lo mismo podemos decir de los gobiernos. La ineficacia de la ayuda convencional al desarrollo se sustenta en la competitividad de los países que se sienten con derecho a negarse a hacer más, señalando a otros todavía más tacaños. Esta explicación apoya la suposición optimista de que las sociedades ricas estarían preparadas, en reciprocidad conjunta, para comprometerse más que de manera aislada.

Podemos aplicar consideraciones similares a la protección y conservación del medio, sobre lo que el DRG contribuye para una solución colectiva: los niveles de contaminación y despilfarro continuarán siendo elevados mientras cualquiera que los cause pueda trasladar su costo al resto del mundo sin pagar indemnización (*tragedy of the commons*). Al exigir esta compensación, el DRG corrige este desequilibrio de incentivos.

Un punto adicional es que la ayuda al desarrollo nacional y las medidas de protección medioambiental deben promoverse o defenderse año tras año, mientras que la aceptación del proyecto de DRG requeriría sólo una decisión política de mayor alcance.

La otra consideración optimista es la prudencia. Para bien, los tiempos en los que nos podíamos permitir ignorar qué ocurría en los países en desarrollo se han acabado. Su crecimiento económico tendrá consecuencias sobre el medio ambiente y sus logros militares y tecnológicos traen peligros: las armas y tecnologías nucleares, biológicas o químicas son los más obvios. La imposición transnacional de externalidades y riesgos se convertirá en una carretera de dos direcciones, ya que ningún Estado o grupo de Estados –no importa lo ricos o poderosos que sean– será capaz de aislarse de las influencias externas: ataques terroristas y militares, inmigrantes ilegales, epidemias, comercio de drogas, contaminación y cambio climático, fluctuaciones en precios e innovaciones científico-tecnológicas y culturales. Por lo tanto, nos interesa cada vez más, también, que haya instituciones democráticas estables en los países en desarrollo, instituciones bajo las cuales el poder gubernamental sea limitado con reglas y derechos básicos. Mientras gran parte de estos pueblos carezca de educación elemental y no tenga garantía de que se satisfarán sus necesidades básicas, estas instituciones democráticas son mucho menos viables que las mezclas explosivas de fanatismo religioso e ideológico, movimientos violentos de oposición, escuadrones de la muerte y militares corruptos y politizados. Que nos expongamos ocasionalmente a la explosión fortuita de esos problemas será más peligroso y más costoso a largo plazo que el DRG propuesto.

Esta prudencia tiene también una parte moral. Un futuro plagado de desigualdad, y por tanto inestable, no solamente pondría en peligro nuestra seguridad y la de nuestra descendencia, sino también la supervivencia de nuestra sociedad, valores y cultura. No sólo eso: un futuro semejante pondría en peligro la seguridad de toda la humanidad y la supervivencia de sociedades, valores y culturas. Por lo tanto, el interés en la paz es un interés moral.

La concreción de esos intereses en un futuro pacífico y ecológicamente sano requerirá –voy más allá de mi modestia anterior– instituciones sociales supranacionales y organizaciones que limiten los derechos de soberanía de los Estados con más severidad que ahora. Los Estados más poderosos podrían intentar imponer estas limitaciones sobre los demás pero excluirse. Pero es de dudar que las grandes potencias de hoy puedan requerir y conservar el apoyo político interno para llevar este intento a término; también es de dudar que tuvieran éxito. Intención semejante provocaría la resistencia de otros Estados, que intentarían simultáneamente con el desarrollo militar, ingresar al club de las grandes potencias. Las elites de muchos países en desarrollo podrían movilizar a su gente como en India y Pakistán.

Tiene más sentido para todos, por lo tanto, trabajar a favor de instituciones sociales supranacionales y organizaciones que limiten por igual los derechos de soberanía de los Estados. Pero esta solución sólo puede funcionar si la gran mayoría de los Estados que participan en estas instituciones son democracias estables, lo que presupone que sus ciudadanos tienen garantizado que pueden satisfacer sus necesidades básicas y lograr educación decente y trabajo fijo.

El desarrollo geopolítico actual deriva en un mundo en el que los estados y los grupos más avanzados en lo militar y tecnológico, en número creciente, suponen un peligro mayor para la humanidad. Reorientar este desarrollo hacia algo más razonable de manera realista requiere apoyo considerable de 84% de la humanidad que quiere reducir nuestra ventaja económica y lograr nuestro elevado nivel de vida. Mediante el DRG o un recurso similar podemos lograr este apoyo, mostrando que nuestras relaciones con el resto del mundo no sólo se consagran a consolidar nuestra hegemonía económica y que los pobres podrán alcanzar pacíficamente una mejora considerable de sus condiciones. Sólo de este modo, podemos refutar la convicción, generalizada en los países pobres, de que no nos importará su miseria mientras no tengan el poder económico y militar para causarnos un daño serio. Y sólo de esta forma podemos minar el apoyo popular que los movimientos políticos agresivos de todo tipo pueden conseguir.

CONCLUSIÓN

Estamos familiarizados, a través de las llamadas a la caridad, con la afirmación de que está en nuestras manos el salvar las vidas de muchos o, si no hacemos nada, dejar que esa gente muera. Estamos menos familiarizados con la afirmación de una responsabilidad de más peso como la que hemos examinado aquí: que la mayoría de nosotros no dejamos meramente a la gente morir de hambre, sino que participamos en matarlos de hambre. No resulta sorprendente que nuestra reacción inicial a esta afirmación poco placentera sea la indignación, e incluso hostilidad; que, más que meditarla o discutirla, queramos olvidarla o dejarla de lado como simplemente absurda.

He intentado responder constructivamente a esta aseveración y mostrar su plausibilidad. No pretendo haberla probado de un modo concluyente, pero mi argumento debería al menos suscitar graves dudas acerca de nuestros prejuicios, de los que debemos sospechar dada la fuerza con la que nuestro interés está comprometido en este asunto. La importancia moral de alcanzar el juicio correcto sobre este tema también evita rechazos poco serios a la tesis aquí defendida. Los datos esenciales sobre las vidas y muertes de los pobres son indiscutibles. En vista de la interdependencia mundial, resulta extremadamente improbable que la pobreza se deba exclusivamente a factores locales y que ninguna reforma factible del orden mundial pueda afectar la pobreza ni los factores locales. No es menos increíble la idea de que nuestro orden mundial es el mejor, que cualquier modificación sólo puede agravar la pobreza. Así que debemos trabajar juntos a través de las disciplinas para concebir una solución comprehensiva para el problema de la pobreza mundial, y a través de las fronteras para la puesta en práctica de esta solución.

Traducción: David Álvarez García

COLABORADORES

Jack Donnelly
Es Andrew W. Mellon Professor en la Graduate School of International Studies de la Universidad de Denver.

Robert I. Rotberg
Es director del Programa sobre Conflictos Intraestatales y Resolución de Conflictos de la Kennedy School of Government, Harvard University; y director del World Peace Foundation.

David Malone
Es alto comisionado de Canadá en la India. Anteriormente fue presidente de International Peace Academy, y profesor adjunto de la New York University School of Law.

José Miguel Vivanco
Es director de Human Rights Watch Americas. Entre 1986 y 1989 se desempeñó como abogado de la Secretaría Ejecutiva de la Comisión Interamericana de Derechos Humanos de la OEA.

Thomas Pogge
Es profesor de Columbia University. Editor de la sección sobre filosofía social y política de la Enciclopedia de Filosofía de Stanford y es miembro de la Academia Noruega de Ciencias.

Robert K. Goldman
Es Louis C. James Professor del Washington College of Law of The American University y codirector del Centro para Derechos Humanos y Derecho Humanitario de la misma universidad. En 1995 fue electo, por la Asamblea General de la OEA, miembro de la Comisión Interamericana de Derechos Humanos y reelecto para un segundo periodo de

cuatro años en 1999. Presidió la Comisión de febrero de 1999 a febrero de 2000.

Thomas G. Weiss

Director de Ralph Bunche Institute for International Studies y profesor de Ciencia Política en el Graduate Center of The City University of New York. También es codirector del proyecto de Naciones Unidas sobre Historia Intelectual y editor de *Global Governance*. Fue director del programa de investigación de la Comisión Internacional sobre Intervención y Soberanía del Estado.

Simon Chesterman

Es director ejecutivo del Instituto para Derecho y Justicia Internacional de la Universidad de Nueva York. Anteriormente se desempeñó como director del Proyecto sobre Construcción de Estados de la International Peace Academy.

Fernando R. Tesón

Es profesor de Florida State University. El doctor Tesón es Tobias Simon Professor especializado en leyes en la Florida State University y profesor visitante permanente de la Universidad Torcuato Di Tella de Derecho en Buenos Aires. Anteriormente formó parte del servicio exterior argentino.

Ana Covarrubias

Es doctora en Relaciones Internacionales por la Universidad de Oxford. Actualmente es profesora-investigadora de El Colegio de México.

Daniel Ortega Nieto

Es licenciado en Relaciones Internacionales por El Colegio de México y fue asesor en la Subsecretaría de Relaciones Exteriores.

La protección internacional de los derechos humanos: un reto en el siglo XXI,
se terminó de imprimir en julio de 2007
en los talleres de Imprenta de Juan Pablos, S.A.
Malintzin 199, col. Del Carmen Coyoacán,
04100, México, D.F.
Portada de Irma Eugenia Alva Valencia.
Composición tipográfica y formación: Gabriela Oliva.
Cuidó la edición la Dirección de Publicaciones
de El Colegio de México.